近代租税史論集 3

近代日本の租税と社会

近代租税史研究会 編

有志舎

はしがき

小泉雅弘

本書は、近代租税史研究会がその研究成果をまとめた三冊目の論文集である。

研究会は二〇〇五年二月に第一回研究例会を開催し、一冊目の論文集として『近代日本の形成と租税』（有志舎、二〇〇八年）を、二冊目として『近代日本の租税と行財政』（同上、二〇一四年）を刊行してきた。第一回の研究例会から一九年、二冊目の論文集刊行から一〇年を経過し、ここに近代租税史論集3を公刊することができた。思えば、二〇〇四年に開催された某学会秋期大会の会場前ロビーで、佐々木寛司・奥田晴樹・牛米努の三氏が何やら相談をしており、たまたまそこに通りかかったのが、私が近代租税史研究会に参加するきっかけであった。それまで租税史を研究対象とすることはなかったものの、研究例会への参加と討論を通じて、近代日本の形成過程を実証的に究明する視角としての「租税史」の重要性を意識するようになっていった。研究会の活動との関連では、牛米努『近代日本の課税と徴収』（有志舎、二〇一七年）も貴重な研究成果となろう。

かつて租税史は財政史の一要素として見なされ、研究の蓄積が手薄い分野であった。研究会はこのような研究状況を克服するために発足したのであり、租税史という研究分野は、近代日本における課税・収税システムの形成とその実態の究明はもちろん、政治・行政・経済・社会・思想・文化など多方面からの検討が不可欠だというのが、研究会の基本的スタンスである。それとともに、「租税」は日本近代史への新たなアプローチを模索するためのキーワードとして捉えられる。研究テーマによっては「租税」を研究視角に設定するからこそ、近代日本の多様なあり方とその実態を解明することができるのではないだろうか。

研究会のメンバーは実証を重視する歴史学のプロパーであるが、租税史に対する問題意識は多様である。しかしその多様性こそが、租税史を視点とした多角的・横断的な日本近代史研究の可能性を切り開くと思われ、本書の収録論文は各自の問題意識に基づいて執筆していただいた。そのほうが、より多くの史実と論点を提示できると考えたからである。

本書には九本の論文を収録しており、その分析視角から第Ⅰ部「租税と財政・資金」、第Ⅱ部「租税と政治・社会」の二部構成とした。次に、各論文の内容を簡単に紹介しておきたい。

第Ⅰ部の小泉雅弘論文は、新政府の会計基立金が通説とは異なり五〇〇万両だったことを指摘したうえで、戊辰戦争の遂行や天皇の大坂親征費など、三井がその資金を調達した実態を明らかにした。そして、新政府の財政担当・商法政策に組み込まれる過程で、三井は難局に対処するため「公」「私」の区別を明確化・意識化したこと、さらに、三条実美が命じた東幸資金等の調達に着目し、三井による資金調達は限界に達しており、そのため三野村利左衛門が金札流通の建言をおこなったことを検証した。

中川壽之論文は、鳥羽・伏見の戦いで朝敵となった高松藩と伊予松山藩から上納された軍資金を分析の対象とし、それが岩倉具視ら五名の政府首脳の政治判断によって単に新政府の軍費として用いられたのではなく、「預り金」の名目で弁官や内閣書記官局によって出納管理され多様な目的に使われていたことを明らかにし、その残金が最終的に外国人接待所（鹿鳴館）の建設に秘密裏に用いられて処理されたことを論証した。

宮間純一論文は、明治初期に政府の直轄地に設置された県＝直轄県による徴税をめぐる諸問題を、房総知県事（上総房州監察兼知県事）・宮谷県を事例として検討したものである。房総知県事・宮谷県は、旧来の相給支配と常に対峙しながら統治を進めなければならなかった。本論では、こうした東京周辺地域におかれた直轄県における徴税の有り様を、直轄県・地域双方の史料を駆使して解明した。租税制度の改革をめぐって、政府の思惑と民衆からの要請の間で苦しんだ直轄県の具体相が明らかになった。

堀野周平論文は、日光県が旧慣の尊重による旧貢租の確保を目指す政府の意図に反して県下全域での検見の実施と安石代の廃止、石代相場の統一、さらに畑方米納の反永納への変更を実施していたことを明らかにした。改革に際して日光県は、貢租収納の減少もいとわない姿勢を見せており、その背景として県が貢租負担の公平化による円滑な統治の実現を優先していたことを指摘している。

第Ⅱ部の林幸太郎論文は、庄内藩士族松森胤保に着目し、国家財政確立のため不可避であった秩禄処分の一側面として、金禄公債証書を手にした明治前期における士族の活計を検討した。いまだに漠然とした「没落」のイメージが先行する当該期の士族像に対し、自らの家計だけでなく地方官吏として提案した独自の収禄法や庄内地方の諸事業への関わりを踏まえて松森の理財論と職業観を見出すことで、文武の常職に付随した経済的特権を失った士族が、地域社会のなかで農工商へ転身していく過程を明らかにした。

牛米努論文は、東京十五区制の形成過程を、政府の国税改革による民費制限との関係から考察した。そこでは、明治八年と明治一〇年の二度の民費制限により、東京府の市街地には十五区制の原型となる区務体制が形成されていたこと。そして、全国で最初の郡区町村編制の実現に踏み切ったことを指摘した。そしてそれは、首都整備の費用負担のありかたを模索してきた東京府が、府会による予算議決という三新法体制の早期導入を図るためであったと結論付けている。

佐々木優論文は、地方三新法の成立により、支出には東京府会の予算審議が必要となった東京府第一勧工場の運営費用について、東京府勧業課が提出した予算案と府会議員の意見を確認し、府と議員の第一勧工場に対する見解の差を指摘した。議員たちは勧業施設としての有用性に一定の理解を示しつつも、予算投入額に対しては懐疑的な見方があった。これにより明治一三年度以降の予算が打ち切られたとした。

中西啓太論文は、様々な画期とされる第一次大戦後の地方財政に、社会政策的な観点の高まりや徴税技術上の問題がいかに絡み合ったかを、大正七・八年の秋田県会での雑種税をめぐる議論を具体例として考察している。工業課税すら含む雑種税の多様性や膨張の意義が初めて明らかにされるとともに、工業保護との対立や逆進性を批判する意見など、一九二〇年代にさらに白熱する議論がすでに表れていた。

税金を徴収するうえで日本経済を支える企業の発展は大きい。社歌や企業ソングが作られる背景には会社組織の発展がある。刑部芳則論文では、古関裕而の社歌や企業ソングが作られた経緯や特徴について分析した。また古関への作曲依頼が多いのかについて、それは単に戦後の好景気によって企業が急成長して社歌を求めただけでなく、作曲家としての古関の存在感と、企業を成長させた経営陣たちの古関に対する思いが影響していたことを実証した。

本書に対しては、統一したテーマ設定が明確ではないとの批判があろう。それを甘受しなければならないことを自覚しつつ、租税史という視点から明らかとなった多様な史実と論点の提示は、近代租税史研究の発展を期するためにも必要だと考えている。本書が近代租税史だけでなく、近代日本史研究に少しでも寄与することができれば、研究会としても望外の喜びである。今後の近代租税史研究、ひいては近代日本史研究の深化のためにも、大方の忌憚のない批判と叱正を仰ぎたい。

近代日本の租税と社会　近代租税史論集3

目次

I　租税と財政・資金

一　明治元年の東幸資金調達と三井

小泉雅弘

はじめに

明治元年九月に実行された天皇睦仁の東京への行幸（東幸）は、東京遷都（奠都）との関連で政治過程の中に位置づけられ、戊辰戦争期における朝廷内の保守派と維新官僚との相克や遷都論の意義について論じられてきた。[*1] 近年は、近世以来の仁政イデオロギー[*2]や政治空間論[*3]など多様な観点から論究されている。先行研究が言及してきた東幸実現は、近代天皇制のあり方や政治体制に影響を与えただけに、その歴史的意義は大きいと言える。しかし、天皇の東幸は、保守派（東幸反対派）の説得などの政治的課題を解決すれば容易に実現が可能だったのだろうか。いまだ財政的基盤を有しない新政府にあっては、東幸を実行する要件として、その資金調達の過程を実証的に検証する必要があろう。

新政府の東幸資金調達を検討した沢田章氏は、東幸の際に太政官札（金札）が発行されていたことは「当時の財政難を按排する唯一の鍵であって、会計当局は出来得るだけ之が円満流通の途を講ずると共に、一方には旧貨幣の増鋳を以て之を補足し、寝食を忘れて狂奔尽力した結果、御東幸御用途も辛うじて支障なき程度に達し」[*4]たと述べている。

また、当該期の財政・貨幣政策に関する先行研究[*5]は、いずれも東幸と金札の流通に着目したものであり、政治史に関連させた論及は十分にはなされていない。東幸の実施は財政を補うための金札流通の打開策にもなったが、その前提として考えなければならないのは、東幸以前において金札を通用させることは困難であったから、戦費や東幸資金を確保するためには、事前に正金を調達しなければならないということであった[*6]。そのため、資金（正金）を提供する三井等の動向とその実態を解明することは、戊辰戦争研究において重要な意味を持つと考えられる[*7]。

本論では、新政府の財政を支えたとされる京都の豪商三井・小野・島田三家の中で、特に多額の資金を提供した三井[*8]の対応に注目したい。そして、戊辰戦争の進展と新政府・三井両者との関わり[*9]を踏まえたうえで、東幸実現の過程を資金調達の視点から検討する。天皇の東幸は「江戸」の「東京」化とセットになっており、六月二一日以降に江戸において、参与の大久保利通・木戸孝允や大村益次郎・大木喬任・江藤新平らと東国経営の実質的トップであった輔相兼関八州鎮将三条実美との会談が重ねられ、東幸の実現に向けた合意が形成されていった[*10]。東国経営という観点からみれば、これまで先行研究で取り上げられることのなかった八月の三条実美による東幸等の資金（正金）貸上げ命令が重要と考えられ、三井側の対応を明らかにしたい。

なお、宮本又次氏は、三井が「朝廷支持の態度をはっきりしはじめるのは、だいたいこの（三井・島田・小野の三家が合わせて金二〇〇〇両を献金した—小泉註）鳥羽・伏見の戦のころからであった[*11]」とし、また、藤村通氏は、後述する会計基立金の募債が可能となったのは「政府の強制によるとはいえ、三井・島田・小野の豪商が積極的協力にふみきったことによる[*12]」と評価しているが、このような評価を再検討することも本論の目的の一つである。あわせて、複合的な戊辰戦争像を構築するための一助としたい。その際、本論の研究手法としては、宮地正人氏の「逆照射」の視点[*13]や湯川文彦氏の「今後はより一層、個別的な研究の量的拡大・質的向上を伴いつつ、諸主体の相互関係に注目した総合的な分析方法が提起されていくものと考えられる[*14]」という指摘を念頭に置いている。

1　新政府の財政資金調達と三井

慶応三年一二月九日の王政復古クーデターによって発足した新政府は、翌年一月三日に始まった鳥羽・伏見の戦いで勝利したのち、同月七日に「慶喜追討令」を、そして一〇日にはいわゆる「農商布告」を発して旧幕府領を新政府の直轄地とすることを宣言した。しかし、旗本領を含むと約八〇〇万石とされる旧幕府領は、戊辰戦争の進展にともなって接収しなければならず、新政府の財政的基盤は発足当初からきわめて脆弱であった。

慶応三年一二月末時点で、新政府の財政は「一金之御貯無之、何分ニも御手薄」[*15]という状況であり、財政面では京都の豪商に頼らざるを得なかった。幕末期の三井は、為替御用を担うなど幕府勘定所と密接な関係を保っていた一方で、禁裏御所の財政に深く関わるようになっていた。[*16]そのため、御所に設けられた金穀出納所から一二月二六日夜に三井手代の呼び出しがあり、山中伝次郎（京両替店）[*17]が出頭した。金穀出納所では「勤王尽力可致、此段主人始申諭候様御演舌」があり、三井は一二月晦日に京両替店（金融部門）の「三井三郎助」（当時は江戸在勤）の名で金三〇〇〇両を献金した。金穀出納所の請書（受取書）には、「報恩之ため書面之通献金之旨神妙之至ニ候」とある。[*18]

新政府への献金は、翌年一月中に「追々諸国社寺農民より大体金五拾両前後位ヲ頭らとして三両・弐両ツ、位之献金、口々其中ニは雑穀・荒物等之諸品々等金穀所江献納有之」という状況になり、三井の名代が金穀出納所へ日夜詰めて献納金その他の「出入金見改之御世話」をするようになった。一月一五日には金穀出納所から呼び出しがあり、「当分何程調達方ニ相成候哉御尋」があったため「金壱万両即今調達可仕旨御請申上」げ、同月一九日に三井三郎助・島田八郎右衛門・小野善助の三名で一万両を献納した。請書の文言は、前年一二月晦日のものと同様である。このように献金を強いる一方で、一月一七日には、金穀出納所から「臨時御入用当テ備金」のために三井から資金を借用する意向が示されていた。[*19]

一月一七日に三職七科制が定められ、会計事務科が設けられた。そして同月二一日、金穀出納所に呼び出された三井の山中伝次郎らは、参与三岡八郎より「御一新ニ付勤　王第一之御場合御次第柄具ニ被仰述候上、金銀座始京大坂近国近在等之向、大家之名前相心得居候ハヽ、荒増ニ而宜候間早々相認出」すようにと命じられた。[*20] 翌二二日、三井為替方は「貯之多少は難計」としたうえで「京都幷近在荒増名前書」「大坂荒増名前書」「摂州・江州・勢州荒増名前書」の三冊を提出し、金銀座については「貯金と申而は無之哉ニ奉存候」と返答した。[*21] このような名簿の提出は、会計基立金（内国債）を調達するための準備であった。[*22] その後、三井三郎助は二七日に「金穀出納所為替御用」を仰せ付けられている。[*23]

同月二九日には、太政官代が移された二条城（二七日に九条邸から移転）に大坂十人両替のほか一三〇人の「身元在之者」（富商）が召し出され、議定兼会計事務総督中御門経之・参与兼会計事務掛三岡八郎らが列席のうえ、会計基立金三〇〇万両の募債が伝えられた。返済は「地高を以御引当ニ被成下候筈」であり、[*24] 新政府の租税収入を担保としたもので、利子は一割二分であったという。[*25] この募債は、太政官札の発行と同じく三岡八郎の建議によるものであった。[*26] ただし、二月五日に近江・伊勢・摂津の富商へ伝達された二〇〇万両の募集が、[*27] 京・大坂の商人に伝えられた会計基立金三〇〇万両とは別口だとすれば、新政府が目指した会計基立金の合計は、通説のような三〇〇万両ではなく五〇〇万両だったことになる。このことは、一月二二日に提出した三冊のうちの一冊が「摂州・江州・勢州荒増名前書」だったこと（他の二冊は京都と大坂）からうかがえるし、さらに、「小野善助書類」に「会計基金五百万両」[*28] とあるのがその証左となろう。

内乱の影響で経営破綻や休店に追い込まれる商人が多く、会計基立金はなかなか集まらなかった。そのため、大坂への天皇親征が政治日程にのぼり始めると、親征資金の調達が問題となった。二月一一日、会計局より三井三郎助ら一〇人の商人に呼び出しがあり、三井からは名代として京両替店の藤田和三郎が出頭した。ここでも中御門経之が出座し三岡八郎らが列席したうえで、次のように達せられた。

此度　御親征ニ付、当月先ツ浪華江　行幸被仰出候、右御用途筋之儀は　皇威弛張之根基ニ候而　御親征御成功之御要務ニ候間、御趣意を以其方共江右御用達被　仰付之候、千古未曽有之　御大業ニ候得は、能々　朝恩を相弁江一盃之御奉公可致候、尤暫時之御融通を仕り上ケ候迄之事ニ而、必竟此度之御用途は　御国内一般合力之御処置も可被為在候間、即今出銀いたし候者共之難渋相成候様之儀は決而無之候、至急之御場合ヲ存上、心入よろしき者江は別格之御賞美も可有之候、万一心得違いたし、其力ありて其力を尽さざる者は逆意ニ均しき筋ニ候、此旨屹と可相心得候事[*29]

ここでは、大坂への天皇親征は「千古未曽有」の「大業」であり、「朝恩」をわきまえて「一盃之御奉公」をするようにとある。さらに、「心入よろしき者江は別格之御賞美」があるとする一方で、力を尽くさない者は「逆意」に等しいとした。そして、「其方共十人江金五万両」[*30]を仰せ付けたのであった。右の文面を見る限り、ほぼ強制的に資金の拠出を命じたと言ってよい。そのために呼び出された一〇人は一同で五万両の割り方を相談し、為替方の三井・島田・小野が合わせて三万両、下村庄太郎より一万両、伊勢屋弥太郎ら両替六軒より一万両を差し出すことを決定した。[*31]翌一二日には、三井三郎助ら一〇人が連名で「金五万両急御用途」を勤める旨の「御請書」を差し出している。[*32]

ただし、為替方三家は無条件で親征資金を拠出していたのではない。五万両の請書を差し出した一二日、三井三郎助・島田八郎左衛門・小野善助は「会計局為替方」として「御掛屋御用」を勤めることを願い出て認められている。[*33]ここに、三井らは会計局の公金（会計基立金）取り扱いや出納業務を行うことになったのである。

四月一一日に江戸城が開城すると、徳川家の処分が新政府の課題となった。そこで、徳川家処分を委任された大納言兼副総裁の三条実美が、関東監察使として江戸へ下ることになった。四月一五日、大坂の会計局出張所より三家名代らが呼び出され、外国事務権判事兼会計事務局御用の陸奥陽之助から、三条が「関東御平定人民安堵鎮静」のために「不日下向」するので、「御手当金五拾万両御入用之内、其方元より金拾五万両御用弁可申旨」を命じられた。返済は「此度ニ限り壱ヶ月壱歩半之利足相加へ、当十月限り吃度御下ヶ被成候」というものであった。[*34] 最終的には三井三郎助と元之助（大坂両替店）が各一万両、島田・小野が各一万両、このほかに大坂の諸株問屋仲間ら一五名が八万両を金策して合計一二万両を調達した。[*35]

東下費の調達ができた三条は、閏四月一一日に京都を発して大坂へ行き、同月一七日には調達金のうち一〇万両を蒸気船に積み込んで海路江戸へ向かった。[*36] そして二四日に江戸城へ入り、二九日には田安亀之助を徳川家相続人とすることを公表した。さらに、五月一五日の上野戦争で徳川家の抗戦派勢力を江戸から掃討したのち、同月一九日に江戸鎮台府（軍政機関）を創設し、二四日には徳川家の駿河移封と禄高七〇万石を公表したのであった。

戊辰戦争の進展にともない、東征軍は不十分ながら恭順した諸藩からの献金などで戦費を賄ったが、[*37] 新政府は大坂親征費や三条実美の東下費を十分に捻出することができず、ここでもそれらの費用を三井らの豪商に依存するしかなかった。なお、三井が調達した大坂親征費と関東大監察使三条の東下費、そして後述する東幸費は、会計基立金に含有されるものであった。[*38]

2　東征軍の進軍と三井――東山道鎮撫総督府附属として――

鳥羽伏見戦争後に新政府は東征軍の体制を整えていく。西日本がほぼ平定したのち、二月三日に天皇親征が仰せ出られ大総督の設置が決定した。親征にともない同月六日に東海・東山・北陸の三道鎮撫総督を各先鋒総督兼鎮撫使と改め、九日には有栖川宮熾仁親王が東征大総督に任命されて、三道総督はその指揮下に入った。そして、一五日に参内した有栖川大総督は、天皇から「名代」たる錦旗と節刀を賜り京都を発して東征の途についた。

これより先の一月九日、東山道鎮撫総督に岩倉具定、副総督に岩倉具経が任ぜられ、同月二一日には京都より出陣していた。この兄弟は副総裁岩倉具視の子で、三井には東山道総督府附属の「為替其外取扱方」「金穀方」が命じられ、岩倉側近の宇田栗園より「容易不成御大役ニ候故、別格之尽力頼入候」と伝えられていた。そして、東山道鎮撫総督府には三井京両替店の堀江清六が随行することになった。[*39]

大津に着陣した東山道軍は早くも「御手元金薄ク無御心元」くなったため、一月二三日に堀江を本陣に呼び寄せ、三〇〇〇両の調達を命じた。堀江は為替で京都から三〇〇〇両を取り寄せ、翌日守山宿で差し出した。[*40] この軍資金で大垣までの費用を賄ったが、またしても資金不足に直面する。そのため、二月一日に「大垣御着陣」後は「於当所暫時御滞陣」が仰せ出され、[*41] 本陣において次のような議論があった。

> 此処（大垣）より追々御進発入費は、旧幕府より大垣藩江御預り高拾万石之内、旧冬納残りを以取集メ高ニ而操出し可被申御建言ニ付、此旨心得居候処、同藩如何之事ニ候哉、取集メ聊之上、村々近比疲弊ニ及居、至急之取纏メ難出来ニ付、為替方より用立呉候様被申出候ニ付、於御本陣宇田御氏・北島御氏・香川御氏御立会ニ而応接議論ニ及候而勝論ヲ得、夫より村方探索之通り現米差出サセ、払米ハ小堀手代両人ニ為致、追々代価取集メ、跡より追々ニ宿継を以差出サセ可申旨合置、不取敢金壱万両京都より廻させ候様申返シ置、右米払方尽力仕居候処、二月廿日夜子ノ刻過金着仕候ニ付、翌廿一日早朝御本陣江罷出其段申上、金子相納候[*42]

右は、大垣藩預かりの旧幕府領から旧冬納め残りの年貢米を徴収することとし、米の売却は、同道していた京都代官小堀氏の手代が行い「追々代価取集メ」て差し出させ、とりあえずは京都の三井から金一万両を用立てたというものである。この史料で注目したいのは、東山道軍に附属していた宇田栗園・北島千太郎・香川敬三が立ち合いのもとで堀江清六が大垣藩と「応接議論ニ及」び、「勝論ヲ得」た結果、大垣藩の主張を退けて年貢米を現金化したことである。

大垣藩の主張は、徴収した年貢米が「聊之上、村々近比疲弊ニ及居、至急之取纒メ難出来ニ付、為替方より用立呉候」というものであった。しかし堀江は、「村方探索之通り現米差出サセ」ることによって、無担保で現金を用立てることを回避した。堀江にすれば、先に用立てた三〇〇〇両のように、すぐに現金を調達するには限界があったであろう。また、すでに正副総督には岩倉具視から「年貢半減之儀、御施行難被遊趣キ」とともに「笠松十万石、大垣預り八万石、昨年之納租ヲ以入費ト心得ヘキ旨」が伝えられており、[*43]軍資金調達のために年貢の徴収を優先させる方途が示されていた。一万両は二〇日の夜に到着し、翌日早朝に本陣へ納めることになった。そして即日大垣を発して美江寺宿へ向け進軍した。東山道軍は資金不足のため二〇日間も足止めをしたことになり、東征軍の進軍は現地での資金調達に左右されたと言えよう。

蕨宿滞陣中の三月一三日、堀江清六は宇田栗園らから白米を買い上げて兵糧米とすることを命じられた。これは、同月一五日に予定していた江戸総攻撃に備えてのものであった。堀江は駿河町の江戸本店へ赴き、一五日には白米を調達する目安がついたため板橋宿の本陣へ申し立て、白米一〇〇〇石（俵）の代金を立て替えたうえで、その米を深川佐賀町の土蔵に貯えることにした。その後、堀江は四月六日に一分銀で二万五〇〇〇両を、同月一三日には一分銀で一万両を調達した。[*44]以上のように、東征軍の資金調達も三井に依存していた実態が理解できる。

3　新政府への三井の対応

三井らが新政府の公金取り扱いを任されるようになると、三月一〇日、京都の会計事務局から三井三郎助（「為替幷御基金御用掛」）手代の山崎甚五郎・藤田和三郎・山中伝次郎へ、小野・島田の手代らとともに「会計局附御用向相勤候ニ付、右御用中名字帯刀被成御免候事」[*45]と申し渡された。この「名字帯刀」が三井内部で問題になる。すなわち、三井の「家則」「旧格」に抵触するというのである。三井では、「町人の分際からの逸脱を厳しく戒めて」[46]おり、「伝統としきたり――上下の〃格律〃を固守してきた三井内部にとって大問題」[47]であった。「名字帯刀」は大坂、その後江戸の三井手代にも申し渡された。江戸では、会計局から派遣された権判事池辺藤左衛門が四月一五日に着府し、三井・島田・小野の手代各二名は「会計局御用向伺日々罷出」ることが命じられ、同月二五日には「右御用中名字帯刀被成御免候事」[48]とされた。また、京都・大坂の三井名代へは、四月に会計事務局から「名字帯刀御免之身分ニ候得共、内願之次第も在之ニ付、御用弁差支無之様ニ厚相心得候上は、帯刀不致罷在候而不苦候事」[49]とされたが、「名字帯刀」が取り消されたわけではなかった。

徳川処分が決した五月には、三井へ相次いで御用が命じられている。この月に八郎右衛門と次郎右衛門が「掛屋頭取幷商法会所元〆」を仰せ付けられ、「名字帯刀御免」となった。[50]三郎助は「掛屋頭取」[51]、吹田四郎兵衛（大坂両替店名代）は「徴士会計官商法司知事」[52]に、山中伝次郎は「御雇ヲ以て商法司判事」「商法会所判司事」[53]にそれぞれ任命された。このうち吹田が知事に任じられた商法司[54]（のち通商司）は、閏四月二五日に会計官の下に設けられたもので、身分は諸藩から新政府へ出仕した藩士らと同じ「徴士」となっている。

さて、このように三井が新政府内に取り込まれつつ急激な変化に対応するなかで、中野勝助（京両替店元〆）・土方治兵衛（大元方元〆）ら重役八名は、五月（日付未詳）に家政改革を求める「申上書」を八郎右衛門・三郎助・次郎右衛門宛に提出した。長文のためその一部を引用しておきたい。

押而帯刀之儀等彼是内願仕候而は、　御上之御首尾如何と奉恐入候、抑　皇国神州之儀は、従往古夷狄を見る事犬猫之如ク賤しめ候御国ニ候得共、　御一新之後は夷人　天朝江参　内いたし候而已ならず、親しく　天顔を拝し候程之御変革、　日本之始祖　神武天皇之昔ニ御復古被　為在候御改政之御時勢、此方様御家則・御旧格等彼是申居候場合ニ無御座候哉と奉存候[55]

ここでの「内願」は、八郎右衛門と次郎右衛門に対する「名字帯刀御免」も含まれると思われるが、強いて「帯刀之儀等彼是内願」するのは「御上之御首尾如何」と危惧している。そのうえで、「皇国神州」は「従往古夷狄を見る事犬猫之如ク賤しめ候御国」だったが、「御一新之後は夷人　天朝江参　内いたし候而已ならず、親しく　天顔を拝し候程之御変革」になったと述べる。もちろんこれは、二月三〇日に実施されたフランス公使ロッシュらの参内謁見（イギリス公使パークスの参内は襲撃のため三月三日に延期）を指しており、「申上書」の文末においても「於神州ニ醜敵狗鼠と忌嫌ひ給ふ異国人も、時勢ニ随ひ参朝を許し給ふ大活政之御代ニ御座候」と繰り返し記している。これ以前ではあり得なかった外国公使の入京と天皇謁見という、いわば〝変革の可視化〟が時勢に対する意識の変化、そして現状認識へとつながっているのである。そのような意識変化が現状や目前の困難に対して「御家則・御旧格等彼是申居候場合ニ無御座」く、「天地之循還・自然の変化は人力之不及処ニ御座候間、天下御一新之上は御家則も御一新、旧則を破而却而新則を建、古格を廃して新例之吉格、善之到（至）善たる御法則御活慮被為在候様奉願上候」[*56]という主張に帰結する。帯刀に関しては、「御用筋之外店用幷自用向ニ而他行等之節は、決而帯刀為致間鋪、此儀は御条目書ヲ以急度被仰渡」[*57]るようにと述べている。

その一方で、四月一一日の江戸開城後、東征大総督は同月一五日に増上寺に着陣し、二一日には江戸城に入った。三井ら三家には、増上寺滞陣中の大総督府から三万両の調達が命じられたようで、[*58]島田は「出金不行届」であり、三井と小野で各一万五〇〇〇両を納めた。[*59]しかしながら、三井は新政府にだけ資金を提供していたわけではない。「当今之処は会計方・幕府両端之御用ニ付、其度毎心痛不大方」[*60]という状況で、江戸の三井店は新政府軍と旧幕府勢力との板挟み状態であった。旧幕勢力への調達として、四月に庄内藩に貸した一〇〇〇〇両や五月に上野の彰義隊へ貸与した二〇〇〇両などがある。[*61]

これより以前、横浜が開港した安政六年に江戸の三井本店は幕府の命を受けて横浜に出店し、外国方御金御用達となって多額の幕府公金を預かっていた。ところが、営業不振に陥っていた江戸本店はこの公金を浮き貸しなどに流用し、一二万両もの欠損金を生じさせていた。そのため「もし幕府がこの預り金の即納を命じた場合、三井の破綻は必至であった」という。[*62]戊辰戦争期に三井は「莫太之売落」[*63]となり、江戸の芝口店（呉服物小売店）は七月に閉鎖となった。[*64]これらのことから、戊辰戦争期の三井には多額の資金を調達する余裕はなかったことがうかがえる。

上野彰義隊の掃討後は江戸鎮台府が創設され、江戸は市政裁判所の管轄となった。そして、六月以降になると江戸の治安はしだいに安定化していく。天皇東幸の実現化の第一歩として、京都では、七月一七日に鎮将府・東京府の設置とともに「自今江戸ヲ称して東京トセン」とする詔書が発せられた。[*65]その前日、小野家番頭で商法司知事に任じられていた西村勘六（のち小野善右衛門）[*66]が、大元方（三井同苗と各店を管理統轄）が置かれていた京都油小路の三井北家邸を訪れている。

西村と面会した三井側は、八郎右衛門・次郎衛門が西村と対面で座し、中野勝助・土方治兵衛・中村徳兵衛（京両替店元方掛名代）・中井茂兵衛（京本店勘定名代）がそばに控えていた。この時の会談の記録が残されていて興味深い。左に掲げる①から⑥が西村の発言で、①から⑤まで三井側は「一同無言」、⑥の後には「一同ハイ〳〵御尤〳〵」と記されている。[*67]

①今般御一新ニ付而は、旧例旧格を申張候而は家之滅亡近ニ在、既ニ浪花ニて鴻池善右衛門江三岡四位様より被仰候通也
②三井御一統は旧幕之如、嶋田は紀州之如、小野は越前ニ似タリ、其改革之遅速之違ニ而後年を見るへし
③今や大ニ会計官江尽力して、広く商法道を盛ンニシ、旧格を捨而新法を深考シ、人才撰挙急務なるへし、狼ニ衣は古し、狼ニ上下着セテ大ニ用ル事有べし
④御家風は、唯泥香も焚スへもひらずヲ用ひ給ふ、当時左ニあらず、鼻たれも次第送りニ而四十才の宿入ニ候は、、

才気之者は退キ愚物而已残而終ニ奉公する者なきニいたらん

⑤早く改革ありて潤沢之道御工夫なくバ、乍憚三ヶ年は持こたへまし、金借も返済すれハ恥ならす、道具・衣類売も家業盛なれバ恥ならす

⑥紀印始諸屋敷出入断るべし、旧キ貸金取ニ不及見切るべし、諸侯へ立入は損大ニして徳少し、只々尽力するは太政官より外ニなし、此機会を得ずんバ千悔万悔すとも更ニ詮なし

西村は、①で大坂の鴻池を引き合いに出して家政改革の必要を説き、②では三家を比較して改革の遅速が将来に影響するとした。③では、会計官へ尽力して「商法道」を盛んにし、家政改革と人材の登用が急務だとした。「狼に衣」とは、表面は慈悲深そうであるが、内心は凶悪であることのたとえであり、「狼」(=薩長)に衣ではなく、上下(裃=役人)を着せて利用できると述べている。④は、三井の家風は手堅いだけだが、今はそのような時ではない。鼻たれ小僧も四十歳になれば暖簾分けを認められ、才気ある者は去って愚物のみが三井に残り、ついには奉公する者がいなくなるだろう、としている。そして⑤では、早く改革を実行して利益追求の工夫をしなければ、三井は三年ももたずに破綻する。借金も返済すれば恥ではなく、道具などの売却も家業が盛んになれば恥ではないとした。西村は、三井の経営難を知っていたのかもしれない。最後の⑥では、紀州徳川家や諸大名との取引を断って、不良債権には見切りをつけるべきだとした。紀州徳川家は初代高利の出身地松坂の領主で、三井とは特別な関係にあった。「只々尽力するは太政官より外ニなし」とは西村の認識を示していると同時に、三井にもそれを求めている。

西村の発言は、全体として三井に早急な家政改革を求め、太政官(新政府)への尽力を要求した内容であり、見方を変えれば、三井は新政府に対して積極的に支持・支援をしていないと西村は考えていたことになる。新政府との癒着を深めて利益を追求しようとする西村とは対照的に、三井の姿勢はきわめて慎重であり、小野の代表たる西村と三井とでは新政府に対するスタンスは明らかに異なる。会談では、慎重だからこそ西村への回答を避けているが、上述

した重役らの五月の「上申書」にもあるように、三井には緊迫した時勢への対処が迫られていたのである。

日付未詳ながら、七月に八郎右衛門が「示談書」[*68]を「三都本店・同両替店、其外店々別宅手代中・支配組頭以下役人中・惣手代中」宛に示し、同じく七月中に八郎右衛門と次郎衛門の連名で「申渡書」[*69]を三井内部に発した。「示談書」には、「変革之御時節ニ付、手前宅々始一体旧弊・旧格不泥万端大改革相建不申而は中々相続難及」く、「時機ニ応し千変万化之懸引」が必要だが、「年々臨時出金筋多、旁以於大元方聊之備金も無之」いため「万一火難其外臨時出道出来候時は、如何ン共手段無之、忽三都店々閉店之外有之間敷」との危機感が記されている。そして「店々商之仕方、且家内取締改革向」など「役柄之高下ニ不拘、智愚ヲ不論、唯々御一新之御趣意ヲ基として家之為を存、聊も無腹臓銘々存入相認、大元方へ差出し可被申候」と意見を求めたのである。「示談書」には「主従打寄少しも我意不立、広く衆儀(議)公論ヲ尽し」たいとの意図があった。ここでは、五か条誓文の公布後とはいえ〝政治〟とは距離を置く三井＝豪商が、「公論」という文言を意識的に使用していることに留意しておきたい。

「示談書」の後で出されたと考えられる「申渡書」では、冒頭で旧幕府御用から新政府の御用を勤めるようになった経緯を記している。そして、「平生帯刀之儀は、第一　先祖之家則ニ相背ケ候義ニ付、今般　御用ニ付常帯刀之義は島田・小野ニ不拘、手前方ハ主人始名代共は尚更辞退不仕候半而は家則難相立」いことであるため「種々内願」したが、「高貴之御方より御直談も被為在、且深キ御意味合も」あり、「迚も御取上ケ難相成」いとの認識を示している。そのうえで、「王政御復古御一新之御時勢」のため「此方家則・旧格等ヲ固守し候而帯刀之儀強而内願申立候時は、当今厚キ御趣意不弁ニ相当り、自然蒙御悪《ニク》しみヲ廉々之御用御取放し、其上如何体之義被　仰出家名ニ相拘り候様之義も難計」いと述べている。ここからは、新政府の命令に従わなければ、「悪しみ」を被って御用を免ぜられ、「如何体之義」（＝難題）が仰せ出られるのではないかという危惧が読み取れる。さらに続けて、新政府の命令に背いて家名を保てないときは、先祖への「孝道」も立たないとし、その結果、やむをえず評決のうえ帯刀を受け入れることにした。

ただし、「帯刀之儀も御用相勤候名前之者勤役中之義ニ候へは、惣同苗始手代ニ到迄公《オヽヤケ》と私《ワタクシ》之差別取違ひ無之様、能々弁別可致事ニ候」と公私の区別を強調し、「商業向と御用勤之儀ヲ両輪ニ相心得」て、「御用会所江出勤引取掛ケ御用筋ニ付、店々幷外方江罷越候節は帯刀之儘ニ而も不苦候へ共、自用兼候儀は遠慮可被致候、何分公私之道混乱不致様相心得可被申事」と、ここでも「公私之道」を乱さないことを強調している。この「申渡書」からうかがえるように、三井は「公（御用勤）」と「私（商業向）」とを区別することにより、眼前の困難な状況を乗り切ろうとしたのであった。

本節で検討してきた新政府への対応と変革による意識変化は、明治三年の三井家家政改革へとつながることになる。[*70]

4　三条実美の貸上げ金命令

五月二四日、大久保利通は岩倉具視邸を訪れ、ここで「大事（東幸）云々御内定」があり、大久保は「日記」に「大愉快之次第大慶ノ至也」と記した。[*71] そして、この内定を受けて蒸気船で江戸へ向かっている。長崎から帰京した木戸孝允は、六月一一日に岩倉と「東幸の密事を熟議」しており、翌一二日には「東幸の一条に付、急速東行の御内命」があった。[*72] その後「はじめに」で述べたように、江戸在勤の政府首脳らによって東幸の実施に向けた合意が形成されていく。七月一七日に発令された鎮将府・東京府の設置も、六月二八日の江戸における決定に基づいたものであった。[*73] 八月四日には、東京へ「御親臨綏撫」のため「不遠　御出輦可被在之旨」[*74] が予告されたが、旧幕府艦隊の江戸湾脱出や東幸反対論のため東幸の実施日は確定せず、八月二八日に九月中旬の出輦が布告された。[*75] そして、九月一三日になって「東京　行幸　御出輦来ル二十日御治定」が仰せ出られたのである。[*76] このように東幸の実施が延引するなかで、天皇を迎え入れる東京では資金の調達が問題となった。

八月二五日に西の丸御殿へ呼び出された三井の永田甚七（江戸両替店）ら三人に対して、大総督府参謀や市政裁判所判事（東京府権判事）[*77]山口範蔵が列座するなか、駿河以東一三か国の政務を統括する鎮将三条実美より「当春以来之形勢、奥羽出兵御入用筋、且就　御東行西城御殿向幷御曲輪御修復、其外御入用莫太之御儀ニ付、御貸上ヶ金被仰付候」との「上意」があった。[*78]東北戦争の戦費、東幸にともなう西の丸御殿や曲輪の修復などのために多大な費用が必要であり、貸上げ金を命じるというのである。この貸上げ金は、東京府から三井に三〇万両、鹿島に一五万両、小津など八家に四一万両が命じられており、合計八六万両という巨額であった。[*79]三井にすれば、三〇万両は「誠ニ存外成大金御用途」である。これに対する三井の対応は、別稿[*80]で言及しているが素描したに過ぎないので、あらためて実態を明らかにておきたい。

三条の退席後も参謀らや山口から永田へ説諭があり、二八日までに資金の調達を引き受けるようにと告げられた。西の丸御殿退出後は東京府において山口から「品々御諭」があり、「御貸上ヶ金御用相勤候者ハ、壱万両之金高十万両ニも向ひ候御繰合ニ付、五ヶ年ニ割合御下ヶ戻し等之儀、聊懸念無之」く、さらに朝廷の御用達になれば「譬後年浮沈之場在之候共格別ニ被思召、御合力御世話可被成下、子々孫々ニ至心得違之義在之、不調法筋出来候共、家名永々御取潰し御沙汰無之筈ニ被仰付候」と伝えられた。口頭ながら家名の存続は保証されたが、三井としても巨額であり「金策手段如何共可被致様無之」く「十方《（途）》ニ暮」れるしかなかった。そのため金策に窮した永田は、二八日に日延べ猶予願いを提出したが聞き届けられず、むしろ山口は、「只々日延と計願出候義甚不相当、不取敢五万金も致調達、其上元店江通達と申事ニ候へは、尤ニも相聞へ候得共、金高等不申立、甚心得違之義在之」とし、さらに「横浜店ニおいて大金御預りも在之、其上私ヲ致居候廉在之」と述べた。山口は三井の旧幕府公金の欠損を知っていたようで、取り調べのうえ「欠所（家財没収）被仰付候筋」だと脅し、「三井家一向御役ニ相立不申、甚不出精之次第」と厳しく談じている。

永田は「金策術計更ニ尽果」て「甚難渋絶体絶命」のなかで、何とか江戸両替店二万両、江戸本店が一万両の計三万両を都合することとし、二九日に三万両の調達とその余は日延べの願書を差し出した。[81] この日は山口のほかに東京府権判事中井弘蔵も立ち合い、両者は、五万両と申し渡したにもかかわらず三万両に過ぎないため、「其方共暖簾ニ而は何程も融通出来可申」と述べ、九月二日までに五万両の調達を引き受けるように説諭した。

しかしながら、九月二日、永田は「如何共才覚手段無御座」く「進退極」まったため再び三万両調達の願書を差し出した。[82] これに対し、山口・中井と会計官の長谷川一右衛門から「種々様々長々と御諭」があり、「三井家不取敢之御貸上ヶ金五万両、兎も角も御請可仕、弥御請奉申上候上は添心可致遣」と、いずれ「添心（＝援助）」、つまり見返りがあると告げられた。さらに、「三条殿御前江三井家より之御貸上ヶ金五万両御請書及披露候ハヽ、三井家之名益広太ニ相成、江戸市中は不申及、日本之鏡ニ相成候」とまで述べている。永田にすれば「此上歎願而已奉申上候得は家財御取調相成可申も難計、左候時は横浜店へ相拘り候場ニ成行」くと公金欠損の発覚と家財没収による三井の破綻を危惧し、「御添心被下候廉ヲ力」にして、四日には「五万両相納可申段断然と御請」することを申し上げた。その結果、「三条様江御披露相成候」と仰せられ「一ト先安堵」することになった。東京府の山口らと折衝した永田にすれば、三井の存続のためには、とにかく急場をしのいで将来的な見返りに期待するしかなかった。山口・中井が三井に対して執拗に貸上げ金の調達を迫ったのは、大久保利通の意向があったようである。このことは、大久保が八月三〇日付山口・中井宛書簡で「金策一条種々御尽力」に対し「殊更金策ハ気根長ク不致候而ハ成功六ヶ鋪御座候[83]」、九月三日付中井宛書簡で「昨日は三井より一万金預書持参にて慥ニ落手仕候、早速御尽力被成下候由安心奉厚謝候[84]」と述べていることからもうかがわれる。

三井が当面調達する五万両は、九月五日に二万両を、一〇日に一万両を上納し、残りの二万両は三井各店から集めて十月一五日に納めることとした。東京での貸上げ金命令に対し、八郎右衛門・次郎衛門は、「当春来御一新ニ付、会計官御起立より身上抛飽迄尽力御用途奉相勤居候次第柄、且今般於其地（東京）ニ御用金被為仰出候義ニ付歎願等在之候而は、於当地（京都）ニ折角是迄勉励勤　王之大志も水上之泡と成行候義歎ヶ敷」いとの認識を示すとともに、五万両の調達を「実ニ不逃引次第」として承認した。両人は、これまでの御用勤めが「水上之泡」となることや「家財御取調等」を恐れたのである。貸上げを命じられた残りの二五万両は、三井がこれまで会計官御用を勤めてきた経緯などを理由に、「其御筋（岩倉か）」へ「跡金上納御免相成候手段」を講じることとし、まさに「千変万化之懸引[*85]」によって危機を回避しようとした。この二五万両は、八月以降に金札の発行が財源調達策や財政赤字の補填に流用された[*86]こともあり、免除されたようである。

　これより先、在東京の大久保利通は、八月一六日付の木戸孝允宛書簡で京都から金札を「四五百万両ハ御差下し相成候様御取計可被下候[*87]」と依頼していた。さらに、九月六日付同宛書簡では「三井等より金札施行之義建言」があり、「三井・鹿島其余三人位御人選に而商法司被　仰付筈」であること、そして、三野村利左衛門が「三井自ら憤発して金札転還（換）」を請け合ったと述べ、「金札二三百早々ニ御差下之御都合御頼申上候[*88]」と書き送った。東京府の山口範蔵・中井弘蔵らと応対したのは永田甚七であったが、「軍資金調達ノ為メ四方ニ奔走シ」ていたのは三野村であり、この三野村が金札流通について建言していたのである[*89]。

　結局、三条実美が貸上げを命じた八六万両のうち、東京の商人から調達できたのは三井からの五万両、鹿島からの一万両など計一五万九〇〇〇両に過ぎなかった[*90]。新政府による正金の調達は、限界を迎えていたと言えよう。大久保利通は九月四日付で京都の小松帯刀・岩下佐次右衛門へ「御貸上げ相始、豪商共鎮将府へ被召将公ヨリ御趣意御諭相成、追々ト東京府ニ於テ尽力、今日中ニ二十万両位ハ出来候都合御坐候、是非五六十万ハ相調可申ト奉存候[*91]」と書き送っていたが、そのもくろみ通りにはなっていない。

その一方で九月一二日、東京府において鹿島清兵衛ら商人四人が「会計官附属商法知司事」に、三井の斎藤専蔵・三野村利左衛門と行岡庄兵衛が「会計官附属商法知司事補」に、そして永田甚七が「会計官附属商法判司事」に任命された。さらに、同月一九日には東京府判事から三井三郎助が「会計官附属商法司知事」に任じられている。そして、三郎助らに「弐拾人扶持」が下され、「手代之者は十人扶持主人江差出、残り十人扶持当人頂戴可致旨」が仰せ渡された。*92 京・大坂とともに、東京においても三井が会計局御用に加えて新政府の商法政策に組み込まれていったのである。

九月二〇日に天皇の鳳輦が京都（西京）を発し、東海道を通って東京に着いたのは一〇月一三日であった。その入用金は、明治二年一月の「御東幸御入用総計勘定帳」*93 によれば左記のとおりである。

御東幸御入用金請取高

金百拾万千九百四拾壱両三分
札三拾六万九千拾弐両
銭弐百文

此訳

金六拾七万両	会計官より請取
札三拾万両	楮幣司より請取
金弐拾五万弐千八百四拾壱両壱分 札五万九千拾弐両 銭二百文	輔相（岩倉具視）様より請取
金三万弐千両	輔相（三条実美）様より請取
札壱万両	花頂（知恩院）・本願寺納金

金九万七千百両弐分　京・大坂調達金
金五万両（ママ）　松井周防守（棚倉藩主松平康英）納金
〆

この「御東幸御入用総計勘定帳」を明治元年一〇月の「御東幸御入用差引勘定帳」[*94]と比較してみると、後者に記載された「正金差引勘定」には「金三万弐千両」の「輔相様より請取」と「金五万両」の「松井周防守納金」の記載がない。したがって、この二件は天皇の着輦後に東京で東幸資金に組み込まれたと考えられる。東京で調達したのは一五万九〇〇〇両であるから、そのうち三万二〇〇〇両が東幸費として「御東幸御入用総計勘定帳」に記載され、その他の一二万七〇〇〇両は、東北戦争の戦費や西の丸御殿の修復などに充てられたと推定できる。明治元年の東幸資金は、会計官・岩倉からの支出を基にして金札で補いつつ、東京での貸上げ金が補填されたのである。

なお、東幸資金に関しては、岩倉具視が拠出した二五万二八四一両一分が注目されるが、岩倉は「少々不当之金策」をおこなっていた形跡があり[*95]、後考を待ちたい。

おわりに

本論で述べてきたように、新政府による戊辰戦争の遂行、天皇の大坂親征や三条実美の東下などは、三井をはじめとする豪商らの資金援助・調達に依存することによって可能であった。しかしながら、新政府を財政面で支えたとされる豪商側の思惑も多様で、権力との癒着によって利益を求める小野＝西村勘六とは対照的に、三井は積極的に新政府を支援していたのではなく、家業存続のために慎重な姿勢を保ちつつも時勢を見極めながら判断を積み重ねていったと考えられる。そこには、新政府と三井側との駆け引きが常に存在していた。

京・大坂の三井は早い段階で新政府の財政担当（会計局御用）に組み込まれ、会計基立金五〇〇万両を目指した公金取り扱いの御用を担ったが、江戸の三井店は東征軍と旧幕勢力との板挟み状態であった。五月以降に江戸が新政府の統治下におかれ、戦線が北越・東北へと移ると、三井を取り巻く状況も変わってくる。三都の三井が新政府の公金御用を取り扱うとともに、「家則・旧格」への抵触に直面して家政改革に迫られたのである。三井の重役は変革の時勢を意識し、経営の危機を乗り越えるために「家則・旧格」の変更を求めた。これに応じた八郎右衛門は、三井内の「公論」に基づく意思決定を指向し、八郎右衛門・次郎衛門連名による「申渡書」では、「公（御用勤）」と「私（商業向）」の区別を明確化・意識化することによって難局に対処しようとしたのであった。

東幸の実施が政治過程に浮上すると、東国経営の責任者である三条実美は、天皇を迎え入れるための資金調達を三井らに命じた。八月以降に金札の財政への補填や東幸にともなう金札の流通策を実施するとしても、当座の費用のためには資金（正金）が必要であった。そのための貸上げ金命令であり、ここでも駆け引きによって、三井は三〇万両の貸上げ金命令に対して五万両で受け入れることにした。その折衝の過程からは、経営の破綻を危惧した三井側の妥協と家業の存続を優先しようとする姿勢が読み取れる。また同時に、それまでに会計基立金、大坂親征費や三条の東下費など多額の資金を拠出しており、三井による資金の調達は限界に達していたことが指摘できる。だからこそ三井御用所の三野村利左衛門は、金札流通の建言をおこなったと考えられよう。

その一方で、三条や大久保利通は財政難ながらも、東京における東幸資金等は後付けで調達しようとしていたのであり、あくまで東幸という政治課題を最優先した。いわば政治が「主」で財政が「従」であり、このことは、大久保の「断然　御出輦」の「英断被為　在候得は、会計等之事ハ従而挙り候[*96]」という言葉に端的に表れている。

註

＊1　例えば、原口清『明治前期地方政治史研究』上（塙書房、一九七二年）、下山三郎『近代天皇制研究序説』（岩波書店、一九七六年）、佐々木克「東京遷都の政治過程」（『人文学報』第六六号、一九九〇年）、同『江戸が東京になった日　明治二年の東京遷都』（講談社選書メチエ、二〇〇一年）、同「東京奠都と東京遷都」（明治維新史学会編『講座明治維新3　維新政権の創設』所収、有志舎、二〇一一年）など。

＊2　椿田有希子『近世近代移行期の政治文化』（校倉書房、二〇一四年）第八章「天皇の「見せ方」―明治天皇東幸と仁政イデオロギー―」。

＊3　刑部芳則「維新政府の政治空間形成―東京城と皇城を中心に―」（『関東近世史研究』第六八号、二〇一〇年）、久住真也『王政復古　天皇と将軍の明治維新』（講談社現代新書、二〇一八年）、篠崎佑太「江戸城・皇城の「政治空間」」（『歴史評論』第八七三号、二〇二三年）など。

＊4　沢田章『明治財政の基礎的研究』（柏書房、一九六六年）八〇頁。

＊5　沢田前掲書の他に、神長倉眞民『明治維新財政経済史考』（東邦社、一九四三年）、岡田俊平『幕末維新の貨幣政策』（森山書店、一九五五年）、同編『明治初期の財政金融政策』（清明会叢書1、非売品、一九六四年）、藤村通『明治財政確立過程の研究　増補版』（中央大学出版部、一九七三年）、千田稔「維新政権の財政構造」（『土地制度史学』第八一号、一九七八年）、石井寛治『日本経済史［第二版］』（東京大学出版会、一九九一年）、山本有造『両から円へ―幕末・明治前期貨幣問題研究―』（ミネルヴァ書房、一九九四年）、小林延人『明治維新期の貨幣経済』（東京大学出版会、二〇一五年）、鹿野嘉昭「太政官札、会計基立金と通商司」（『経済学論叢』第六五巻第一号、二〇一三年）参照。

＊6　藤村前掲書、五一頁。

＊7　この点は、「座談会　戊辰戦争研究の現状と課題」（『日本歴史』第八二〇号、二〇一六年）も参照。

＊8　三井については『維新以来三井家奉公履歴　全』（非売品、一八九六年）、三井文庫編『三井事業史』本編第一・二巻（三井文庫、一九八〇年）、賀川隆行『近世三井経営史の研究』（吉川弘文館、一九八五年）、粕谷誠『豪商の明治―三井家の家業再編過程の分析―』（名古屋大学出版会、二〇〇二年）、松本四郎『幕末維新期の都市と経済』（校倉書房、二〇〇七年）、三井文庫編『史料が語る　三井のあゆみ』（吉川弘文館、二〇一五年）参照。当該期の三井同苗で中心的役割を担ったのは、本家筋六家のうち北家（惣領家）八代の八郎右衛門（高福）とその子次郎右衛門（高朗）、伊皿子家七代の元之助（高生）、そして小石川家七代三郎助（高喜）であった。

＊9　先行研究として前掲『三井事業史』本編第二巻、村和明「戊辰戦争の戦費と三井」（奈倉哲三・保谷徹・箱石大編『戊辰戦争の新視点』下所収、吉川弘文館、二〇一八年）、同「三井からみた慶応三・四年―代官所年貢金取扱御用をめぐって―」（『明治維新史研究』第一七号、二〇一九年）があり、本論でも多くを学ばせていただいた。なお、村氏が述べているように、三井文庫の史料は膨大であり、提供した資金の使途が不明な場合があるため、三井の新政府財政・戦費等への資金調達の全貌を把握することは困難である（村前掲「戊辰戦争の戦費と三井」）。そのため、本論の資金調達に関する叙述は、行論上必要最小限のものであることをお断りしておきたい。

＊10　「大久保利通日記」（『鹿児島県史料　大久保利通史料一』二六四～二六九頁）、『木戸孝允日記』一、六〇～六四頁。

＊11　宮本又次『小野組の研究』第二巻（大原新生社、一九七〇年）九四〇頁。ただし、宮本氏は『維新以来三井家奉公履歴　全』五頁の記述を引用しており、この時に三井らが朝廷（新政府）に二〇〇〇両を献金したという事実は史料（原本）から確認できない。したがって、この二〇〇〇両とは、三井と関係のあった薩摩藩への私的な献金だと考えられる（村前掲「戊辰戦争の戦費と三井」参照）。

＊12　藤村前掲書、一四頁。

＊13　宮地正人『幕末維新期の社会的政治史研究』（岩波書店、一九九九年）vi頁、同『地域の視座から通史を撃て！』（校倉書房、二〇一六年）一四頁。拙稿「慶応三・四年の歴史的位置―「国内史」の視点から―」（『明治維新史研究』第一七号、二〇一九年）も参照されたい。

＊14　湯川文彦「明治維新期における統治機構の形成と定着」（『歴史学研究』九七五、二〇一八年）。

＊15　「王政一新被為仰出際京・大坂・江戸ニ於テ相勤候御用記」（請求番号：本四九五甲―一、三井文庫所蔵）。この史料は表紙に朱書きで「明治四年調」とあり、「御一新以来金穀出納御用相勤候由来」（本四九五甲―二）とともに合綴されている。なお、両史料は『三井事業史』資料編二（三井文庫、一九七七年）二〇二～二一〇頁、二四七～二七〇頁にも掲載されているが、本論で引用する三井文庫所蔵史料はすべて原本に拠った。

＊16　村前掲論文「戊辰戦争の戦費と三井」。

＊17　三井奉公人の所属・役職については、『第一稿本　三井家史料　北家八代三井高福』第三巻（一九〇九年印刷、三井文庫配架）の補注や「同苗手代姓名控」（北六六七、三井文庫所蔵）、「店々支配組頭姓名留」（北六六一―一、同上）を参照した。

＊18　前掲「王政一新被為仰出際京・大坂・江戸ニ於テ相勤候御用記」、「金穀出納所献金留（大蔵省出納寮本）」（W―二―三七、三井文庫所蔵）。「金穀出納所献金留（大蔵省出納寮本）」によれば、一二月中の献金は三井三郎助の他に、二七日に熊谷久右衛門（直孝、鳩居堂）が一〇〇〇両（このうち五〇〇両は翌年献金）、同日越前屋弥右衛門が五〇〇両、二八日には加賀屋茂兵衛が一〇〇両、そ

して二九日に興福寺一山が一〇〇〇両であった。翌年は一月四日に西本願寺の三〇〇〇両を始めとして、この年は一二月一七日まで献金されているが、戦費など新政府の財政を賄える金額ではなかった。

＊19　前掲「王政一新被為仰出際京・大坂・江戸ニ於テ相勤候御用記」。

＊20　「御用勤方記　一番」（本四八二、三井文庫所蔵）。

＊21　同右、前掲「王政一新被為仰出際京・大坂・江戸ニ於テ相勤候御用記」。

＊22　沢田前掲書、三〇頁。

＊23　前掲「御用勤方記　一番」。

＊24　同右、前掲「王政一新被為仰出際京・大坂・江戸ニ於テ相勤候御用記」。

＊25　『三井事業史』本編第一巻、一一二頁。石井寛治氏は「年貢半減令取消しは、維新政権が極度の財政難を乗り切ろうと会計基立金三〇〇万両の募債を決めたことに伴う措置であった」（石井前掲書、一一一頁）と述べている。会計基立金の募債が租税収入を担保としている限り、年貢半減令は撤回せざるを得ない。一月一四日に沙汰され同月二七日頃撤回された年貢半減に関しては、佐々木克「赤報隊の結成と年貢半減令」（『人文学報』第七三号、一九九四年、のち松尾正人編『幕末維新論集6　維新政権の成立』吉川弘文館、二〇〇一年に再録）、宮間純一「戊辰内乱と租税半減」（近代租税史研究会編『近代租税史論集2　近代日本の租税と行財政』所収、有志舎、二〇一四年）も参照されたい。

＊26　太政官札は五月に、「①各藩・府県に生産力向上のための産業資金を供給する石高割貸付に加えて、②会計官の下に設けられた商法司を通じて民間部門に直接融資する勧業貸付、および③維新政府の財政資金の補塡を狙いとする出納司向けという3つの異なった経路を通じて発行されることになった」（鹿野前掲論文）。そして八月以降は、東幸費用を捻出するために東京府へ下げ渡したことを嚆矢として、太政官札は財政赤字の補塡手段になっていった（千田前掲論文）。

＊27　前掲「御用勤方記　一番」。

＊28　『岩倉具視関係文書』一、四五三頁。村前掲論文「戊辰戦争の戦費と三井」も参照。

＊29　前掲「御用勤方記　一番」。史料の引用にあたって、闕字は一字あき、平出は二字あきとした。以下同。

＊30　同右。

＊31　同右。

＊32　前掲「王政一新被為仰出際京・大坂・江戸ニ於テ相勤候御用記」。

＊33　同右、前掲「御用勤方記　一番」。
＊34　「御用日記　五番」（本三三四、三井文庫所蔵）。
＊35　同右、前掲「王政一新被為仰出際京・大坂・江戸ニ於テ相勤候御用記」。
＊36　前掲「御用日記　五番」。なお、蒸気船に積み込んだ一〇万両との関係は未詳だが、閏四月一七日付で陸奥陽之助から三井元之助へ宛てた「《金九万五千両受取手形》」（追二一二一―五、三井文庫所蔵）原本が残されている。二重山括弧は三井文庫が付けた仮題で、原題は「覚」。
＊37　「東山道総督府会計方記録　明治元年」（維新史料引継本Ⅱほ―三七三―六、東京大学史料編纂所所蔵）。
＊38　沢田前掲書、八四～八七頁。
＊39　前掲「王政一新被為仰出際京・大坂・江戸ニ於テ相勤候御用記」。
＊40　同右。この三〇〇〇両の調達については、岩倉具視が「御不審」に思ったが、正副総督は「少々宛度々申附候も如何と存シ右様相斗《(計)》ひ申候」「豪厘も私曲有之義ニハ無御座候」と弁明している（一月二六日付岩倉具視宛「岩倉具経・岩倉具定書簡」『岩倉具視関係史料』下、一一七頁）。
＊41　「東山道総督府日記」二月一日条（四一四〇・六―五三、東京大学史料編纂所所蔵）
＊42　前掲「王政一新被為仰出際京・大坂・江戸ニ於テ相勤候御用記」。
＊43　一月二六日付岩倉具視宛「岩倉具経・岩倉具定書簡」（『岩倉具視関係史料』下、一一六・一一七頁）。
＊44　前掲「王政一新被為仰出際京・大坂・江戸ニ於テ相勤候御用記」。
＊45　「勤方　百二拾九番」（本四七四、三井文庫所蔵）、「《京都為替方幷御基金御用掛三井三郎助手代苗字帯刀御免辞令》」（追一六八七―二、三井文庫所蔵）。同日、三郎助は「太政官軍防局御用」を命じられている（「《三井三郎助（高喜）太政官軍防局御用任命辞令》」追一六八七―一　三井文庫所蔵）。
＊46　『三井事業史』本編第一巻、四一頁。
＊47　三井礼子「維新期における三井「家政」改革」（『三井文庫論叢』第五号、一九七一年）。
＊48　「江戸会計御用留」（本四八六―三、三井文庫所蔵）。
＊49　「《会計事務局被仰書写》」（追八二八―五、三井文庫所蔵）。
＊50　「《三井八郎右衛門（高福）苗字帯刀御免辞令》」（追一六八七―六、三井文庫所蔵）、「《三井次郎右衛門（高朗）苗字帯刀御免辞令》」

（追一六八七―五、同上）。

＊51　「《御為替方三家商法会所掛屋頭取任命辞令》」（追一六八七―三、三井文庫所蔵）、「《三井三郎助（高喜）商法会所掛屋頭取任命辞令》」（追一六八七―四、同上）。

＊52　「《吹田四郎兵衛徴士会計官商法知事任命辞令》」（追一六八七―七、三井文庫所蔵）。

＊53　「《山中伝次郎商法司判事任命辞令》」（追一六八七―八、三井文庫所蔵）、「《山中伝次郎商法会所判司事任命辞令》」（追一六八七―九、同上）。

＊54　商法司については、宮間国夫「商法司の組織と機能―横浜出張商法司を中心として―」（『社会経済史学』第二九巻第二号、一九六三年）、同「明治初年における商法司政策の展開」（『社会科学討究』第一一巻第三号、一九六六年）、鹿野前掲論文を参照されたい。

＊55　「《申上書》」（別五八八―二〇、三井文庫所蔵）、原題は「乍憚以書附奉申上候」。

＊56　同右。

＊57　同右。

＊58　前掲「御一新以来金穀出納御用相勤候由来」。

＊59　閏四月六日付斎藤専蔵（江戸両替店）他一名より中野勝助他一名宛書状「《内番状刺》」（別八四一甲、三井文庫所蔵）。

＊60　同右。

＊61　「窺書」（本一二一九―四、三井文庫所蔵）。

＊62　『三井事業史』本編第一巻、二七～二九頁。このような中で、三井は幕府関係の業務を江戸本店から切り離して「三井御用所」を設け、この御用所の担当者として慶応二年一一月に勘定奉行小栗忠順とつながりのある三野村利左衛門を雇い入れた（同上、二九～三四頁）。

＊63　「示合書」（別六一一―一五、三井文庫所蔵）。

＊64　「《芝口店閉鎖ニ付暖簾取建歎願書》」（追二一八八―八、三井文庫所蔵）。

＊65　『復古記』第六冊、七五九頁、『法令全書』第一巻〈明治元年〉第五五七・五五八号。

＊66　西村勘六については、小野善太郎『維新の豪商　小野組始末』（青蛙房、一九六六年）、宮本前掲書に詳しい。

＊67　「《商法司知事西村勘六様北御宅へ御来駕議論之覚》」（北六一―六、三井文庫所蔵）。

＊68　「示談書」（別五八八―二一、三井文庫所蔵）。

＊69　「申渡書」（続一二七四、三井文庫所蔵）。

＊70 『三井事業史』本編第二巻、四二〜四八頁参照。
＊71 「大久保利通日記」(『鹿児島県史料　大久保利通史料一』二六四頁)。
＊72 『木戸孝允日記』一、五三頁。
＊73 「大久保利通日記」(『鹿児島県史料　大久保利通史料一』二六八・二六九頁)。なお、市政裁判所(旧町奉行所)を引き継いだ東京府には、知事の烏丸光徳が八月一七日に引き移り、九月二日に開庁した。都市紀要六『東京府の前身　市政裁判所始末』(東京都、一九五九年)、「東京府開設書」(六〇五・A四・一、東京都公文書館所蔵)参照。
＊74 『法令全書』第一巻〈明治元年〉第六〇四号。
＊75 同右、第六八四号。
＊76 同右、第七三八号。
＊77 『百官履歴』二に収録されている「山口尚芳(範蔵)」の履歴に記載はないが、「東京府史料」三六〈履歴一〉(国立公文書館所蔵)に「明治元年八月廿三日　一東京府権判事被仰付候事」とある。
＊78 九月一九日付三郎助宛次郎衛門・八郎右衛門書状「書状之留　三井大元方」(別四二六、三井文庫所蔵)。以下、特に断らない限り本節の史料引用は同史料に拠る。
＊79 「《新政府御用調達金賦課ニ関シ、東京府ヨリ被仰出書》」(小石川六四五、三井文庫所蔵)、「《御一新之節東京ニおいて御東行之節御貸上ヶ金被仰出書幷歎願書》」(本一二一九—五、同上)。返済は「当年より五ヶ年割を以被下戻候」とされ、「壱万両ニ付当年より米弐百俵ツヽ、年々御返済迄下賜」することになっていた(前掲「《新政府御用調達金賦課ニ関シ、東京府ヨリ被仰出書》」)。
＊80 拙稿「三条実美の貸上げ金命令と三井家の対応」(『三井文庫論叢五〇号別冊　三井文庫史料　私の一点』二〇一七年)。
＊81 前掲「《御一新之節東京ニおいて御東行之節御貸上ヶ金被仰出書幷歎願書》」。
＊82 同右。
＊83 『大久保利通文書』二、三六九頁。
＊84 同右、三七〇頁。
＊85 前掲「示談書」。
＊86 千田前掲論文、鹿野前掲論文。
＊87 『大久保利通文書』二、三五一頁。

＊88　同右、四〇一頁。九月六日付岩倉具視宛三条実美書簡にも「金札施行貨幣通融方、三井抔之見込も有之、商法司相設候議に決し、此好機に投し彼楮幣を行ひ候は、可然と評議相定り申候」とある（『岩倉具視関係文書』四、一〇七頁）。

＊89　「明治十年　稟議録　甲」（『東京市史稿』市街編五九、四〇〇頁）。ただし、金札流通に関する建言の具体的内容は、管見の限り史料から確認できない。

＊90　「東京府江御貸上ヶ金取集押切帳」（別二一八〇、三井文庫所蔵）。

＊91　『大久保利通文書』二、三七六頁。

＊92　前掲「御一新以来金穀出納御用相勤候由来」。

＊93　「明治二巳年正月　御東幸御入用総計勘定帳　御東幸出納司」（本四三一―二五、三井文庫所蔵）。なお、この史料は『御東幸御用記録』第一巻（国際交通文化協会、一九四二年）に未掲載。

＊94　「明治元年戊辰年十月　御東幸御入用差引勘定帳」（北一〇―二三、三井文庫所蔵）。

＊95　（七月か）三条実美宛岩倉具視書簡（『岩倉具視関係文書』八、四七二頁）。本論集掲載の中川壽之論文も参照されたい。

＊96　八月一六日付木戸孝允宛大久保利通書簡（『大久保利通文書』二、三五〇・三五一頁）。

二　戊辰戦争における高松藩および伊予松山藩の上納軍資金と鹿鳴館の建設

中川壽之

はじめに

慶応四年（一八六八）一月三日、鳥羽・伏見の戦いが勃発した。この戦いから明治二年（一八六九）五月一八日の箱館戦争の終結にいたるまでの戊辰戦争については、その前後の歴史過程を含めて膨大な研究の蓄積がある。一九六〇年代における戊辰戦争の基本的な性格をめぐる原口・石井論争から近年の戊辰戦争への史料学からのアプローチによる研究成果にいたるまで多様な展開を見せている。[*1] 本稿では戊辰戦争をどうとらえるかという大きな課題については先行研究に譲り、高松藩および伊予松山藩の上納軍資金の歴史的な経緯を検討していくうえで、戊辰戦争に関しては保谷徹氏と水谷憲二氏の研究に、また鹿鳴館の建設については李啓彰氏の論考に負うところが大きいことをあらかじめお断りしておきたい。[*2]

さて、鳥羽・伏見の戦い開戦時の旧幕府軍の兵力はおよそ一万人、対する薩摩藩と長州藩を主力とする明治新政府軍は四〇〇〇人から五〇〇〇人であったと推定されている。戦いは一進一退の攻防を繰り広げたが、淀藩と津藩の離反により旧幕府軍は大坂への撤退を余儀なくされた。その結果、大坂城の徳川慶喜は同月六日夜半のうちに松平容保・松平定敬・板倉勝静・酒井忠惇らとともに城を脱出した。そうして大勢は決し、京阪地域は新政府の支配するところとなった。

戊辰戦争の初戦である鳥羽・伏見の戦いにおいて、旧幕府軍には大坂城にいた筑前・紀州・浜田・大垣・阿波・郡山・鳥羽・高松・伊予松山・長岡・彦根・福知山・伊予大洲・大和高取・大和柳生・古河・臼杵・岸和田・小田原・明石・三田・忍などの諸藩の兵が参戦した。その中には名目的な結集や警衛のために新政府側にも動員された藩また徳川慶喜への随従など、大坂城に居たからといって藩として旧幕府軍の戦闘に参加したかどうか、その判断は新政府にかかっていた。

そのような状況の中、一月八日、鳥羽・伏見の旧幕府軍に参加したとの理由により高松・小浜・伊予松山・大垣・鳥羽・丹後宮津・延岡の七藩兵の京都御所九門の出入りが禁じられた。次いで、同月一〇日、新政府は徳川慶喜と会津藩主松平容保・桑名藩主松平定敬・高松藩主松平頼聰・伊予松山藩主松平（久松）定昭・備中松山藩主板倉勝静・上総大多喜藩主大河内正質などの官位を賊徒随従・反逆顕然の理由で停止した。

同年二月に入り新政府では徳川慶喜以下五等の罪案が固まった。第一等は徳川慶喜、第二等は会津・桑名、第三等（鳥羽・伏見の戦いに参加したのち東行、参戦せず東行、幕閣として徳川慶喜を補佐した何れかの罪）は伊予松山・備中松山・姫路、第四等（藩主在京で鳥羽・伏見の戦いに参加したがすぐに上京謝罪）には丹後宮津、そして第五等（藩主在国で鳥羽・伏見の戦いに参加したがすぐに上京謝罪）は大垣・高松であった。

鳥羽・伏見の戦いから二月にいたるまでの間、新政府は東海道・東山道・北陸道の三道から江戸に向けて進軍することとし、軍用金調達のため一月二三日に会計基立金三〇〇万両の御用金募集と金札発行を決定した。そして、同月二九日には京都、次いで大坂の豪商・富商に御用金募集が達せられ、岩倉具視が為替方の三井・小野・島田を呼び出して自ら説諭してその調達にあたらせたという。だが、戦費調達のための御用金募集は遅々として進まず、東征軍が江戸に迫った三月末には東征大総督府参謀西郷隆盛が会計事務局へ軍資金を督促せざるを得ない事態となっており、閏四月段階で調達された御用金は京都で三万三〇〇〇両、大坂とその周辺でざっと一二万両、近江一万七〇〇〇両など合わせておよそ一七万両、それは目標金額からは程遠いものであった。[*3] そのため新政府は前述した第三等以下の諸藩に軍資金を課し、姫路藩一五万両、高松藩一二万両、伊予松山藩一五万両、鳥羽藩一万五〇〇〇両、合計四三万五〇〇〇両にのぼる金額を得たといわれる。[*4] それは、京都や大坂の豪商・富商の経済力に依拠するだけでは戦争遂行のために必要な軍費の準備が困難であったことを物語っていた。

四三万五〇〇〇両を手にしたとされる新政府は、その巨費を具体的にどのように用いたのであろうか。本稿では、高松藩および伊予松山藩から上納されたという二七万両に視点をあて、おもに国立国会図書館憲政資料室所蔵『岩倉具視関係文書』〔岩倉家本〕所収の「内閣書記官局預り金」関係史料を手がかりに上納軍資金がいかなる過程を経て何に帰結していったかを明らかにし、その歴史的な意味を考察することとしたい。

1　高松藩と伊予松山藩の軍資金上納——内閣書記官局預り金の発端——

㈠　高松藩の軍資金上納にいたる経緯

慶応四年一月二日から五日にかけて高松藩は鳥羽・伏見の戦いに旧幕府方黒谷方面軍として参戦した。戦況が不利となる中、高松藩兵は伏見から大坂に引き揚げ、七日から九日にかけて全員が帰国した。その間、前述したとおり八日に京都御所九門の出入りを禁じられ、一〇日には藩主松平頼聡の官位が停止となった。そして、翌一一日、土佐藩に高松藩の追討が命じられる事態となった。戦争中、在国していた藩主頼聡は一七日に赦免の歎願書を上奏し、一九日には高松城を出て浄願寺に入り謹慎した。翌二〇日、高松藩は開城し土佐藩に接収されその支配下におかれた。高松藩では恭順の意を示すため戦争時大坂に滞在して藩軍を指揮する立場にあった家老二名に切腹を命じ参戦の責任者として処断した。二四日、姫路の追討府からは高松藩の恭順が受け入れられるとともに関東征伐の命がくだった際には派兵に応じれば寛大な措置がくだされる旨が明言されたという。高松藩のこうした恭順姿勢の結果、翌二五日には土佐藩に解兵命令が達せられた。

その一方、京都においては高松藩に縁のある興正寺摂信が岩倉具視・三条実美らへの周旋につとめ二月半ばに新政府の高松藩の処分決定により頼聡の上京許可、東征時の派兵もしくは軍資金一〇万両か二〇万両の献納などの情報が伝えられた。そのような過程を経て藩主頼聡は二月二〇日に帰城し、翌二一日に土佐藩が撤兵したのち、同月二五日に高松を出立し、同三〇日着京して興正寺に入った。[*5]

三月三日、興正寺で出兵等の命令を待っていた頼総は「天朝之御為」に忠誠を尽くすため「御用筋」すなわち軍資金上納の歎願書を岩倉に差し出した。その歎願書に添えられた口達書によれば、知行高相応の一二万両を献上するとしたが、一度に全額を揃えることは難しく、ひとまず八万両を献金し残りの四万両は来年から三ヵ年で皆納するとして願い出されていた。同月八日、弁事役所に呼び出された高松藩留守居に対して、東征出兵を命じるところ海陸軍の人数の配備が済んだため「御軍資金拾二万両調献仕度志願之趣」が聞き届けられことが達せられた。そして、二日後の一〇日に八万両が会計事務局に上納された。[*6] ちなみに、残額の四万両については明治四年（一八七一）一一月に完納したという。[*7]

（二）　伊予松山藩の軍資金上納にいたる経緯

慶応四年一月三日から六日にかけて藩主松平（久松）定昭は、徳川慶喜に従い下坂していた。六日夜、慶喜が江戸に逃れると、定昭は翌七日藩兵を率いて大坂を立ち一一日に松山に帰着した。その間、伊予松山藩に対しては高松藩と同様、八日に九門の出入りを禁じられ、次いで一〇日に定昭の官位が停止となり、一一日には土佐藩に伊予松山藩追討の命がくだった。

一方、国元では恭順論と主戦論とに藩論が分かれ、当初定昭は主戦論を表明していたが、京都・大坂の情勢を知るにおよんで一変して恭順論に転じ、二〇日歎願書提出に決した。その後、土佐藩から派遣された問罪使二名に朝廷への取り成しを懇願する旨の歎願書を二四日に差し出し、翌二五日前藩主松平（久松）勝成とともに松山城を出て常信寺に入り謹慎した。その後、土佐藩兵が松山城に入城し、伊予松山藩の家老らが恭順書を差し出した二七日、定昭は藩士との連名で朝廷へ赦免の歎願書を提出した。

こうした勝成・定昭父子をはじめ伊予松山藩の恭順姿勢は、江戸開城後の四月下旬、新政府の評価するところとなり、勝成は閏四月一五日に土州総督を通じて寛大な処置を願う歎願書を提出した。五月一三日、新政府は寛大の仁恵による処分（①一五万石の本領下賜、②藩主は勝成再勤・定昭は蟄居、③家老以下重臣は閉門蟄居、④東北出兵の代わりに一五万両の軍資金の貢献）を決定し、同月二二日土州総督を通じて伊予松山藩に示達された。*8 次に右の四つの処分のうち勝成にくだされた軍資金一五万両貢献の内容を掲げておこう。

松平隠岐守

其藩儀既往御救宥被　仰出候、就テハ即今東北多事之砌、出兵モ可被　仰付之処、既ニ諸藩兵隊繰出ニ相成候ニ付、更ニ勤王実効之為メ、軍費金拾五万円（ママ）貢献被　仰付候事（傍点は筆者、以下同）*9

この処分内容について伊予松山藩は同日夜に請書を提出し、二日後の二四日松山城が返還された。翌二五日には藩主に復帰した勝成が帰城する一方、定昭は改めて謹慎した。そして、二八日に土佐藩全軍が引き揚げ、その支配が終わった。

こうして伊予松山藩は「勤王実効之為」軍資金を上納することになるが、当時、土佐藩兵駐屯などの費用捻出で藩財政・領民ともに窮乏していた。また京都や大坂の銀主への借入金も嵩んでいた。そのような状況の中で、一五万両の調達に苦慮しながら、六月八日にまず五万両を在京の留守居から納入し残りの一〇万両は藩主に内密に猶予を願い出た。その後、新政府が伊予松山藩の献金を一旦白紙にするなど紆余曲折を経ながら、伊予松山藩では六月二五日以降藩内の諸郡代官や富商・村役人らを集め三年賦・年一割の利息で借り入れを申し入れ、また村ごとの負担額を決定して準備を進めた。[*10] そうして八月二三日伊予松山藩公務人河東権之丞が弁事役所に出向き全額一五万両を上納し、それと引きかえに藩主勝成宛の「献上請取書」を行政官弁事田中五位（不二麿）・神山五位（郡廉）から手渡され皆納にいたった。[*11]

高松藩および伊予松山藩はいずれも旧幕府軍として鳥羽・伏見の戦い参戦したことでともに一時的とはいえ土佐藩の支配下におかれた。藩主松平頼聡が在国であった高松藩は、第五等の罪状に準じて参戦の責任を在坂の家老を処断することで恭順の姿勢を示し、また軍資金一二万両の速やかな調達に動いていたことがわかる。一方、第三等に該当した伊予松山藩では藩論が主戦論と恭順論に二分するなど、恭順姿勢が新政府に認められるまで時間を要し、軍資金一五万両の上納についてもその調達と納付をめぐって新政府の方針が二転三転するなど、高松藩に比べて大幅に時間を要していたことが知れる。

なお、新政府内の軍資金をめぐる動向についていえば、すでに述べたとおり鳥羽・伏見の戦い以降、戦争遂行のための軍費調達は困難を極めており、それゆえに新政府は第三等以下の「朝敵」と見なした諸藩に対して軍資金を課したが、それに関して木戸孝允は、姫路藩や伊予松山藩などが軍資金を上納し「朝敵の大罪」を免れるのは皇国の基礎が成り立っていないことを示すもので、数万の兵士が戦死して骨を戦場にさらしているのは「大義名分人臣の分を尽」しているからで、たとえ一人の命であっても数十万の金で買うことはできないのに「人臣の至罪」を賠償金で謝免することは「西洋償金の法」にならうもので慨歎するほかないと厳しく批判していた。[*12]

以上のように新政府は高松藩と伊予松山藩から合計二七万両にのぼる軍資金を得たとされているが、高松藩の上納先は会計事務局、一方、伊予松山藩は弁事役所であった。本来、軍資金などの「貢献」は会計事務局の所管であると考えられるが、[*13]鳥羽・伏見の戦い後の新政府内においては軍資金の取り扱いをめぐって二つのルートがあったことに留意しておきたい。

2　上納軍資金から内閣書記官局預り金への転換

㈠　内閣書記官局預り金の成立と出納管理

知行高に基づいて高松藩および伊予松山藩から新政府に上納されたといわれる二七万両の軍資金は、その後、どのような経緯をたどったであろうか。ここからは国立国会図書館憲政資料室所蔵『岩倉具視関係文書』〔岩倉家本〕中の「内閣書記官局預り金」関係史料に視点をあてて見ていこう。

明治一四年（一八八一）七月一日、内閣大書記官作間一介と同権大書記官金井之恭は連名で太政大臣三条実美・右大臣岩倉具視に「内閣書記官局預リ金ノ始末」[*14]（以下、「始末書」と略記）を提出した。その「始末書」には右の上納軍資金について次のようなことがまとめられていた。

表　出納を管理した組織および担当者

年／月	組　織	担　当　者
慶應 4/2 –	行政官弁事	
明治 2/7 – 4/7	弁官	［大弁　坊城俊政ヵ］
明治 4/8 – 7/8		式部頭坊城俊政
明治 7/9 – 12/3	内史官 太政官書記官局	大内史土方久元　権大内史厳谷修 大書記官中村弘毅　同厳谷修
明治 12/3 – 14/12	太政官内閣書記官局	内閣書記官長中村弘毅　内閣少書記官金井之恭（後に大書記官）　内閣大書記官作間一介

註）国立国会図書館憲政資料室所蔵『岩倉具視関係文書』〔岩倉家本〕マイクロフィルム 2-15・2-16・2-21 等より作成.

内閣書記官局預り金（以下、「預り金」と略記）は、高松藩と伊予松山藩が戊辰戦争時の「謝罪ノ実蹟」を表すため「高松藩拾五《（ママ）》万円、松山藩拾二《（ママ）》万円合セテ弐拾七万円差出シタル金」[15]で、三条・岩倉両大臣および木戸孝允、大久保利通、広沢真臣の五名が弁官に命じてこれを管理させた。当時、幕府が瓦解し諸藩の動向が未だ不透明な状況にあって、皇室費をはじめ海陸軍費などの供給の手立てがなく、そのため二七万両（円）を差し迫った必要経費にあてて急場を凌ぎ、弁官がすべてその出納を取り扱い、同官廃止後は式部頭坊城俊政が残額を預り引き続き出納を管理した。

その後、「預り金」のうち小判は宮内省に預け、残金は為替方を務めていた三井・小野両組へ預け置いたところ、明治六年（一八七三）五月の皇居炎上により「預り金」関係書類を焼失し、小判も焼けて金塊となった。翌七年九月「預り金」は本局（内史官）の管理するところとなり、三井・小野両組への預け金、諸々の貸金証書、少額の現金および皇居炎上後の帳簿書類など一切を坊城式部頭から受け取り、土方久元と厳谷修の両名が出納を取り扱った。

以後、小野組が破産した際には損失のまま計算を済ませ、三井組からは現金を受け戻し、諸々の貸し出しのほか現金はすべて内史官（のち太政官書記官局および内閣書記官局）の貯蔵に帰した。そして、土方転任後は中村弘毅また厳谷の後任には金井之恭があたり、さらに中村から作間一介に交替し、今にいたるまで出納管理することとなったという。[16] ちなみに、慶応四年から明治一四年までの間

「預り金」に関わった組織と担当者は表のとおりである。

ところで、右の「始末書」では二七万両（円）が岩倉ら五名の命によって弁官の管理に帰したとある。だが、果たして上納軍資金の全額が弁官の手に渡ったのだろうか。前述したように高松藩が八万両を上納したのは会計事務局であり、しかも残りの四万両は明治四年に完済したという。「始末書」のいうとおりならば、会計事務局は何の異議を唱えることなく上納金を弁官に差し出したことになるが、その実情は明らかでない。最初に上納された八万両が政府の軍費として用いられた可能性も否定できない。一方、伊予松山藩の一五万両は弁事役所に納められていることからして、その後弁官が出納管理したと考えても筋がとおるだろう。

ちなみに、明治七年九月式部頭坊城俊政から内史官に引き渡しがおこなわれた際、坊城がまとめた「御預金計算帳」[*17]によれば、現在高は二万八九五三円七〇銭二厘と記され、額面金額二万八〇〇〇円の三井・小野組手形一枚、額面金額四〇〇円の第一国立銀行手形二枚合計八〇〇円、現金一五三円七〇銭二厘および孛貨一四ターラ二二コーセンを納めており、岩倉から坊城に同月二七日受取書が送られている。[*18]そして、引き続き内閣書記官局のもとで出納管理されていた「預り金」が明治一四年一二月一三日岩倉具視の命により外務省へ証書書類・諸帳簿とともに引き渡された。[*19]その金額（現在金）は一万一三三一円四五銭六厘であった。[*20]

(二)「預り金」出納の諸相

さて、右のような経緯をたどった「預り金」は具体的にどのように用いられていたであろうか。「始末書」に記された「賜金之分」、「御渡之分」、「大久保木戸両名へ御預金顛末」、「貸出シ金未納之分」の四項目に沿って見てみよう。

まず、「賜金之分」には「国事ニ奔走尽力候者へ被下金一時操《ママ》替置候儀ニテ官費可相立分」として明治八年一二月二五日に高知県小南五郎右衛門への①三つ組銀盃代価二〇円と②賜金二〇〇円、③同月二七日に小楯知方へ三〇円の

「被下金」、④九年一一月一五日木曽源太郎へ賜金二〇〇円、⑤同月二七日に元曇花宮家来吉田玄蕃へ賞賜金二〇〇円、⑥一三年四月二〇日故浮田一蕙遺族へ「被下金」三五〇円、六口合計一〇〇〇円が記載されている。

次いで、右大臣岩倉具視による「御渡之分」には①一一二円九二銭九厘二毛（明治七年一一月）、②三〇〇〇円（同年一二月二八日）、③三〇〇円（同上）、④一〇九円（八年二月二日）、⑤一一円三一銭二厘（同年二月一五日）、⑥二五円（同年七月二二日）、⑦四三円三七銭五厘（同年一〇月三一日）、⑧七〇円七銭五厘（九年九月一八日）、⑨二五八円六九銭（同上）、⑩一八三円（同年一一月二二日）、合計四二一一円三八銭一厘二毛とあり、そのうち②は吉井友実の「御内用洋行費」として黒田清隆に渡されたもので「御用向ハ御手元御用重ニ被仰付候儀」につき後日宮内省から岩倉に返金されることになっていた。そのほか詳細は省くが①、④、⑤〜⑩は外国人関係諸費としていずれも公務上の止むを得ない交際で、特に「英人ドンハ内命ヲ奉シ支那地方探偵ノ事ニ周旋シタル者ナリ一時ノ操《ママ》替払ナレバ無論官費ニ可相立分」とあり、明治七年七月に「支那事情上申書」[21]を提出したイギリス人エドワード・ドンへの「贈物料」や「挨拶入費」の記載があり、ドンとの密接な関係をうかがわせる。

岩倉に関しては西南戦争時（一〇年八月七日）、「樋口真彦以下一七口分一五三六円」のうち「大蔵省ヨリ可受取分」の一二九一円を「預り金」から前渡ししていたようである。また「太政大臣殿右大臣殿御両名証ヲ以御両家々令へ相渡候分」として、①九〇〇円（明治一二年一〇月一日）、②四〇〇円（同年一二月一八日）、③八二〇円（一三年九月一三日）、合計二一二〇円が「両大臣ヨリ返上可相成分」として見える。なお、この「御渡之分」には明治八年四月七日に坊城俊政が京都華族の世襲家職廃止にともなう「御手当金」が吉田家や土御門家などに支給されたところ、伊勢祭主の藤波家が漏れていたため他家同様に取り扱うよう「救助内願」があり藤波忠教に「官費可相立分」として「預り金」から二五〇〇円を支給したことも記載されている。

第三に取り上げるのは「貸出シ金未納之分」で、①明治三年二月二〇日伊藤謙吉が借りた二〇〇〇円の未納残金八

○○円、②六年に戸田忠至が借りた三件合計三〇〇〇円のうち明治一一年から五〇ヵ年年賦で返済予定の未納残金二六九四円六八銭三厘、③八年八月二八日岩倉が華族のため借用した一万五〇〇〇円のうち明治一四年一二月から毎年五〇〇円ずつ返納を約定した未納残金五〇〇〇円、④同じく岩倉が六年一二月二五日三条太政大臣の了承を得て借用した五〇〇〇円のうち③と同様の返済を約した未納残金二〇〇〇円、⑤八年七月一八日巌谷修が借用した一〇〇〇円のうち毎年二〇〇円ずつ返納するとした未納残金七〇〇円、⑥一一年一月九日岩倉が③と同じ理由と返済方法により借用した九〇〇五円八六銭七厘五毛、合計二〇二〇〇円五五銭五毛が未納残金であった。

そして、「預り金」出納上、特に興味深いのは「大久保木戸両名へ御預金顛末」である。それは弁官が出納を管理していた時、「預り金」から「御用弁」のため大久保利通と木戸孝允に七万円が預けられたという。そのうち三万円は木戸が取り扱い長州出身で大坂に住み北海道で商業を営んでいた平原平右衛門へ預けたが、平原が破産したため損失した。また四万円については、慶応四年三月三井・島田・小野三家に預けられ、そのうち三〇九九四円一三銭二厘五毛は返金され、残金九〇〇五円八六銭七厘五毛は木戸が没したのち、明治一一年一月九日養嗣子木戸正二郎・後見山尾庸三から四万円の出納帳を添えて返済されたとある。そして、この返金九〇〇五円八六銭七厘五毛が前述した「貸出シ金未納之分」の⑥にスライドしたわけである。[*22] なお、大久保と木戸の出納については、三井文庫所蔵の「大久保様・木戸様御扱金銀請納帳」[*23] と関わりがあるように思う。その点については稿を改めて考察したい。

高松藩および伊予松山藩が新政府に軍資金として上納したとされる合計二七万両（円）は、本来、戊辰戦争遂行時の軍費であり会計事務局が出納管理すべきものであったろう。岩倉・三条・大久保・木戸・広沢の政治判断によって実際にプールされた金額は定かではないが、新政府の財政基盤が脆弱な中で必要に迫られ多様な使途に用いられたことは想像するに難くない。そして、その出納管理は坊城俊政を除いて岩倉らの政治活動に直結した太政官の中枢組織すなわち弁官およびその後継である太政官書記官局さらに内閣書記官局に委ねられたのである。「預り金」の存在が一部の政府首脳に止まっていたか、それとも政府内で周知の事実であったのか、その辺りのことはよくわからない。だが、上納軍資金がその後「預り金」という名目で岩倉、三条、木戸、大久保によって長期間に渡り用いられていたことはこれまで見てきたとおりである。

3 内閣書記官局預り金の最終処理──外国人接待所（鹿鳴館）の建設──

明治一四年七月に三条と岩倉にあてて提出された「始末書」には「当時有金之分」として現金一万〇八四七円八九銭四厘五毛と、ほかに「孛貨四箇札壱枚　合計拾四ダーラ廿二コーセン」の記載がある。先に見たとおり同年一二月内閣書記官局から外務省に引き渡された現金一万一三三一円四五銭六厘が同年末時点における「預り金」の最終的な残金であったといってよいだろう。それまで岩倉や三条らが多様に用いてきた「預り金」が、なぜこの時、外務省に移されたのか、外国人接待所（鹿鳴館）の建設に視点をあて「預り金」の残金がどのように処理されたのか、最後に見ていきたい。

欧化政策の一環として明治一六年（一八八三）一一月に内山下町に開館した鹿鳴館の建設の発端は、一〇年前の明治六年九月まで遡る。宮内卿徳大寺実則は同年五月の皇居炎上後、貴賓接待謁見所を必要としたことから至急の評議を求め同年九月一八日に「外国王族公使等御接待所新築」を上申した。それに対して政府は同月二五日皇居新築の見込も立たない中、既存の延遼館を引き合いに接待所の新築を見合わせることとし、一一月一一日に「当分ノ所従前ノ通可相心得事」と指令した。*24 その結果、外国人接待所の新設は一旦沙汰止みとなったが、同九年四月、徳大寺は工部卿伊藤博文との連名で赤坂仮皇居内に謁見所の新築を上申し裁可されたという。

しかし、それも話が進まなかったようで、徳大寺は一一年八月二一日改めて各国から渡来する王族や貴顕を接待するに相応しい場所を選定し新施設建設のため「外国人御接待所建築伺」[*25]を上申した。同年九月一〇日、政府はそれを聞き届け外務・工部両省へ協議のうえ相応の場所を選び新築図面費用の見積りを取り調べ提出するよう指令した。[*26]その後の詳細は不明だが、明治一二年にいたって政府はドイツ・イタリア・アメリカから渡来する貴賓に備え、一月二五日に工部省に延遼館と仏国公使借用中の官舎の装飾費の取り調べを指示していたようで、その件について同年二月七日工部卿井上馨は両施設の装飾費用を四万円と概算して許可を伺い出た。同月一三日政府はそれを聞き届け全額を大蔵省から受け取るよう指示し、大蔵省にもその旨を達した。さらに井上は同月一三日、延遼館と仏国公使館の修繕費を五二五八円一五銭一厘と概算して伺い出て、同月二二日にこれもまた大蔵省から全額受け取ることとなった。[*27]

その後、井上は四月八日にアメリカ合衆国前大統領グラントの来日時の旅館として海軍卿川村純義が三田綱町に所有する邸宅および敷地等を購入することとし、その支出を大蔵省へ下命するよう伺い出て、同月二二日に代金三四五四〇円三三銭五厘の受け取りが聞き届けられた。[*28]そうして官舎となった旧川村邸について海軍省接待掛から引き渡しの内談があったが、工部省は外国要人の接待はすべて外務省に委任されているとの理由から五月五日に同省への引き渡しを上申し翌六日にそれが聞き届けられた。[*29]

さて、明治一二年九月一〇日に外務卿となった井上は[*30]、翌一三年一一月一五日三田綱町の官舎と横浜出張所を売却し、その代価をもって中止となっていた霞が関の外務卿官舎を築造し、残った金で適当な場所へ「クラブ」を建設することを伺い出た。それに対して政府は一二月二二日に前者については「節略の見込」をもって費用を取り調べ再度伺い出るよう命じ、一方、後者については官費による建設は妥当ではないとして差し止め、それとは別に一〇万円を目途に「外国人接待所建築ノ見込ヲ以テ其場所及結構等詳細取調伺出」るように指令した。[*31]外国人接待所の建設を見越していた井上は、同月一八日に外務卿官舎と接待所の建設費用補足のため外務省以外の各省および東京府の地所建物の売り払いについて具申し、その収入金が一旦大蔵省へ納付されたのち、外務省へ引き渡されるよう伺い出て、それも同月二八日に聞き届けられていた。[*32]

こうして長年の懸案であった外国人接待所の建設は緒に就いた。翌一四年一〇月二〇日内閣少書記官男谷忠友が外務権大書記官桜田親義に各省から「差出スヘキ約束之金高内訳」について照会したところ、内務省・東京府五万円、陸軍省一万七〇〇〇円、宮内省一万円、海軍省一万円、司法省八〇〇〇円、外務省一万三〇〇〇円、工部省一万円、開拓使一万円の「応接《（ママ）》所建築費各省ヨリ出金予定高」の回答があった。それより先、同年九月二一日には井上は各省から納付があるまで外国人接待所の建設費一〇万円を目途に大蔵省から繰り替え支払われるよう政府に伺い出て一二月五日に一五年六月を返却期限として聞き届けられていた。[*33]

各省からの拠出金は総額一二万八〇〇〇円が見込まれていたが、大蔵省は明治一四年度中に建設費一〇万円を外務省へ繰り替え下げ渡していた。それに対して各省から納入され大蔵省へ返金された総額は八万一〇六七円三二銭八厘で、残金一万八九三二円六七銭二厘と算定されていた。[*34] 外国人接待所の建設はすでに着工されており、その費用の工面は困難を極めていたことがうかがい知れる。

岩倉と井上との間で「預り金」をめぐって具体的にどのようなやり取りがあったか明らかでないが、内閣書記官局のもとで出納管理されていた「預り金」の残金一万一三三一円四五銭六厘が明治一四年一二月一三日岩倉の命により外務省へ証書書類・諸帳簿とともに引き渡された背景には、外務省が外国人接待所建設費用捻出に窮していたという事情があったと考えてよいだろう。

井上は、こののち明治一五年九月二一日に建築資材や諸物価の高騰、また建設用地の地盤強化を理由に宮内省から納付された一万円、文部省納付予定の一万円、陸軍省の未納残額一万五〇九五円三一銭二厘、工部省が新たに寄贈した三ヵ所の土地売却金五〇〇〇円、合計約四万円余の目途をもってさらに建設費四万円の増額と大蔵省からの繰り替えを上申し裁可を仰いだ。翌一六年五月五日にいたって政府は建設費の増額と繰り替えを聞き届け、同月二五日に外務省に指令すると同時に大蔵省へは四万円を「本年度常用在金」から繰り替え引き渡すよう通達し、合せて会計検査院に通牒した。[35] そうして外国人接待所は約一四万円を建設費として工事が進められ、明治一六年一一月二八日鹿鳴館と名付けられて開館した。ちなみに総工費は一四万一六三三円四六銭であった。[36]

明治一三年一二月に始まった外国人接待所すなわち鹿鳴館の建設は、約三年の歳月を経て完成を見たわけだが、同一六年一月二二日に井上は岩倉にあてて次のように書き送っていた。

客歳《（ママ）》十二月山下外国人接待所用トシテ予テ御承知有之候壱種之金員ヲ内閣ヨリ受取候処追々会計事務精密ニ相成右ヲ以他江貸借等之事ニ渉候而者本省ニテ難取計候ニ付別紙金壱万三千弐百三拾七円三拾弐銭四厘五毛壱円銀弐千弐百四拾五円六拾壱賤五厘ノ辻ハ既ニ接待所建築費用江致支弁其余受取置候分悉皆致切捨ノ処分候此段御聞置有之度候也

明治十六年一月二十二日　外務卿井上馨

岩倉右大臣殿[37]

右の書簡文中の別紙とは同じ一月二二日付で井上から岩倉に発せられた次の書簡を指している。

親展写

予テ内閣ヨリ本省江受取置候金員此度致所分候ニ付残金千六百円孛貨拾四ダーラ弐拾弐コーセン及壱件書類六通三括始末書弐冊共為持差出候御落握ノ上於御手元証書ハ夫々江御返却之儀御取謀ヒ可被下候為其早々拝具

一月二十二日　馨

岩倉殿閣下

記

一　金九千五百円八拾六銭八厘　岩倉具視拝借証書　壱通

一　金九千五円八拾六銭八厘　木戸孝允上納証書　返戻之証　壱通

一　金五千円　岩倉具視拝借証書　壱通

一　金弐千円　岩倉具視拝借証書　壱通

一　金弐千円　伊藤謙吉拝借証書　壱括

一　金千円　厳谷修拝借証書　壱括

一　金三千円　戸田忠至拝借証書　壱括

但拝借書類弐通渡済

〆　六通　三括（割書）

外ニ始末書弐冊

記

金三万千三百三拾弐円七厘五毛

一　壱円銀弐千弐百四拾五円六拾壱銭五厘　元金

孛貨拾四ダーラ弐拾弐コーセン　但孛貨四個　札壱枚

内

金壱万三千弐百三拾七円三拾弐銭四厘五毛

壱円銀弐千弐百四拾五円六拾壱銭五厘

現金受取済接待所建築費へ支弁

差引

金壱万六千四百九拾四円六拾弐銭三厘　拝借証書六通但本文ノ金員ハ未納也

金千六百円　　　　　　　　現金ヲ以返納
孛貨拾四ダーラ弐拾弐コーセン　同上[38]

この二つの書簡からは次の二つのことが見えて興味深い。すなわち、一つ目は明治一四年一二月に内閣書記官局が外務省に引き渡した「壱種ノ金員」とは「預り金」の残金で、岩倉と井上の間で外国人接待所建設費として用いることが合意されていたことである。書簡に見える「内閣」とは直接的には内閣書記官局のことであり、「預り金」の残金を井上の求めに応じて引き渡すことを指示できたのは岩倉であったということだろう。二つ目は外務省が会計検査を危惧していたことである。岩倉は「預り金」の一切を井上に託そうとしたのかもしれないが、井上からすれば窮余の一策として「預り金」の残金を建設費に組み込んでうまく支弁することができればよかったわけで、残った現金一六〇〇円とプロイセン銀貨一四ターラー余と借用証書類や諸帳簿をできるだけ速やかに返却し、外務省の関与を消し去って会計監査の対象とならぬようリスクを回避したと見てよいだろう。ちなみに、一円銀貨は明治一四年一二月一六日に宮内省から引き渡された金銭で[39]、プロイセン銀貨は証書書類・諸帳簿とともに内閣書記官局から外務省に移されていたものであった。一四年一二月の引き渡し時の金額と支弁金額との間の差額については判然としないが、「預り金」の残金のうち建設費に用いられた現金一万三二三七円三二銭四厘五毛と一円銀二二四五円六一銭五厘合計一万五四八二円六三銭九厘五毛は、内務省・東京府を除く各省の出金と同等以上の金額でじつに総工費の約一二パーセントにあたっていたのである。

おわりに

本稿では、高松藩および伊予松山藩の上納軍資金が「預り金」となり、その残金が最終的に外国人接待所（鹿鳴館）

の建設に帰結していった過程を見てきた。そこからどのようなことがいえるのか、最後にまとめておきたい。

まず高松藩および伊予松山藩からの上納軍資金は、各々の藩による朝廷への恭順謝罪と戊辰戦争への派兵に代えてという二つの意味があったものである。本来、主たる用途は新政府による軍費ということにあったのだろうが、実際は岩倉らの政治判断によって多様に用いられており、そのことからすれば戊辰戦争の上納軍資金は単に軍費というだけではとらえきれない側面があったのである。

次に、両藩からの上納軍資金はそれぞれ会計事務局と弁事役所（行政官弁事）を通じて新政府に納められたが、それは岩倉、三条、木戸、大久保、広沢のごく限られた政府首脳の政治判断に基づき組織的には弁官とその後継である内史官、太政官書記官局さらに内閣書記官局よって「預り金」という名目で一貫して出納管理されたことで太政官の会計部局の手のおよばない一種の秘匿性を帯びた資金となったといえるだろう。その一方で「預り金」の具体的な用途すなわち下賜金や三条・岩倉らを通じて下げ渡された華族救済金、また厳谷や戸田らの借用金などの出納に関わった担当者はその支出が一時的な代替金で、官費で支弁されるべきものとの認識を持っており、その意味において「預り金」は公費的な性格を帯びていたといえるだろう。「預り金」の本質は、その出自と出納管理の在り方による秘匿性と使途の半ば公的性格が表裏一体化していたところにあったのである。

最後に、外国人接待所（鹿鳴館）の建設費をめぐっては、これまで建設費一〇万円と増額費四万円、内務省・東京府、宮内省、外務省などの納付金額について明らかにされていたが、建設費の中にじつは「預り金」の残金が組み入れられていたのである。そのことを改めて指摘しておきたい。この「預り金」の残金は、井上と岩倉とのやり取りから明らかなように諸省からの納付金とは全く異なった大蔵省や会計検査院に秘匿された金銭であり、それは前述した秘匿性の延長線上に成り立ったものと見てよいだろう。そして、「預り金」に最も深く関わってきた岩倉からすれば、清算の意味合いがあったのだろう。

「預り金」は、その残金の使途において最終的に公にすることができない「密用金」[40]となったわけで、その事実からすれば現代における内閣官房報償費（内閣官房機密費）の淵源と考えられるのである。

註

＊1　史料学からのアプローチによる戊辰戦争研究については箱石大編『戊辰戦争の史料学』（勉誠出版、二〇一三年）を、また国際関係、政治秩序の再編、陸海の軍事力、民衆との関わりなど幅広い視点から戊辰戦争を分析検討している奈倉哲三・保谷徹・箱石大編『戊辰戦争の新視点』上・下（吉川弘文館、二〇一八年）を参照されたい。

＊2　保谷徹『戊辰戦争』吉川弘文館、二〇〇八年。水谷憲二『戊辰戦争と「朝敵藩」』八木書店、二〇一一年。李啓彰「井上馨による外交「裏舞台」の創出―鹿鳴館の建設過程からの考察―」（『社会システム研究』二二号、二〇一一年）。

＊3　前掲保谷『戊辰戦争』一頁～五頁、六三頁～八五頁、一三六頁。

＊4　前掲水谷『戊辰戦争と「朝敵藩」』二〇頁。

＊5　『香川県史』第五巻（通史編　近代Ⅰ）、一九八七年、六～一八頁。前掲水谷『戊辰戦争と「朝敵藩」』一五八頁～一六二頁。

＊6　『香川県史』第一一巻（資料編　近代・現代史料Ⅰ）、一九八六年、一五頁～一六頁。

＊7　前掲水谷『戊辰戦争と「朝敵藩」』一六五頁。

＊8　『愛媛県史』近世下、一九八七年、七七九頁～七八五頁。前掲水谷『戊辰戦争と「朝敵藩」』一六七頁～一七五頁。

＊9　『復古記』第五冊、一九二九年、一五二頁～一五四頁。引用史料中、「軍資金拾五万円」とあるが、貨幣単位が円となっているのは、明治四年に定められた新貨条例により一両＝一円となったことによる。「始末書」の記述も同様の理由による。

＊10　前掲『愛媛県史』近世下、七八五頁。

＊11　註9に同じ。

＊12　「木戸孝允日記」慶応四年五月二九日条（『木戸孝允日記』一、東京大学出版会、一九八五年履刻再刊、四七頁～四八頁）。前掲水谷『戊辰戦争と「朝敵藩」』一八頁～一九頁。

＊13　国立国会図書館デジタルコレクション『法規分類大全　官職門一至六』一〇、一八八八年、一一頁（コマ番号三〇）。

＊14　国立国会図書館憲政資料室所蔵『岩倉具視関係文書』（岩倉家本）マイクロフィルム2―16、北泉社、一九九九年。

＊15　「内閣書記官局預リ金ノ始末」では上納軍資金について高松藩一五万円、伊予松山藩一二万円と金額を誤記している。岩倉たちがいつ具体的な判断をくだしたか判然としないが、岩倉が子の岩倉具綱との連名で明治一四年七月に作間一介・金井之恭宛に差し出した九〇〇五円八六銭八厘の借用証書の入っていた封筒には墨書で「慶応四年辰三月大久保木戸取扱三井其外へ預ヶ金受納帳ニ記載有之（後略）」（『岩倉具視関係文書』〔岩倉家本〕マイクロフィルム3―5―2）とあることからすると、遅くとも三月頃までには政治判断がなされていたと思われる。なお、「預り金」はその多様な使途から「御内用金」とも呼称されていた。

＊16　註14に同じ。

＊17　国立国会図書館憲政資料室所蔵『岩倉具視関係文書』〔岩倉家本〕マイクロフィルム2―3―(2)。

＊18　同右〔岩倉家本〕マイクロフィルム2―5。

＊19　同右〔岩倉家本〕マイクロフィルム2―18―(1)。

＊20　同右〔岩倉家本〕マイクロフィルム2―15―(3)。

＊21　国立公文書館デジタルアーカイブ「単行書・処蕃始末・甲戌七月之四・第二七冊」明治七年七月、単00621100。

＊22　前掲〔岩倉家本〕マイクロフィルム2―16。

＊23　村和明「戊辰戦争の戦費と三井」（『戊辰戦争の新視点　下』軍事・民衆、吉川弘文館、二〇一八年、八六頁～八七頁）。なお、同史料については小泉雅弘氏に御教示を賜った。記して謝意を表したい。

＊24　国立公文書館デジタルアーカイブ「外国王族公使等御接待所新築伺」、明治六年一一月、公00820100。

＊25　同右「外国人御接待所建築伺」、明治一一年九月、公02368100。

＊26　註25に同じ。

＊27　国立公文書館デジタルアーカイブ「延遼館及旧仏国公使館装飾費額ノ件二条」、明治一二年二月、公02547100。

＊28　同右「海軍卿川村純義所有ノ家屋買収ノ件」、明治一二年四月、公02548100。

＊29　同右「海軍卿川村純義元邸宅外務省へ引渡ノ件」、明治一二年五月、公02548100。

＊30　『百官履歴』一、北泉社、一九九七年、一三二頁。

＊31　国立公文書館デジタルアーカイブ「綱町官舎売払并クラブ新築等ノ件」、明治一三年一二月、公02833100。前掲李論文、一五〇頁。

＊32　同右「本省建築費補足ノ件」、明治一三年一二月、公02833100。

＊33　同右「外国人接待所建設費繰替渡ノ件」、公02936100。

＊34　同右「内山下町外国人接待館建築費増額繰替渡ノ件」、明治一六年五月、公03462100。

＊35　註34に同じ。

＊36　国立公文書館デジタルアーカイブ「鹿鳴館将来官費ヲ以テ維持ノ件」、明治一七年五月—七月、公03685100。前掲李論文、一五五頁。

＊37　国立国会図書館憲政資料室所蔵『岩倉具視関係文書』〔岩倉家本〕マイクロフィルム2—21。外務省が「預り金」の残金を受け取ったのは明治一四年一二月であるが、井上は「客歳」（明治一五年）と誤って記している。

＊38　註37に同じ。

＊39　国立国会図書館憲政資料室所蔵『岩倉具視関係文書』〔岩倉家本〕マイクロフィルム2—18—(3)。

＊40　同右〔岩倉家本〕マイクロフィルム2—18—1。一二月一三日付岩倉具視宛金井之恭・作間一介書簡の入った外封筒には墨書で「外務省ゟ過日御密用金始末書並証書類入り」と記されている。

三　明治初期の直轄県における徴税政策
——房総知県事・宮谷県を事例に——

宮間純一

はじめに

本稿は、明治初期に政府の直轄地に設置された県＝直轄県による徴税をめぐる諸問題を、房総知県事（上総房州監察兼知県事）・宮谷《みやざく》県を事例として検討するものである。明治四年（一八七一）七月に廃藩置県が断行されるまでの間、政府にとって直轄地からあがる税収は財政の要であり、府県における安定した税の徴収は喫緊の課題であった。

直轄府県の租税に関する問題にいち早く言及したのは丹羽邦男である。丹羽は、政府の発足から明治二年までの時期において、政府は「まずもっぱら府県統治体制・旧来の貢租収奪組織の掌握につとめ」、全府県統一の税制度を具体化することはできなかったとする。その上で、丹羽は、明治三年の「検見規則」の意義を指摘した。同規則をもって政府は「旧租法の統一化・再編の企図」を明らかにし、「旧幕期の定免制からの逆転、一層農民収奪強化」を図ったと論じている。[*1]

一方で、直轄地の統治・経営に関する本格的な研究は、松尾正人・千田稔『明治維新研究序説』[*2]によって始まった。その後、中村文『信濃国の明治維新』[*3]などによって事例研究が深められてきた。これまでの研究により、直轄県における議事や意思決定のあり方、備荒貯蓄・農民騒擾などの実相が解明されているが[*4]、貢租についても千田[*5]、松尾[*6]、中村[*7]らによって各地域の具体例が報告されている。

それらの成果から、各府県は、近世の支配のあり方になじんだ管轄下の民衆の実情をふまえながら統治にあたらなければならなかったことがわかる。その中でも税制度の改革はもっとも困難な課題の一つであった。徴税は、民心掌握と背中合わせの問題であり、中央で構想された計画が直轄県でそのまま実現できるわけではなかった。「検見規則」も問題を解消したわけではなかった。

特に、本稿で取り上げる房総地域を含む東京周辺地域は近世段階における支配が錯綜しており、税制度も複雑化していた。その上にあらたに置かれた直轄県が、租税の平準化に苦労するのは必然であった。房総知県事・宮谷県も、旧来の相給支配と常に対峙しながら統治を行わなければならなかった[*8]。

この点に関連して、中村は「相模国の旧領主の存在形態は信濃国と異なり、小田原藩領除くと小藩領・旗本領・代官支配地が入交じる相給の村落が展開していたということができる。とくに東部においては相給村落が大半であったということができる。このような旧領の存在形態の違いからも直轄県の成立の具体相が信濃国と異なることが予想できる」と指摘している[*9]。こうした問題意識のもと、中村は相模国・武蔵国での直轄県の成立過程を検討し、明治元年から翌年にかけて「旧来の錯綜した状況を整理し、支配の一円化を目指す」一方で、徴税や凶作対策、治安維持などのあらゆる面で「旧貫」が重視されたことを強調した[*10]。もっとも、中村は武蔵・相模両国についていえば、貢租に焦点を当てた検討を行っているわけではない。東京周辺地域に置かれた直轄県による徴税の分析は、いまだ手薄な状態にあるといえる[*11]。

そこで本稿では、上総・安房二か国の直轄地と下総国・常陸国の直轄地の一部を管轄するために置かれた房総知県事・宮谷県による徴税政策を検討したい。房総知県事・宮谷県に関しては、県政や県幹部の事蹟を追究した三浦茂一による一連の論考や自治体史の成果があるものの、[*12]税制度については十分に分析が及んでいない。本稿は、直轄県の租税研究における事例蓄積をはかるとともに、そのような地域史研究の余白を埋めることもねらいとする。

1　宮谷県の設置と柴山県政

(一)　房総知県事の赴任

まず、房総知県事として久留米藩士柴山典（文平）が赴任してから宮谷県が設置される頃までの房総地域の状況と、房総知県事・宮谷県による統治の概要を、先行研究を参照しながら確認しておきたい。房総知県事は、上総・安房の二か国および下総国匝瑳・海上・香取郡、常陸国河内・信太・行方・鹿島郡ほかに広がる旧幕府領・旗本知行所などを主な管轄地とし、その石高は合計で三六、七万石に及んだ。[*13]

三浦茂一は、戊辰内乱期の房総を、①直接の戦場となった時期：慶応四年（一八六八）三月から閏四月、②軍政期：同年五月から七月、③民政移行期：同年七月から明治二年（一八六九）初め、の三段階に分けている。[*14]この三浦による区分に従えば、房総知県事の設置によって軍政期から民政移行期へと移ってゆくことになる。

しかしながら、大規模な戦闘が閏四月に収束したとはいえ、一一月頃まで柴山は旧幕府脱走兵やそれに加担する勢力の鎮圧に追われた。[*15]九月に中央へ宛てて出した願書において、柴山は「賊徒之情態ハ隠顕出没、動すれハ良民を相害し緩急不常、迚も時々御届申上候間合者有御座間鋪与奉存候、是等之処如何共仕候而可宜哉」、「此地之勢ひ一賊あれハ一賊を除き去り候而こそ民心茂追々難有存安堵仕候儀ニ御座候、実以此害を不除してハ愈人心も不穏」と述べている。[*16] ここに書かれているように、柴山にとって目下の課題は管轄下で散発する騒擾への対応であった。そのため、軍事力の必要性、軍事権の委任を中央へ強く訴えなければならなかったのである。

反政府分子である「賊徒」が引き起こす騒擾に加えて、政府への不信が色濃い村々の動向も柴山の悩みの種であった。農民たちの中には、「賊徒」を支持する者も存在した。[*17] これに対して房総知県事は、村々へ「脱走体之者」を「隠居置候儀於露顕者、其家財金役収の儀者勿論其組合名主之者へも越度可申付候事」と厳命している。[*18] 内乱の余燼がくすぶる中で、騒擾鎮圧と治安維持による民心安定が房総知県事にとっての最優先課題であった。こうした情勢に規定されて、明治元年後半に入っても房総知県事は民政に重心を移すことができないでいた。

租税に関しては、房総知県事から管轄下の名主へ「旧籏下帰順之者へ者当分御蔵米ニ而可被下儀ニ付、当秋より物成等是迄之地主へ一粒たりとも相与へ申間敷義、押借等致し候輩有之候ハ、早々可訴出候事」と、旧領主に一切年貢を納めてはならないと指示を出してはいる。[*19] だが、新たに房総知県事へ納めることになる貢租の具体的な方針は打ち出せていなかった。房総知県事は、明治元年の秋に「租税等之義ハ大ニ民心ニ関係仕候者ニ御座候得者、容易ニ改革者仕リ難く、当分旧貫ニ依り候外無御座」と、民心に配慮して当面は税制改革に手を付けられないことを中央へ報告している。[*20]

混乱した状況が落ち着きをみせ、民政に注力することが可能な環境がようやく整ったのは明治元年末のことである。十一月後半になって柴山は、「賊徒モ漸ク掃除シ、藩々ノ方向モ定リ民心モ大ニ安堵ス」と中央へ報告している。ただし、「兵后水害ニ遭フテ塗炭ニ苦シミ飢渴目下ニ迫ル」と内乱に加えて発生した水害により民衆の困窮が深刻化していることも認識していた。兵乱が収まったとはいえ、いまだに安定とはほど遠い状況にあった。[*21]

(二) 宮谷県の設置

明治二年に房総知県事に変わって宮谷県が設置されると、柴山典は民政に本腰を入れるようになる。房総知県事は、明治元年一二月一六日に上総国山辺郡大網宿宮谷（大網白里市）にある本国寺境内へ役所を移動した。翌年正月から文書上では「宮谷県」と名乗っているが、県設置の布達が出されたのは「府県施政順序」が制定された直後の二月九日のことであった。七月二〇日には、柴山が宮谷県権知事の辞令を受けている。[*22] 宮谷県の官員は、明治二年時点で三四名、同三年四月には六八名、同四年四月には一〇六名であり、[*23] 幹部は柴山をはじめとする久留米藩士のほか笠間・佐賀・前橋藩の藩士によって構成されていた。[*24]

柴山の施策は、祭政一致を重んじる「復古」的性格をもつ人民教化策と、戦災・凶作および利根川の水害などによる民衆の窮状に直面しての仁政に特徴づけられると評価されてきた。

前者については、三浦茂一が史料を紹介しながら実態をつまびらかにしているので詳細は割愛するが、[*25] たとえば、柴山は慶応四年八月に管轄下の村々をまわって、村役人たちに「神武天皇以降三千年来之御鴻恩」に報いなければならないことを小前百姓に申し諭すよう指示している。また、明治二年一〇月には、「心得之条々」として天照大神、「天子様」、産土神、祖先に拝礼して道徳を守り、勤勉を旨とするように管轄下の人民に布達した。[*26] 三浦はこのような「復古」的色彩の濃い房総知県事・宮谷県による一連の政策の淵源を、幕末期にいわゆる「尊攘志士」であった柴山の思想に求めている。[*27]

房総知県事や宮谷県の政策全般を、柴山個人や「尊攘志士」の思想に帰結させていることには疑問もある。だが、天子（天皇）の権威の浸潤を図ることで不安定な状況にあった民心を掌握しようとしたことはたしかであろう。

一方で、後者に関して大きな課題となったのが、明治元・二年の凶作対策であった。近世後期以降、領主から村々に対してかけられていた度重なる負担に加え、慶応四年の内乱は房総地域の民衆をさらに疲弊させた。下総・上総両国には、戦場となり戦火をこうむった地域もある。これに追い打ちをかけたのが、自然災害と凶作であった。特に、明治二年の凶作は深刻であり、全国各地に被害が出たが房総地域も例外ではなかった。

宮谷県は、凶作を受けて【史料1】を明治二年一一月に発している。

【史料1】

救荒説諭

我等不肖なから両総常の蒼生を撫育すへしとかしこき　朝命を蒙りたれとも、元より人の上ニ立て治教を施すへき才徳もなく、最早一とせあまりも過たれとも是そと申程の事もなく、上ハ　天朝ニ対し奉り、下ハ衆庶ニ申訳もなき次第なり、されと一旦　朝命を蒙り、衆庶之上ニ立、深き契りをなしたれハ、予か心には衆庶と苦楽死生を共ニし、力の及はんかきり身のあらんかきりハ下民の塗炭を救むやと、朝暮忘るゝ事もなかりき、されと思ふよふニならさるハ浮世の習ひとや、昨年よりの天災違作今年ニ至リてハ更ニ甚しく嘸かし、衆庶の苦情弥増さんと察し、されともいまた常平倉社倉等救荒予防の備も届兼、衆庶を安堵せしむる手たても立かたく、　朝廷ニ於ても格別御節検被遊、　御舗饌迄をも御減少あらせらるゝ程の御事ニ而、深く万民の塗炭を救はせ給はんといと難有　叡慮ニ者あらされとも、天下擾乱の末御物入ハ多く、なか〳〵即今十分の御救助の道立させかたく、租税等迄も当年柄とても格別之御免除出来られ難き程の事なれハ、上ハ　天朝の御憂慮を奉伺、下ハ衆庶の苦情を察し我等之進退ここニきわまりぬ、衆庶も愈我等の心中を少しは察し憐ミくれよかし、それにつき差当り衆庶へ篤与議し度事あり、衆庶はいかゞ了見しぬるや、我等の目には予か管轄内ハ全体ニ米穀不足之土地柄、其上引続之違作ニてハ来春迄者ともあれ、夏ニも至りもし麦作も十分ニなきときハ、金銀珠玉ハ飢て食ふへからすと古人も申されし如く何を食して生活すへきや、もし我撫育すへき赤子を飢さは其罪誰ニかきせん、全く我等の罪ニて撫育の道も立かたけれハ、唯今より其備を立置度ものなれとも別段申述し如く、即今いまた救荒の備もなく、目前急場を防く手段もなけれハ深く予か心中を憐ミ、下々にても一村限リ能々申談し、可成丈戸毎ニ粮米畜置、身元可也のものハ自己の米を売払はさるのミならす、貧者の差当り米を買遣し、己の米と一同畜置へし、さすれハ来夏ニ至リ米価又々騰貴するは必然なり、其時唯今買入し直段ニ至当の利足を加へ賎く売遣しなは即今一時の救助ともなるへく、身元よきものハ又能々勘弁し己か働にて身元もよくなりたりと思ふものもあるへけれとも、福ハ天の助くる所なれハ得難きものなれハ、其天助を得たる冨家ハ貧者を救ふ事こそ天理ニ叶ふなるへし、是迄天助を得て安楽ニ暮せし冥加と心得救荒豫防の為、　天朝の御憂慮を察し奉り、一村限り能々示談して来夏に至り飢餓の民のなき様精々尽力更ニ頼入度事ニこそ、右之趣村役人共ニて能々申諭すへし、定めし不心得のものもありて左程下々の難苦をいとひ候ハヽ、当年柄租税向も多分の引方ニもなるへきに、左ハなくてヶ様の御諭しハ心得かたしと申者もあるへけれと、夫か我等の誠ニ難渋の所ニて前ニも述る如く、何分　天朝御仁恤の御心ハあらせられても莫大御物入の末いまた其業とゝかせられさる所なれハ、往々ハいかよふとかなるへきなれハ、村役人共懇々申諭し熟れも合点まいらは、身元可也のものニて精々畜へ置へし穀物を一村限り村役人ニて取調親村へ取揃へ申出へし中ニも手厚く撫育方々心を用る奇特のものあらは是又申出へし、吟味の上褒美もとらせ遣すへし

己十一月　宮谷県権知事[*28]

【史料1】では、万民を苦しみから救いたいという天皇の思いを説明した上で、民衆の苦境は理解していながらも、「御物入」が多いため「御救助の道」が立ちがたく租税の免除はできない、という政府の基本姿勢が示される。「天朝の憂慮」と「衆庶の苦情」にはさまれた柴山の苦しい立場を説きつつ、「救荒の備」を講じるよう指示している。ここで述べられている「救荒の備」の方法は、「身元よきもの」が蓄えている米を原資として貧農を救おうという方策である。

この政策は、明治三・四年に実施された香取郡大倉村・一之分目村新田掘割工事とあわせて「柴山の仁政意識の実

践」だと位置づけられている。[*29]だが、「救荒説諭」の内容を素直に読めば、領主が本来なすべき「御救」にかかる負担を、「身元よきもの」に転嫁しているのが本質である。柴山あるいは宮谷県独自の仁政の実践とみなすのではなく、近世後期の領主が行った百姓間での救済に問題を転嫁させる手法との連続性を見いだす方が適当である。[*30]また、これは「凶作対策を能う限り農民負担で行なわしめ、救恤米金下渡を極力抑え」ようとした大蔵省の方針とも合致するものとみえる。[*31]【史料1】は、宮谷県権知事の名で出された文書ではあるが、柴山個人の意見が反映されたものであるとの見解にも疑問が生じる。

仮に、柴山や宮谷県が積極的な民政を実現しようとしていたとしても、政府の財政基盤が確立しておらず、直轄県の予算も確保できていない段階では、柴山としてできることは実現可能な範囲での対処にとどまったと考えるのが妥当であろう。

このように仁政の実践が行き届かない中で、宮谷県は貢租に関わる問題に向き合わなければならなかったことをおさえておきたい。

2　村々からの要望

次に、房総知県事・宮谷県に対して、管轄下の村々からあがってきた租税をはじめとする諸負担に関わる要望を確認したい。

(一)　旧旗本先納金処理問題

まず、重大な問題として挙げられるのが、旧旗本先納金処理問題である。

近世後期、台所事情が苦しくなった旗本は、先納金と称して知行所から将来受け取る予定の貢租を先取りして徴収していた。この先納金の取り扱いについて、明治元年から二年にかけて村々から房総知県事・宮谷県へぞくぞくと伺いや嘆願が寄せられている。上総国では旗本知行所の割合が全石高の六割を超えており、とりわけ深刻な問題であった。

【史料2】

乍恐以書附奉歎願候

桜井六十郎元知行所上総国五ヶ村役人一同奉申上候、私共元地頭所之義者勝手向不如意ニ付、是迄年々御物成引当ニ先納金他借上納仕、毎年八月切替暮勘定ニ仕来候処、今般知行所不残御引揚ニ相成　天朝　御料被　仰付候旨承知奉畏候、右ニ付何共恐多奉存候へ共、前申上候通元来困窮之私共無拠月々金主方ゟ借用仕、漸々調達出銀仕候間、誠ニ以当惑難渋至極仕候、依之此度一同相談仕、別紙之通取調帳奉差上候間、何卒格別之以　御慈悲御下ケ金被成下候様偏ニ奉願上候、右願之通り　御聞済被仰付被下置候ハヽ、一同挙而難有仕合奉存候、已上

慶応四辰年

八月

五ヶ村国郡村々

名主　連印

知県事

御役所[*32]

【史料2】は旗本桜井六十郎の知行所であった五か村から房総知県事に提出された嘆願書である。飯島章は、「元旗本知行所が集中していた関東の各直轄県では、先納金の処理問題が、明治元年の年貢徴収にあたって障害となり、そ

の解決にせまられていた状況が、容易に窺えるのである」と指摘しているが、房総知県事もこうした要望への対応を迫られることになった。[*33]

旧旗本知行所が散在していた東京周辺地域ならではの問題だといえようが、房総知県事はこれを明治元年のみならず明治二年の徴税にも影響を及ぼしかねない問題だと認識していた。柴山は、「旧旗本ノモノ其旧領ニ辰年収納ハ無論、巳年迄モ先納ト号シ前取リシタルヲ以テ民共当年ノ租税ハ旧地頭へ皆納シタレハ、最早一粒モ朝廷ニ納ムへキモノナシト云」と、明治二年までの年貢が旧旗本に「先納」と称して徴収されてしまっている場合もあり、取立が困難であることを訴えている。[*34]

会計官は、こうした状況に鑑みて、明治元年分の年貢に関しては、「地頭勝手ヲ以先納・先々納申付候村方モ有之可為難儀候ニ付、右ノ分ハ御収納高ノ内三分一被免」と指示を出している。[*35] 実態としては、一旦年貢を皆納させた上で、願い出によってその三分の一を下げ渡すという形で運用された。この方法により、村々は「孰レモ承服」したとされるが、県の実収入は減少することになった。[*36]

(二) 支配替えにともなう混乱

房総地域では、旧幕府領・旧旗本知行所が政府に接収され「天朝御料」とされたことに加えて、慶応四年五月の駿府藩成立にともなう駿河国の三藩、遠江国四藩の移封の影響などによって、明治元年から明治四年の廃藩までの短い期間に目まぐるしく支配替えが行われた。[*37] 村々は、支配替えの都度困惑の意を表したが徴税の面でも問題が発生した。

【史料3】

上総国武射郡

乍恐以書付奉願上候

右村役人共申上候、右三新田之義者、宝暦度御高入野地新開御新田ニ而、往古ゟ是迄諸役高掛り人馬役相勤候義一切無御座候、今後御私領渡相成候ニ付而者、跡御領主江御申送り被成下置度、此段奉願上候、以上

麻生新田
板中新田之内
中津田村分
板川村分
右三新田
惣代
麻生新田
名主　惣右衛門

辰十二月

知県事様
御役所[*38]

【史料3】は、旧幕府領であった上総国武射郡麻生新田ほかから房総知県事役所に提出された願書である。麻生新田ほかは、旧幕府領から房総知県事の所管するところとなり、その後さらに遠江国から移ってきた掛川藩主太田資美の所領に組み込まれることになった（移封後、松尾藩となる）。

願書を提出した麻生新田の名主惣右衛門は、支配替えによって旧来よりも負担が増すことをおそれ、そのために同じ立場におかれた村々と連帯して「御料御居置《（据）》」の嘆願運動を主導した。[*39]さらに、【史料3】では、「往古ゟ是迄諸役高掛り人馬役相勤候義一切無御座候」と述べ、負担のあり方を次の領主にも引き継ぐよう房総知県事に求めている。

このほかにも、支配替えによる混乱が史料上には散見される。たとえば、明治元年冬に中大夫京極侍従（丹後守）

から花房藩（遠江横須賀藩が移封）へ支配替えが行われた村々でもトラブルが生じた。京極は、安房国・下総国に約二四〇〇石を有した旗本であったが、そのうち安房国の四か村が花房藩へ引き渡されることになった。

京極は、花房藩への引き渡しが命じられる前に、先行して明治元年分の年貢を徴収していた（先納金かは不明）。京極は、このことを政府の弁事役所と会計官にも届け出たが特に指示はなく、房総知県事も対応しなかったという。ところが、花房藩が入封すると「一旦旧領主江相納候共収納取シ、新領主江早々収納可致」と村々に命じた。この花房藩の命令にとまどった村役人たちが、出府して京極に対応を求める事態が発生している。[40]

房総地域には大藩が存在せず、他地域と比較してまとまった直轄地が確保できた。これを利用して、政府は支配替えをたびたび実施した。その影響を受けて徴税にも混乱が生じことが、右のような事例からは判明する。このようなたび重なる支配替えによって生じた事態も、房総知県事・宮谷県における税制改革を阻害する一因となった。

(三)　凶作による年貢減免嘆願

「救荒説諭」が出された後も窮状は改善されなかったため、宮谷県管轄地域の村々は年貢免除・減免の嘆願を相次いで提出している。【史料4】は、上総国山辺郡台方村から宮谷県に宛てて出された嘆願書である。

【史料4】

乍恐以書付奉願上候

御支配所上総国山辺郡台方村左之名前之者共一同奉申上候、当田方之儀ニ付八月中三分迄之損毛者弁納之御触達有之、尚亦御一新之折柄昨年も御用捨頂戴仕難有、且当年之儀者成丈定免為相保度役人共ニ而精々申諭追々為苅取候処、案外之見込違ニ付、且苅取候稲束者田場江積置、晩稲立毛之分内見帳相認奉願御検見候処、御利解等被御申聞前段村方一同江申聞候得共、何分御年貢皆済不行届候迚被相歎、已ニ人気立候ニ付、其砌種々歎願等仕候

得共、只々御利解等被　御申聞奉恐入、漸是迄申諭追々御年貢斗立為致候得共、当節ニ至り村方一同ゟ被申出候者、村役人共之申諭を請却而難渋之段被相歎、且亦隣村押堀村・川場村・福俵村之儀者同御支配所ニ候得共御用捨有之、眼前地続ニ而作柄不同も無之候ニ御引方無御座候而者難行立、来春ゟ夫喰ニ差支候のミならず、当御年貢皆済不行届候ニ付、何卒以　御慈悲一村穏ニ相助り候様御救助　被成下置度偏ニ奉願上候、以上

明治二巳年十二月

右村

仕長

長右衛門

（仕長五名略）

組頭

瀧右衛門

（組頭六名略）

兼庄屋

半右衛門

宮谷県

御役所様[*41]

明治二年の凶作を受けての嘆願であるが、これ以前から貢租に関して台方村と宮谷県との間でやりとりがあった様子がうかがえる。

【史料4】で注目すべきは、元は幕府領と旗本三氏の知行所の四給であった台方村からの嘆願が、一村単位で行われていることである。[*42] 近世の台方村では、知行ごとに村役人が置かれており、年貢の取り立ても支配ごとに実施され

ていた。だが、嘆願書の作成者には知行所ごとの名主や組頭ではなく什長・組頭・庄屋の肩書きがみえる。

これは、房総知県事・宮谷県のもとで施行された「伍什長制」にもとづく役職名である。「伍什長制」は、明治元年末頃から房総知県事が導入し、これを宮谷県が継承した。五軒を伍、二伍を什、三什を組として、伍には伍長、什には什長、組には組頭を置き、組頭の中から一村の代表者である庄屋を選出する制度である。当初は、伍の中での相互扶助・監視や連帯責任が強調され、管内の治安維持と風俗改善を目的に設けられたものであった。[*43]

「伍什長制」の実施は、相給村落では実質的に相給支配を否定し、村政機構を一本化することにつながった。そのため、村内秩序の変更を余儀なくされ、騒動が起きた村もあった。しかし、結果的に村側もこれを受け入れ、相給支配は終焉に向かってゆくと考えられている。[*44]【史料4】が作成されたのはその過渡期であり、台方村では年貢徴収はまだ慣例によって知行所単位で行われていた段階だが、[*45]減税の嘆願は一村として行われていた。

近隣の押堀村・川場村・福俵村は、台方村と地続きの村で、かつ同じ宮谷県の管轄下の村であるが凶作による「御用捨」があった。それにもかかわらず、台方村に同様の措置が施されないのは、不公平だとの論理がみてとれる。ここから宮谷県は、災害・凶作を理由とする年貢の減免嘆願に対して、村ごとに対応していた様子がうかがえる。それによって、村と村との間に不均衡が生まれ、結果的にその是正が要請されたのが【史料4】であった。

従来は、モザイク状の支配が広がっており、税制度も支配別であった村々が、直轄県の一円支配に組み込まれた。これにより、村々はみずからに有利な場面においては、「同御支配所」を根拠に負担の公平論理を持ち出したのである。宮谷県はこうした村々からの要望にも応じなければならなかった。

3　宮谷県における明治初年の徴税

㈠　明治元年

ここまでみてきたような諸条件のもとで、房総知県事・宮谷県は税制改革を進めていかなければならなかった。柴山典は、明治元年（一八六八）末頃まで税制改革に着手できなかったことは前述したが、そもそもの問題として旧旗本知行所の旧貢租の把握が困難となっていた。

柴山は、明治元年の秋頃に「旧旗本上知之処経界慢ニして、高ハ相分リ候へ共反別分明ならす、反別のミ相分り候而も高相分り不申、高も反別も相分り不申処も有之」と中央へ申し出て、「追々検地仕経界正しく高反別分明ニ租税詳しく仕度奉存候」と伺いを立てている。[*46] つまり、境界や高・反別が不分明なのでまず検地から着手しなければならないとの意見である。

これに対して政府は、「書面申立之通経界取極高反別之検地等ハ不容易、御政体ニ相拘り候義ニ付、一時ハ私領引付之通取計、追々吟味之上租税之件々委細可被相伺候」と回答している。政府は、検地は「御政体」にかかわる一大事であるとの見解から柴山の進言をしりぞけた。まずは旧旗本のやり方にならい、吟味の上で税制度について改めて伺うように指示している。[*47]

この年は、正米納を採用したことで一時期動揺も生まれたが、右の政府回答を基本方針として結果的に「旧貫」に基づいて徴税が実施された（後述）。ただし、旗本先納金問題や兵火・水害を受けた村での減免措置などにより、[*48] 全体収入が減少したことは先に触れたとおりである。

㈡　明治二年

政府は、明治二年二月五日付で直轄府県の施政の大綱を示す「府県施政順序」を定めた。[*49] まず、「平年租税ノ高ヲ量リ其府県常費ヲ定ムル事」とされ、府県の通常経費が税収入に規定されることが示された。税制度の改正も項目として掲げられたが、「其改正容易ニ手ヲ下ス可ラス、詳細検地石盛ノ吟味ヲ尽シ、以テ其宜ニ処スヘシ、敢テ官府ニ利スルニ非ス、其貧富得失ヲ平均スルノ法ナリ、能ク詳カニ講究センコトヲ要ス」と慎重な姿勢を表すのみで具体的な指示はなかった。また、「施政ノ始、切ニ戒ム可キハ聚斂ナリ、民心未定ニ租税ヲ議スレハ忽チ疑惑ヲ生ス、故ニ租税ノ事ハ最モ後ニ手ヲ下スヘシ」とし、民心の安定を税制改革よりも優先することを明記した。[*50]

宮谷県もこの方針にもとづいて県政運営を行うことになるが、民心掌握と税制度の確立は一体化した問題であり、どちらかだけを後回しにはできなかった。十一月に輔相三条実美に宛てた書簡の中で、明治二年に実施した徴税について柴山は次のように述べている。

【史料5】

追々民部・大蔵両省ゟ御収納之義奉命難仕筋御座候ニ付、過日ゟ再応民情風土を述、書取をも差出し候得共採用無御座、其儀ハ兼而　御承知被遊候通、昨年臣奉職之初いまた民情風土を不相弁、妄リニ従来石代金ニ而納来リ候土地柄を正米相納候様下々江布告仕候ゟ既に動揺も可仕勢ひ之処、　御内命之御趣意を奉し、旧貫ニ寄石代金ニ而過半為納畑方米納之分も昨年限リ永納申付鎮静仕候義ニ御座候処、当年之義ハ天下一般之御規則と申事ニ而石代上納不相成、是非正米可納畑方米納之分ハ当時之相場ゟも高直之石代ニ而上納可為致との事ニ御座候得共、実ニ轄内上総下総九十九里海岸附常陸鹿島郡者従来人別多く穀数不足之土地柄ニて、皆正米納候而者差当リ食料ニ差支候ニ付、是迄石代金納仕来候義を是非正米上納為致候而者撫育之道無御座、其上昨年ゟ引続之違作ニ御座候得者、実ニ米穀空乏来夏ニ懸ケ飢餓ニも至リ可申与憫然之至、且動揺可仕今日之際旧幕之時すら無之義を申付動揺仕候而ハ、恐くハ　御仁恤之御趣意ニ相背き可申与奉存候、臣実ニ進んて　御仁恤之御趣意を貫徹仕らんと奉存候得者、民部・大蔵両省之命ニ違ひ、退而両省之命ニ従ひ候得者　御仁恤之御趣意ニ相背き子育之道不相立のミならす眼前動揺仕候義必然ニ而、臣進退実ニ方寸之中ニ切迫罷在申候、折角是迄鎮撫仕候を聊之聚斂ニ陥リ、沸騰候様之義御座候而ハ如何ニも残念之至、職掌をも相立不申義与奉存候、石代金之義ニ就而者昨年　御懇々　御内命も奉蒙候末之義ニ付、事情切迫不憚、忌憚御内訴申上至候、何分宜奉仰出格之御仁裁候、誠恐誠惶頓首謹言

十一月[*51]

【史料5】には柴山が、徴税をめぐって民部省・大蔵省と対立していたことがまず記されている。続いて、明治元年の徴税の経緯が述べられる。柴山は「民情風土」をわきまえず管轄下の村々へ正米での納付を指示したところ動揺が生じた。これへの対応として「御内命」を奉じ、旧貫により石代金で過半を納めさせ、畑方の米納分も当年に限り金納を認めたことにより鎮静化したという。ところが、明治二年は、「天下一般之御規則」として石代納は認められず正米で納めるように指示があった。正米納を命じたのでは、民衆が飢餓に陥ることも見込まれ、動揺が起きるのは必至であるから石代納を認めてほしいというのが【史料5】の趣旨である。

(三) 明治三・四年

結局、【史料5】の柴山の申し入れは認められず、明治二年は正米納となった。正米納か、石代納かの問題が、翌年まで尾を引いていたことは、【史料6】の一つ目、二つ目の箇条からわかる。

【史料6】は柴山が、検見規則が出された後に中央に送った意見書である。明治三年七月に政府は検見規則を制定し

た。[*52]この規則により、まちまちであった検見の方法を統一化するとともに、税制度の再編が図られた。[*53]これを受けて、宮谷県は、九月五日に「当県管轄之内諸藩および旧幕旗下上知村々当午年ゟ検見いたし追而定免取極候筈、今般大蔵省ゟ御達し有之候、依之自今以後旧幕在来之外是迄定免申付置候有無ニ不拘、都而検見申付候」と管轄内に達し、検見の実施を宣言している。[*54]

だが、柴山はこの措置にまったく同意していたわけではなかったことが【史料6】に引用した最後の箇条からは読み取れる。

【史料6】

一、畑米之儀村々苦情申立候ニ付、昨巳年中安石代御聞届之儀相納候所御聞届無之ニ付、当七月中猶又下米相場を以石代納之儀相伺候所、十月中旬上米平均相場を以石代申付候様御下知ニ付、其領村々江申聞候得共、違作続難渋之折柄　御仁恤共不相心得ニ付、又々責而ハ当午壱ヶ年下米相場御聞届之儀、別紙之通再願致漸く御聞届相成候事

但右畑米之儀往古直段下直之砌永壱貫文ニ付、米弐石五斗或ハ弐石位之当りを以反米永金必的致候節、多くハ村々勝手合を以米納致来候由、譬ハ畑米壱反ニ付五斗相納弐石五斗代ニ候得者永弐百文ニ相当リ、畑永納壱反ニ付弐百文相納候ものと必的仕候、然る処米価次第ニ沸騰之折柄金壱両ニ付米壱斗相庭ニ見積候而も、壱反五斗之畑米ハ則金五両相納候様相成、右者古来引付之通其侭上納被　仰付候儀、村々無理非道之様相心得、頻ニ歎願申出候儀ニ御座候、右者元来其畑ニ生産無之、米上納被仰付候儀素々御不都合ニ付、御改正之上、以来米納御廃シ、永方納ニ御引直シ、地味之厚薄ニ随ひ、反永五百文ゟ七百文迄之上納被仰付候様致度、且又是迄畑永納来リ候分、米価沸騰中相当之免上被仰付、可然と奉存候事

一、石代御聞届無之昨巳年ゟ正米納相成候事

但貢米之内前々石代物致来候分有之、殊ニ管轄之内九十九里辺ハ勿論浜付村々ハ漁業一派之もの多く、何れも最寄之米を以露命相続罷在候ニ付、不残正米相成候而ハ土地米潤沢不仕、他向ゟ遠路買入候様相成候ニ付、前々石代納来候土地柄ニ有之、米症不宜ため石代相願候訳ニ無之、是等之意味他ニ異リ候次第ニ御座候、且又沼川付村々水府内或ハ山田・谷田等之村方全米症不宜選立候而も悪米ニ而貢米相成兼候分石代相願候も有之、其土地ニ応し出来候米ニ而無拠儀ニ付、去巳年中石代相伺御聞届無之候得共、村々仕来リ相改正米相納候而ハ何分ニも差支御仁恤与も不相心得ニ付、御収納高五分之目的を以尽く為御任相成候得者其年柄ニ応し、成丈切詰石代少ニ相成候様取計申度候事（中略）

一、諸藩及旧旗下上知村々収租之法一定不致ニ付、当午年ゟ検見致し、追而定員取極可相伺義被達（ママ）有之、則村々耕地ニ臨ミ検査一致候所、是迄高免下免とも村々不同ニ有之、高免村者次第ニ困窮、下免村者寛ミ有之、右を平定致し候ため検見致候筋ニ者候得共、追々実地を踏、勘考仕候而者座上之論とハ大ニ齟齬いたし候、一体村々古来検地後数百年之内ニ者上田も中田ニ相成、下田も上田ニ変地いたし、或者荒地出来、又ハ起返切添新開等も有之、幷歩詰り歩延等異同有之ニ付、高免之村と申候而も一概ニ地味宜と申訳ニも無之、全歩延之訳を以格別高免納来候得共申候、右等江御定法之六尺壱分之竿を以坪刈致候得者、如何様満作之年柄ニ而も格別被下申候、右此侭ニ差置候而者上農者益富ミ、下農ハ弥増貧ニ陥リ御仁恤御施行之御趣意ニ悖リ候間、御一新之際惣検地被仰出御改正相成候儀御専要奉存候、右検地済之上ならてハ至当検見を以収租一定之業相立不申候、乍併去々辰年已来僅ニ三ヶ年ニ及候迄ニ而、未タ御一新之御仁恤深く民心ニ染ミ兼候故、仮令明年御発相成候而も民之疑惑も可有之、万一沸騰致候而ハ御為ニも不相成儀ニ付、乍恐　朝廷御仁恤之倍を御布キ被遊候上、時期御見定検地幷惣検見共被行候様仕度奉存候、依之当秋御達相成候、惣検見之儀暫御見合相成候様仕度事（後略）*55

【史料6】は、表紙に庚午（明治三年）の年紀があるが、その一部は明治四年正月に弁官に提出された「民政向之儀ニ付件々伺書」に反映されている。[*56]【史料6】には修正痕があるが、柴山から三条のもとに届けられた文書である。[*57]三条に事前に意見を伺った上で、弁官へ正式な伺書を提出したのが明治四年正月になったと推定しておきたい。

柴山によれば、検見を実施し、管轄内の税負担を「平定」するとはいっても、実態と「座上之論とハ大ニ齟齬」をきたすという。「御一新之際惣検地」を行うことが「御専要」だというが、民に疑念を生じ「万一沸騰」することも危惧されるので、「御仁恤」が深く染み渡り、時期を見定めて検地ならびに惣検見を実行すべきだと建言している。つまり、検見規則が出された段階で「収租之法一定不致」ことが問題であると認識しながらも、民心が安定していない状態で大がかりな検見を行うべきではないとの立場に立っているのである。

こうした柴山の認識のもと、検見規則が出された後も宮谷県ではすぐに検見が実施されなかった。宮谷県は、明治四年四月になって「田畑検地之義者不容易儀ニテ其仕方ニ寄縄竿之屈伸有之、国家万民之盛衰ニ相拘リ候儀ニ御座候得者、縄入竿先容赦余歩之次第古来時代々々之方法一定不仕候ニ付奉伺候」とはじめて具体的な方法に関する伺いを立てているので、[*58]四月以降実行に移されたと推定できる。伊那県では、九月から約一か月間で完了したのと比べれば[*59]半年以上の開きがある。検見規則にもとづく検見への着手時期は府県によって差異があり、それは県の社会情勢に左右されたことがうかがえる。

(四) 柴山典の罷免

このように、宮谷が政府と綱引きを続けていた最中、宮谷騒動が発生し、柴山は罷免に追い込まれることになる。この騒動の経緯はすでに先行研究で解明されているので、事件の詳細はそれらに譲るが、一言でいえば県内部における柴山ら久留米藩出身者と大参事荒木博臣（佐賀藩士）を中心とするグループの派閥抗争の末に発生した事件であった。[*60]結果として柴山は、明治四年七月に罷免され、県の人事は一新されることになる。

その後、宮谷県に代わって設置された木更津県が、明治五年二月に旧旗本先納金の払い下げ金のうち残金の取り扱い方を大蔵省に伺い出た。これをきっかけに、柴山が専断によって本来村々に払い下げられる金銭の一部を流用したのではないか、あるいは私腹を肥やしていたのではないかとの疑惑が持ち上がり柴山はさらなる責任を問われることになる。宮谷県管轄下における明治元年の払い下げ金は表面上は十一万二五九両余であったが、実際の下げ渡し分は五万二六八四両であった。この差額を柴山が着服していたのではないかとの疑惑である。これを追及したのも荒木らであった。[*61]

政府は、訴えを受けて柴山を尋問したが、柴山は仁政にもとづいて、処理が済んでいた先納金の一部を政府が十分に手当しようとしない窮民救助や災害対策に充てたのだと釈明した。柴山は、「民心狡猾之土地柄ニ付、全一時之権道ヲ以所置致し置候」と主張している。[*62] 柴山からすれば、最優先すべき民心掌握のためには、財源が必要であるが、そのための資金を政府には提供してもらえない。そのため、旧旗本先納金の払い下げ金の一部を流用したにすぎないと弁解したのである。最終的に柴山は、明治五年十一月二日に位記を返上する形で責任をとっている。

おわりに

本稿では、房総知県事・宮谷県における徴税政策の実態を、当該期の房総地域の状況を踏まえながら追跡してきた。房総地域では、戊辰内乱の戦線が東北に移ったのちも民心の掌握が難しく、また近世段階での支配が複雑化していたことに由来して統一的な税制度の施行が実現できなかった。これに加えて、旧旗本先納金問題ならびに戊辰内乱の兵火、利根川の水害、明治元・二年の凶作、度重なる支配替えによる混乱が追い打ちをかけて徴税は困難を極めた。村々からの嘆願もあいまって明治元・二年の徴税では十分な税収入を得られなかった。

こうした中、政府は民心掌握を優先し、税制については旧貫を用い、改革は後回しにするよう指示を出した。政府は、税制について当面は旧貫を維持せよという一方で、県の思惑に反して旧来からの石代納を認めず、正米納に一本化しようとした。これは、相給支配によって徴税のあり方が複雑化していた房総地域では並大抵のことではなかった。

また、府県の税収にもとづいて通常経費を組み立てよという政府の指令は、府県にとって民心掌握のための仁政の実践、すなわち災害や凶作に対する実質的な救恤の実現とも齟齬した。政府が優先すべきという民心安定のためには財源が必要であるが、その財源を得るための徴税方法が確立されていない。本来的には、新たな税制の確立と民心掌握は併行して進められなければならなかったが、税制改革が棚上げされたまま民心の安定をはかろうとしたことにより直轄県の統治には矛盾が生じたといえる。

こうした状況を解決すべく、柴山は原資確保のため旧旗本先納金の払い下げ金の一部をプールし、それを民心掌握のための財源に充てようとした。結果的にこれが仇となって、柴山は政治家・官僚としてのキャリアに終止符を打つことになる。

これを、柴山の個性による問題として評価してきたのが三浦の説である。だが、柴山の罷免と時期を前後していわゆる「志士」としての活動を経て直轄県政にあたった知事・県令の免官が相次いでいることに鑑みれば、[*63]「志士」出身者の統治に共通する限界性とみなすこともできるのではないだろうか。

以上が、本稿によって明らかにできた房総知県事・宮谷県における明治初期の徴税策の実態である。当該事例が、東京周辺地域全般に通じる議論であるのかはさらなる検証が必要である。もはや紙幅も尽きたので、これについては今後の課題としたい。

註

＊1　丹羽邦男『明治維新の土地変革―領主的土地所有の解体をめぐって―』（御茶の水書房、一九六二年）、五二一～五五頁。ほかに、一

九六〇年代の研究では、関順也『明治維新と地租改正』（ミネルヴァ書房、一九六七年）も直轄府県の租税について分析している。関は、直轄府県に共通する問題として安石代の引き上げと雑税廃止をあげている。

＊2　千田稔・松尾正人『明治維新研究序説―維新政権の直轄地―』（開明書院、一九七七年）。

＊3　中村文『信濃国の明治維新』（名著刊行会、二〇一一年）。最近のまとまった成果としては、石川県を対象地域とした奥田晴樹『明治維新と府県制度の成立』（角川文化振興財団、二〇一八年）があげられる。

＊4　貝塚和美「明治維新期における直轄県政と民衆―利根川中流域の治水・水利問題をめぐって―」（『歴史学研究』五四八、一九八五年）、飯島章「明治維新期直轄県の成立と展開―葛飾県を事例とした基礎的考察―」（『千葉史学』一六、一九九〇年）、松沢裕作「維新期直轄県における救恤と備荒貯蓄」（『社会経済史学』七〇―四、二〇〇四年、同『明治地方自治体制の起源―近世社会の危機と制度変容―』［東京大学出版会、二〇〇九年］所収）、山崎圭「明治二・三年勧農役の活動と地域社会―信濃国伊那県御影局下の場合―」（『中央大学文学部紀要』二二六、二〇〇九年）、堀野周平「府藩県三治制期における藩の民政と直轄県政―上総国松尾藩を中心に―」（『千葉史学』六九、二〇一六年）、同「直轄県における議事制度―浦和県御用会所組合を事例に―」（『立正史学』一二六、二〇一九年）、荒川将「直轄県における統治と「公論」―柏崎県郡中議事者制の形成過程を事例として―」（『地方史研究』七〇―四、二〇二〇年）ほか。

＊5　千田稔「廃藩置県以前の租税問題―北信高井郡を中心に―」（『一橋論叢』七四―六、一九七五年）。

＊6　前掲註2、千田・松尾『明治維新研究序説』の「Ⅱ維新政権の直轄県政―東北県政を中心として―」。

＊7　中村文「明治初年直轄県貢租策の展開と農民負担」（津田秀夫編『近世国家と明治維新』［三省堂、一九八九年］、前掲『信濃国の明治維新』所収）。

＊8　房総地域における相給支配の解消に関しては、鎌田永吉「幕末・維新期の社会情勢―上総地方を中心に―」（『上智史学』一一、一九六六年）、伊藤陽啓「相給村落の終焉と直轄県」（『房総の郷土史』一五、一九八七年）、安斎信人「明治初年の宮谷県の村落支配」（『地方史研究』三九―二、一九八九年）がある。これらの研究は、権力と民衆の関係の捉え方などで見解が分かれるが、相給支配の克服が房総知県事・宮谷県の重要な課題であったことは共通認識となっている。また、他地域では、栗原祐斗「明治初期村政の変化と村内小集落」（『関東近世史研究』八三、二〇一九年）などの成果がある。相給支配の終焉と村落運営のありようについては、別稿を予定しているため言及は必要な範囲にとどめ、本稿では県政の動向を主として検討する。

＊9　前掲註3、中村『信濃国の明治維新』、二六二頁。

*10　前掲註3、中村『信濃国の明治維新』、三〇三頁ほか。

*11　松沢裕作のように、直轄県管轄下での村落における年貢の取り立てに言及した研究はある。「明治初期の村運営と村内小集落」（渡辺尚志編『近代移行期の名望家と地域・国家』名著出版、二〇〇六年）、同『日本近代村落の起源』（岩波書店、二〇二二年）所収。こうした問題については、註8でも記した別稿でまとめて扱いたい。

*12　三浦茂一「明治維新期における直轄県の形成―宮谷県の場合―」（小笠原長和編『東国の社会と文化』梓出版社、一九八五年）、三浦茂一「宮谷県知事先納下ケ金専断事件」（『千葉県の歴史』三六、一九八八年）、同「明治初頭の直轄県における人民教化政策の推進―宮谷県知事柴山典と房総の神職たち―」（『千葉いまむかし』一二、一九九九年）ほか。自治体史は、財団法人千葉県史料研究財団編『千葉県の歴史』通史編・近現代一（千葉県、二〇〇二年）などで言及がある。

*13　前掲註12、財団法人千葉県史料研究財団編『千葉県の歴史』通史編・近現代一、五九頁。

*14　三浦茂一「房総戊辰戦争研究ノート」（川村優先生還暦記念会編『近世の村と町』吉川弘文館、一九八八年）。

*15　宮間純一「戊辰戦争期における上総国農村の「佐幕」的動向」（『千葉史学』五五、二〇〇九年）、同『戊辰内乱期の社会―佐幕と勤王のあいだ―』（思文閣出版、二〇一五年）所収。

*16　宮内庁宮内公文書館収蔵、請求番号七四五四二。

*17　前掲註15、宮間「戊辰戦争期における上総国農村の「佐幕」的動向」。

*18　「柴山典履歴」（『勤王殉国事蹟』六一、東京大学史料編纂収蔵、請求番号四一四三―一五五）。なお、同史料の草稿が千葉県文書館に収蔵されている（「さいたま市鹿手袋柴山家文書」ク一）。

*19　「柴山典履歴」。

*20　「柴山典履歴」。

*21　「柴山典履歴」。

*22　大網白里町史編さん委員会編『大網白里町史』（大網白里町、一九八六年）の「第四章近・現代　第一節明治の大網白里町　二府藩県制のもとで　(2)宮谷県」。

*23　前掲註12、三浦「明治維新期における直轄県の形成」。

*24　「宮谷県官員録」（千葉県立中央図書館収蔵、C二八／C四二M／一―七一）。

*25　前掲註12、三浦「明治初頭の直轄県における人民教化政策の推進」。

＊26　「柴山典履歴」。
＊27　前掲註12、三浦「明治初頭の直轄県における人民教化政策の推進」。
＊28　「柴山典履歴」。
＊29　前掲註12、財団法人千葉県史料研究財団編『千葉県の歴史』通史編・近現代一、六二頁。
＊30　この点は、前掲註4、松沢「維新期直轄県における救恤と備荒貯蓄」参照。
＊31　千田稔「維新政権の地方財行政政策」（『史学雑誌』八五―九、一九七六年）。
＊32　「中村（信）家文書」ア三三九、千葉県文書館収蔵。
＊33　飯島章「宮谷県・大宮県における元旗本知行所の先納金処理問題」（『常総の歴史』一〇、一九九二年）。
＊34　「柴山典履歴」。
＊35　『法令全書』明治元年、第九一四。
＊36　「柴山典履歴」。
＊37　駿遠から移封された諸藩と地域社会については、前掲、註4堀野「府藩県三治制期における藩の民政と直轄県政」、同「府藩県三治制期における藩庁所在地の開発と展開―上総国松尾藩を中心に―」（『立正史学』一二一、二〇一七年）も参照。
＊38　「山武市戸田麻生家文書」イ五〇⑤（千葉県文書館収蔵）。
＊39　宮間純一「「政権交代」と地域―関東の旧幕府領と旧旗本知行所を中心に―」（『明治維新史研究』一七、二〇一九年）。
＊40　宮内庁宮内公文書館収蔵、請求番号七四五三九。
＊41　「東金市台方前嶋家文書」ム一五（千葉県文書館収蔵）。
＊42　台方村については、渡辺尚志編『相給村落からみた近世社会―上総国山辺郡台方村の総合研究―』（岩田書院、二〇一六年）、同編『相給村落からみた近世社会―上総国山辺郡台方村の総合研究―』続（岩田書院、二〇二一年）ほか参照。
＊43　前掲註12、財団法人千葉県史料研究財団編『千葉県の歴史』通史編・近現代一、六一頁。
＊44　この制度と相給支配の解消に言及した論文として、前掲註8、鎌田「幕末・維新期の社会情勢」、伊藤「相給村落の終焉と直轄県」、安斎「明治初年の宮谷県の村落支配」および川名登「明治初期の地方行政」（二）「商経論集」二、一九七八年）などがあるが、論者によって評価が分かれる。これも、紙幅の都合から註8で記した別稿で取り上げる予定である。
＊45　前掲註8、伊藤「相給村落の終焉と直轄県」は、年貢の徴収機能が伍什長に負わされるのは、明治四年以降のことだとしている。

明治四年を境とするかどうかは、現時点で確定できないが、明治二年時点では知行所単位で徴収していたことが、「東金市台方前嶋家文書」に含まれる年貢関係文書などから確認できる。

＊46 「柴山典履歴」。

＊47 「柴山典履歴」。

＊48 宮間純一「戊辰内乱と租税半減」（近代租税史研究会編『近代租税史論集2 近代日本の租税と行財政』有志舎、二〇一四年）も参照。

＊49 『法令全書』明治二年、第一〇七。

＊50 前掲註3、奥田『明治維新と府県制度の成立』、一六四・一六五頁。

＊51 「さいたま市鹿手袋柴山家文書」イ四四。

＊52 『法令全書』明治三年、第五〇五。

＊53 前掲註3、中村『信濃国の明治維新』、一七五頁。

＊54 「県庁採集文書」ア1（千葉県文書館収蔵）。

＊55 宮内庁宮内公文書館収蔵、請求番号八五一二〇。

＊56 「公文録」明治四年・第八十四巻・辛未一月〜七月・宮谷県伺（国立公文書館収蔵、公〇〇五三五一〇〇―〇一一）。

＊57 この文書は宛先を欠いているが、宮内庁宮内公文書館に収蔵されている三条家由来の文書に含まれることから推定した。宮間純一「三条実美関係文書にみる「明治太政官文書」」（箱石大編『明治太政官文書を対象とした分散所在史料群の復元的考察に基づく幕末維新史料学の構築』JSPS科研費、課題番号一九H〇一三〇三）参照。

＊58 「公文録」明治四年・第八十四巻・辛未一月〜七月・宮谷県伺（公〇〇五三五一〇〇―〇四八）。

＊59 前掲註3、中村『信濃国の明治維新』、一七五頁。

＊60 前掲註12、三浦「宮谷県知事先納金下ケ金専断事件」、財団法人千葉県史料研究財団編『千葉県の歴史』通史編・近現代一、八一〜八四頁ほか。

＊61 前掲註33、飯島「宮谷県・大宮県における元旗本知行所の先納金処理問題」、前掲註12、財団法人千葉県史料研究財団編『千葉県の歴史』通史編・近現代一、八四・八五頁。

＊62 「公文録」明治六年・第百七十巻・明治六年七月・司法省伺（三）（公〇〇九〇七一〇〇―〇〇三）。

＊63 高木俊輔『それからの志士―もう一つの明治維新―』（有斐閣、一九八五年）参照。

四　直轄県の貢租改革

——日光県の検見・安石代・畑方米納——

堀野周平

はじめに

明治初年、政府が各地の直轄地に設置した直轄府県の役割の一つは政府の財政基盤として機能することにあった。千田稔・松尾正人両氏は、直轄府県研究の意義の第一に直轄府県が政府の財政基盤―物質的基礎であることを挙げ、「地租改正・秩禄処分の必然性も直轄地の財政問題に淵源」すると指摘する。[*1]

さて、成立間もない明治政府は慶応四年（一八六八）八月七日、諸府県に対し「諸国税法之儀其土風ヲ篤ト不相弁新法相立候テハ却テ人情ニ戻リ候間、一両年ハ旧慣ニ依リ可申、若苛法弊習又ハ無余儀事件等有之候ハヽ、一応会計官へ伺之上処置可有之事」と指示し、[*2]その後も明治二年二月五日の府県施政順序、同年七月二七日の府県奉職規則において急進的な貢租改革を認めず旧慣を尊重する立場をとっていた。奥田晴樹氏は、ここでいう旧慣とは「石高制」であって明治四年（一八七一）五月八日に出された社寺領上知村々に対する石代納許可布告の時点でも石高制を大前提とした「不公平是正を理由とした府藩県三治の税制統一」が行われていると指摘する。[*3]

しかしながら、「王土論」に正当性を有す直轄府県にとって、多様な旧領に起因する石高制に基づいた不統一・不公平な貢租体系を存置することは大きな矛盾になっていた。そして現場では、知県事の急進的な施策を契機に発生した明治二年（一八六九）の高山県の梅村騒動や、[*4]畑方貢租の納入法変更と安石代廃止に端を発する明治三年（一八七〇）の日田県一揆など貢租をはじめとした旧慣の改変が実施され混乱を招いていた。[*5]本稿で取り上げる日光県でも、明治二年に県下全域で検見が行われて梁田郡村々で減租嘆願が発生し、村役人ら七名が獄死するという事件が発生した。[*6]牢死した上渋垂村名主内蔵之助の倅彦一郎が父の心中を詠んだ漢詩は、明治四四年（一九一一）に建立された義民顕彰碑に刻まれ、その一節「鍋嶋獣政万古伝」は、知県事鍋島幹の貢租政策の苛烈さを示すものとして知られている。

さて、直轄府県の財政基盤として機能については、千田・松尾両氏よりも早く丹羽邦男氏が明治元年・二年は「各地様々の旧租法」の継承掌握の段階にあって、旧租法統一化・再編の方向が示されるのは三年七月の検見規則からであると位置づけている。[*7]また、丹羽氏は政府の租法統一化・収奪強化策の背景には、各地での新政反対・貢租軽減要求の暴動の頻発があり、政府当事者は暴動の主因が貢租の高さではなく不均衡にあると考えていたこと、勤王諸藩主と藩士らへの賞典禄支給のための必要前提であったことも指摘する。また、松尾正人氏は明治二年八月の民蔵合併後、財政確立を主眼とする増徴政策が展開したことで、府県段階で紛議が発生し、結果、政府と民政安定を急務とする府県との間に確執が生じていたことを指摘している。[*8]

個別府県の事例については、飯島章氏が下総国葛飾県・上総国宮谷県・武蔵国大宮県における旧旗本知行所の先納金の処理について検討し、政府の指令が貫徹しておらず三者三様の形態をとっていたことから、接収間もない管轄の支配を円滑に進めていくためには各直轄県がある程度の独自性を有することを政府が容認ないし追認していたと指摘する。[*9]また、中村文氏は、信濃国伊那県の貢租政策の変遷を検討し、村方の反発を招きながらも明治三年からは民部省官僚出身の県官員の推進の下、政府の貢租政策を直截に実行し、三年時点で九〇〇〇両余の増徴を実現したことを明らかにしている。中村氏はさらに県の寛典租法全面廃止を村方が受け入れた背景として、明治四年の貢租負担額が三年の五〇%強に減少したことがあることも指摘している。

本稿では、これらの成果を踏まえて、下野国に設置された日光県の貢租改革の実態とその政策の意図を検討する。日光県は伊那県と異なり、政府の貢租政策を県政に反映しえなかったばかりか、独断専行の改革を行い問題視されていた。この背景を明らかにし、直轄府県による貢租改革の限界を指摘したい。

日光県については、『いまいち市史』において神山壮氏が、旧日光神領・霊屋領村々を中心に貢租徴収の実態を明らかにしており、県が明治二年に旧日光神領における検見取り・正米納や、石代相場三五石に付金一七五両二分の設定など大幅な増徴を目論んだものの村々からの訴願に直面して正米納を断念したことを指摘しているが、旧日光神領村々の対応を主に検討するため、県の貢租改革が政府から問題視されていた点について不明確になっている。[*10] 県の貢租改革の全体像を再検討した上で、旧日光神領・霊屋領以外の村々の反応も見ていく必要があるだろう。また、千田・松尾両氏は、府県の租税諸帳簿の提出が円滑に進まなかった事例の一つとして日光県を挙げる。[*11] 両氏はその原因として日光県が貢租関係諸帳簿の掌握に苦慮していたことを明らかにしているが、日光県の独断による貢租改革もその背景にあった。この点についても再検討を行いたい。

なお、政府や日光県は近世における貢租「年貢諸役」を「税」や「租税」と称するが、本稿では佐々木寛司氏の指摘に則り「租税」への転換は地租改正を通して達成されたと考え、史料引用を除き「貢租」と表記した。[*12]

1　日光県の成立

日光県は、千田稔・松尾正人『明治維新研究序説―維新政権の直轄地―』の巻末に掲載された「史料所在目録篇」の中で最も多くの史料が挙げられている府県であり、「豊富に掘り起こされている村方文書によって、日光県はその実態がかなり解明可能な県であると言える」と評されている。そのため、関東の直轄府県の中でも研究が進展している直轄県の一つである。[*13] 以下、日光県の貢租改革を検討する前提として、県の成立と県政の展開について確認したい。[*14]

下野国は、慶応四年（一八六八）四月に宇都宮城や日光をめぐって攻防戦が繰り広げられるなど戊辰戦争の戦場となった。五月三日、新政府は下野国及び下総国の鎮撫を担当する軍政機関の下総野鎮撫府を設置し、五月一七日に真岡代官山内源七郎を処刑した。同月一九日、山内に代わって肥前藩士の鍋島道太郎貞幹（後、「幹」）が仮代官となり、さらに六月四日には鍋島を八万五〇〇〇石余を管轄する下野国真岡知県事に任じる。鍋島は当初、焼亡した真岡代官所に代わって宇都宮城内に役所を置いたが八月一九日、役所を都賀郡石橋宿の開運寺に移し、同月に旗本知行所二六万石を、さらに八月二七日に日光神領・霊屋領（以下、「日光神領」と略記）を接収した。九月一日には旧日光神領を掌握するため旧日光奉行所に知県事出張所を設立する。翌明治二年二月、鍋島は日光出張所を本庁、石橋役所を出張所に改め、同月一五日に日光県が成立した。

日光県の管轄地は、県成立以前の慶応四年八月の日光神領の接収で概ね の範囲が定まっている。以降は一橋領の上知や喜連川藩の廃藩、藩管轄の支配替などの変更はあるが、各郡の比率は大きく変わっていない。すなわち全管轄地の内、都賀郡三一～三三%、芳賀郡二五～二六%、河内郡一一%、那須郡一二～一三%、安蘇郡七～八%、塩谷郡四～七%、足利郡三～五%、梁田郡三%であり、都賀郡と芳賀郡が管轄地の半分以上を占めており、この二郡が日光県政の基盤を成していた。[*15]

知県事の鍋島は、明治二年一月、改めて徴士知県事に任じられ、七月二五日には日光県権知事に、四年五月に日光県知事になる。日光県廃県後は、その後身となる栃木県令・宇都宮県令を務めた後、更に両県が合併した第二次栃木県の県令を明治一三年まで務めた。このように鍋島は、明治初年にあっては珍しい長期間にわたって同一地域の知県事・県令を務めた人物で、「良二千石」の評判を得た名地方官とも評されている。[*16] 前述の「鍋嶋獣政」と比べて評価が分かれているといえるだろう。

2　田方貢租の改革

(一)　検見実施と鍋島の意図

日光県による田方貢租の改革は、管轄全体を対象とした検見の実施と旧日光神領における安石代の廃止、さらに石代相場の統一を実施するものである。維新以前の旧日光神領は、安石代が適用されており一両につき二石五斗代の定免石代納とされていた。[*17] 明治二年八月一七日、県は旧日光神領村々に対し「其村々田方本免之分、当巳年より検見取相成候」と安石代の廃止と検見の実施を予告し、同時に内見帳や絵図の作成、反高場や早稲作付けの場合の扱いなどの心得を伝達した。[*18]

この検見実施は、政府の指令に依拠したものである。すなわち、同年七月の府県奉職規則の八条目の但書きでは「検見ハ従前ノ習弊ヲ改正シ公平適宜ノ所ヲ以テ処置スヘシ」とある。さらに同年八月の大蔵省達は府藩県に対して「旧旗下上知村々」の「租税取立方」が一定していないため、明治二年は「総体ニ検見入申付巡村巨細見分ノ上土地厚薄村柄ノ善悪等熟考ノ上至当ノ取調」をするように指示している。[*19] したがって日光県は、旧代官支配所・旧旗本知行所村々にも検見の実施を伝えており、石橋役所付の都賀郡塩沢村（旧旗本二給）では八月一三日、[*20] 同じく石橋役所付の芳賀郡上大沼村（旧代官・旗本二給）他二八村では八月一五日に、[*21] 日光役所付の都賀郡富岡村（旧旗本一給）では旧日光神領と同じく八月一七日に検見実施の布達が確認できる。[*22] しかしながら、この大蔵省達は「旧旗下上知村々」を対象にしたものであり、特異な貢租体系が構築されていた旧日光神領を対象としたのは問題のある措置だった。なお、朝臣化した中・下大夫の本領安堵分と社寺領については定免として作柄に応じて破免検見を行っていた。[*23]

さて、県下全域で検見を実施することについての鍋島の意図は、日光県開墾役所の史料から明らかになる。当時、日光県は日光神領における報徳仕法の本拠地であった今市宿の報徳役所を県の開墾役所に改めて、県独自の開墾仕法を実施していた。[*24] 開墾役所の構成員は二宮弥太郎の門人たちであり、明治二年八月に門人らが相馬にいる師に仕法の実施方法について問い合わせを行っている。その中に、鍋島と開墾役所の面々が貢租改革について議論したことが分かる一節がある。[*25]

一知事面会之節、旧神領租税増之義ニ付近日廻村之上村々申諭し、現在之生田而已村毎ニ絵図面を取水帳江引合地推ニ致候ハ、、判然と可相分、然ル後検見ニ及相当之取箇を附定免を被廃候事ニ被決候由ニ付、夫れハ如何程穿鑿御座候共境界正しく判然と御調御出来被成候事ニハ迚ても御六ヶ敷可有之旨種々申述候得共余り信用無之

（後略）

このように鍋島から「旧神領租税増」のために検見を実施し定免を廃止することを告げられた開墾役所の面々は境界の判然すら「御六ヶ敷」と懸念を表明したが、鍋島は「余り信用無之」という態度をとったことが分かる。後略部分では、開墾役所が続けて「三・四年違作打続昨年争乱旁困苦罷在大ニ民心動揺未夕鎮静不仕」や「御年貢増にも可相成哉之疑念甚敷折柄、右之義御発し相成候ハ、胆を冷し再騒擾致し候」などと重ねて反対したが、鍋島が「此義前

度ゟ義論も有之故種々勘考罷在、仁政を施し自然廉恥之風俗を可待之論も有之処、旧神領外土地柄同様之村々大ニ相反し居、是ハ相当ニして彼ハ不相当と申時ハ彼を緩め安堵を可為得ハ当然ニ可有之、全く心安き租税御初穂同然とハ下々も知る処ニ付、相当之処ニ至候ハ、何ぞ騒き候義も有之間敷、此侭差置候而ハ外村々之愁ニ帰し申論し方も無之、且実ニ旧神領之民ハ高恩ニ浴し却而惰弊を生し所謂姑息之仁ニ可有之、此末民心鎮定之後ハ却而六ヶ敷御一新之境断然可相発」と、これから「仁政」を施そうとする際、旧日光神領の「不相当」に安い貢租や、それ故の「惰弊」があっては他の村々に示しがつかないという考えを表明した。この知事の反論に「甚嘆息」した開墾役所の面々は鍋島の構想の内実について、同じく二宮門人で日光県の県官として開墾仕法を主導していた久保田譲之助に尋ねたところ、久保田から鍋島の構想は「東京江伺済之上被決候事之由」という回答を得た。そのため「素ゟ愚生等及所ニ無之」と諦めた開墾役所の面々は報徳仕法での開田分の扱いだけは師である二宮弥太郎の今市帰還後に議論しなければならないと考えているとして、以上を師に問い合わせた。この問い合わせに対して二宮弥太郎は、「二宮門人ゟ申立租税増ニ相成候抔と」村々から疑われない様にしなければならないと注意しつつも、鍋島の姿勢については「租税増之御趣意ハ全く上を益するニ非すして不均を憂ふる之験顕然」と支持し、仕法で開田した土地の扱いについては年貢納入が終わったら議論すれば良いとしている。

このように鍋島は旧日光神領の「不相当」に安い貢租は、県が掲げる「仁政」に対する障害と捉えており、その改革の狙いは二宮弥太郎の言うように貢租の不均衡是正にあったといえるだろう。たしかに府県奉職規則の八条目では、「租税」改革を厳禁としつつも「旧慣不当ノ事」があった場合、改革が可能とされていた。しかし、その改革には大蔵省の決裁が必要である。久保田が言うように「東京江伺済之上被決候事」が事実であれば問題がなかったが、後述する通り鍋島は実際にはこれらの政策を独断で進めていた。

(二) 検見実行と村々の訴願

日光県による貢租改革は、開墾役所が危惧した通り村々からの反発を招いた。明治二年八月二四日、旧日光神領の瀬尾村他八か村は、「過半山附薄地」・「近来別而不作続」・「去辰年之儀ハ不一方形勢私共最寄村々戦争」等を理由に「正米御取箇」の困難と安石代の維持を嘆願した。[*26] 願書の冒頭には「今般御一新之折柄御支配村々之内正取米或者時相場を以代永御上納向も有之多寡不釣合ニ而　御政道之不平ニも相成候ニ付、今般改而検見坪刈之上御取箇被　仰付候旨被　仰渡」とあり、日光県が「多寡不釣合」「御政道之不平」を貢租改革の理由として村々に説明していたことが分かる。また、都賀郡下宿村（旧旗本知行所二給）他西方郷一〇か村では、「山林田畑とも拾四ヶ村入組ニ而壱ヶ村限リ之絵図面ニハ出来兼」と耕地絵図の作成が困難であることと、不作に加えて田を早期に収穫して麦蒔き付けをしており定免扱いだったことを理由にして「違作之場」と作物の傷んだ「秡田」のみの検見実施を願い出ている。[*27]

九月二七日からは日光役所管轄村々は権知県事鍋島、[*28]石橋役所管轄村々は大参事藤川[*29]が廻村して検見が開始される。しかし、検見実施の現場でも問題が発生する。例えば那須郡藤田村（旧旗本知行所・代官支配所相給）では、組頭が検見役人の供に酒代二両提供して吟味をうけた。[*30] また、都賀郡立木村（旧旗本知行所）では、百姓代二名が検見役人に「音物金札、箸包ノ中へ封込差出」したとして問題になっている。[*31]

このように旧日光神領をはじめ検見自体の再考を求める村や検見の実施をめぐって問題の発生した村がある一方、戊辰戦争の戦災や凶作もあって検見を受け入れる素地も村々には存在した。「はじめに」で触れた梁田郡村々の減租嘆願では、梁田郡北友之郷村他二四か村は当初から破免検見を願い出ており、県の検見実施自体には反発してはいない。しかし、実りが良い田のみを対象に、[*32]大雨で湿ったままの籾で坪刈が行われた上、[*33]減免が受け入れられなかった。梁田郡内の藩の管轄地では検見の上で減免が認められたこともあり、惣代が再び嘆願をしたがこれも差し戻されたため集団での訴願に発展したのである。[*34] 一一月一六日には那須郡片府田村他一八か村の百姓五〇〇人が蓑笠姿で集まって同郡佐久山宿に押し出す事件も発生した。[*35] この場合も村々は「作方稀成不熟」のため検見が行われ、「格別之御引ニも相成候段、一同 御仁政難有仕合」と考えていたところ、「御年貢米之義御引方も無御座、前々之通リ被仰付」たことから訴願に及んでいる。村々の主張は複数あるが貢租に限ると、①凶作の中で検見が行われたにも関わらず年貢の減免がなかったため上納米の半分を「種穀并扶喰」として拝借したい、②東京廻米は難しいので従来同様に時相場で地払いして金納にしてもらいたい、の二点になる。また、一一月末には「御取箇強行立兼」のために都賀郡下石橋村周辺に小薬村他の多人数が結集しており、[*36] 都賀郡下国府塚村他八か村の小前百姓たちもこのような「去月下旬より諸方共御年貢筋に付、不容易事変に立至候風聞」を受けて、行動を起こそうとして村役人らから制止されている。[*37] さらに翌日には下総国古河に都賀郡今泉村他三一か村一一〇〇人余りが集まり、日光県の官員らが鎮撫に赴いている。[*38]

これらの事例からは日光県が凶作を考慮して検見を実施しているのではない上、旧貢租確保のため村々の期待に反して減免にも消極的だったことがうかがわれる。それどころか、芳賀郡大和田村では従来三一石五升余だった年貢米が検見の結果、四二石一斗二升余になった。[*39] 大和田村は「稀成違作」にもかかわらず増租されては「夫食種穀」もなくなってしまうとして従来通りの三一石五升余にしてもらいたいと一一月に訴願を行っている。

(三) 石代相場の決定

既に神山壮氏が『いまいち市史』で明らかにしている通り、当初、日光県は旧日光神領において明治二年の田方貢租の現米納を求めていたが、後に田方貢租を一部金納に変更している。[*40] 旧代官支配所・旧旗本知行所村々でも一一月三日に芳賀郡の二年年田方貢租を東京に廻米するように石橋役所から指示が出された。[*41] しかし、一二月八日には「皆御廻米ニ而者可為難義」として先の村々に対して石代金納とすることが達せられた。[*42] なお、村によって「残石三分通」「残石五分通」「皆石代金納」と石代納の割合は異なる。

そして一二月、県は石代相場を米三五石に付金一七五両二分替(金一両に付米一斗九升九合四勺三才)とした。[*43] この決定は、日光役所管轄村々には一五日に、石橋役所管轄村々には二〇日に伝えられ、旧日光神領[*44]・旧旗本知行所[*45]・旧代官支配所共[*46]にこの相場で統一された。なお、中・下大夫の本領安堵村々も「是迄米納仕来候外石代納之分ハ前書直段相用候」と同じ相場にされている。この相場の根拠となったのは、明治二年一二月八日の関八州・伊豆国・奥羽七州府県宛に示された民部省達で、これは「旧幕中張紙直段へ三両増・十五両増等ノ儀ハ以後令廃止、当巳年ノ儀ハ各県見込ノ趣参考ノ上上米三十五石ニ付金百七十五両二分替ヲ以石代金取立上納可有之候事」という指示であった(以下、「二年一二月民部省達相場」)。すなわち張紙値段をもって石代納相場を決定していた村々に対する指令であるが、日光県はこれを拡大して適用したのである。

こうして日光県は、鍋島が問題視した旧日光神領の安石代を廃止したばかりか、県下全域で検見を実施し、田方貢租の石代納相場の統一まで果たした。旧日光神領に限ると大幅な増租となったが、県全体で見ると改革は政府の当初見込みの納入額を下回る結果を招いた。そして、これらの改革は明治三年になると旧日光神領での検見施行と合わせて問題になる。

(四) 石代相場専断問題

明治三年四月、政府内において日光県の明治二年の石代納の取り扱いが問題になった。日光県の明治二年の石代納の額は、本来の額よりも四七六七〇両三分永二一一文九分不足していたのである。[*47]

日光県ヨリ下野国村々去巳正税米ノ内石代納承候趣申立候間勘弁仕候処、三拾五石ニ付金百七拾五両二分替ニ旧幕中貼紙直段用来候場所ニ限リ候処、独裁ヲ以右直段ニテ多分ノ石数石代納申付候段不都合ノ至、且定式石代納ノ分迚モ従前相場種々有之候処凡百七拾五両二分替ニテ取立候テハ日光元神領ノ分ハ過当相成不条理ニ付、右ハ旧慣ニ依リ取計可申、尤前書臨時石代申付候分違作悪米ニ候上ハ強テ御廻米被　仰付候トモ御達方相成間敷候間、去巳壱ヶ年限リ石代納御聞届直段増方被　仰付可然存候、依之御下知振リ相伺申候

　書面臨時石代ノ儀伺ノ上所置可致処、独裁ヲ以申付候ハ不都合ノ至候得共出格ノ訳ヲ以此度限リ承届、尤米三拾五石ニ付金百七拾五両二分替ハ旧幕中張紙直段用来候場所ノ外ヘハ不用儀ニ付、臨時石代ハ今市・谷田貝・宇都宮・天明・大田原五ヶ所同年十月中下米平均直段壱両ニ付米壱斗壱升二合六勺替、日光元神領ノ分ハ旧慣ニ依リ夫々石代取立上納可致事

これは、起案・指令ともに作成者が分からないが、日光県の石代納額の不足理由の説明と今後の措置についての検討を記した史料である。ここから、石代納額不足の理由が、日光県が幕府の張紙値段をもって相場を決定していた村以外に二年一二月民部省達相場を適用したことにあり、これは県の「独裁」であったということが分かる。逆に石代相場が固定されていた「定式石代納」の場所、すなわち旧日光神領も二年一二月民部省達相場にしたことは「過当相成不条理」な取立であり旧慣によるべきであったとする。その上で起案者は、二年限りは不足する分を新たに徴収させてはどうか、と伺い出ている。この伺いに対しての回答は、「出格ノ訳」をもって今回限りは日光県の石代相場の独裁を認めるというものであった。ただし、続けて二年一二月民部省達相場を張紙値段村々以外に適用せず、臨時の石代相場は今市・谷田貝・宇都宮・天明・大田原五か所の一〇月中の下米平均値段一両に付米一斗一升二合六勺替とし、旧日光神領は旧慣のままにするのが本来の措置であったと説明している。

翌五月、日光県は民部省に「下野国村々去巳御年貢米ノ内臨時石代納ノ儀ニ付再応申上候書付」を提出し、事情を

説明した上で二年一二月民部省達相場の適用を願い出た。[*48] この際、日光県は二年の凶作や管内の生産力の低さ、戊辰の戦火などを挙げて窮状を訴えている。さらに「人気惑乱」した村々から「半高年延又ハ御廻米選立残安直段石代上納等挙テ嘆願」があり「事情愍然」とし、政府の「金計ノ目的モ相立兼、愈御負債相嵩候様承知」したが「管内ノ者トモ活計不相立儀ヲ見過候テハ却テ恐入候」ため、二年一二月民部省達相場を採用したと説明する。そして石代相場を統一した理由として張紙値段でない村に「市町平均直段」の相場を設定すれば「隔リ無之場所ニテ相場両様ニ相成下民ノ不服眼前」と説明する。その上で、追徴は「信義」を失うので一年限定で臨時石代も二年一二月民部省達相場で済ませてほしいと願い出た。この願書から日光県が円滑な統治を優先して石代相場を統一したということが看取される。その理由は二年の田方貢租の収納に際して村々からの訴願に直面した上、管轄内で二年一二月民部省達相場・市町平均値段相場・旧日光神領の安石代と複数の石代相場が立つことは新たな訴願運動を招くことが想定され、より統治を困難にすると認識していたことが指摘できるだろう。

この問題は最終的に六月一五日、民部省より弁官に対して、日光県の専断は「軽忽ノ取計」だが今更訂正しては「民情不服」「県庁ノ政事政府ノ政令ト気脈相隔リ」が明らかになるので「枉テ承届候」と追認されることになった。六月二三日には、権知事の鍋島は謹慎五〇日、大参事は謹慎四〇日となった。後に処分は「此事件知事専断シテ参事与ラサレハ無罪」とされ、罪一等を減じて鍋島のみ四〇日謹慎を命じられるに至った。

このように明治二年の日光県の田方貢租の改革は、旧日光神領は増租となったものの、その主眼は必ずしも増租にはなかった。県は「仁政」の名の下に管轄の円滑な統治とそのための田方貢租の負担の公平化を志向しており、旧慣の維持による旧貢租の確保を優先する政府の意図に反した改革が独断で行われていたのである。

なお、明治三年七月、政府により検見規則が制定され、さらに同月二四日には田方米納の方針が示されると各地の府県は石代金納を政府に要請するようになる。[*49] 日光県も一一月に「事情無余儀村々」のみを今後は定石代金納にすることと「管内五ヶ所十月平均相場」への石代相場の引き下げを政府に求めているが却下されて「十月中上米平均値段」での石代納を指示されている。[*50] さらに一二月にも水害などに遭った村々の二六〇一石余の金納分の石代相場を各所の下米平均値段にすることを伺い出るが、やはり上米平均値段にするように指示された。[*51] 三年以降も日光県は統治を優先するために村々に配慮していたといえるだろう。

3 畑方米納の改革

(一) 畑方米納改革と「租税帳」提出遅延

日光県は明治二年に畑方米納改革も行っている。畑方米納は、畑方の貢租を現米納ないし石代納させるもので、日光県では、県内一五七か村の二万七四〇〇石余（反別四〇三六町余）の畑が対象になっており、その内、五七九二石余が実際に現米納もしくは石代納となっていた。[*52] 下野国では、明治二年末から烏山藩管轄村々で畑方米納の永納への変更を求める訴願が行われ、明治三年四月には百姓ら七〇〇余名が宇都宮に押し出す事態になっていた。[*53] また、上野国でも明治二年一〇月に高崎藩管轄村々において五万石騒動と称される訴願運動が発生し、その要求のひとつには畑方米納の永納への変更があった。[*54] このように畑方米納は近隣の藩で騒擾の原因となっていた上、鍋島の目指す「仁政」の前提となる貢租負担の均衡を実現するためにも解決する必要があった。大蔵省は、明治三年七月二四日に今後、「畑方米」の現米分は最寄り市町の上米の平均相場をもって石代納に変更することを府県と藩の預所に伝えているが、[*55] 日光県はこの政府方針よりも先行して畑方米納を一反あたりの額から算出する反永納に改革していた。また、この改革は、日光県の貢租関係帳簿の提出遅延の原因にもなっていた。

明治三年一二月、日光県は弁官に対して明治元年と二年の貢租関係帳簿の提出遅延について弁明している。元年分については、真岡代官所の焼失に際して諸帳簿が失われた事と、明治元年以前の六年に渡って村々に割付状・皆済目録が交付されていなかったことの二点を挙げているが、[*56] ここで問題となるのは明治二年の「取箇帳」の提出遅延の理由にある。日光県はその理由に「管轄村々ノ内畑方米納」を「反永取」にして「取箇帳」を提出したところ差し戻されたためと説明する。県は米納の「因故」を調査して永納を認めてもらうように再度政府に伺い出るので、提出を四年一月一五日に延期してほしいと願い出た。

明治四年三月、日光県は三年の「租税帳」（取箇帳）[*57] を提出する。この時、畑米改革の伺い書を弁官に提出した。[*58]

下野国村々畑方米納ノ分永納ノ儀ニ付再応奉伺候書付

（「各村因由」略）

右ハ当県管轄書面村々畑米ノ儀、是迄正納并石代ヲ以テ納来、尤旧神領・霊屋領ノ儀旧幕府中永定メニテ田畑米トモ二石五斗代ヲ以テ定石代相納、荒地出来候共高内引ニ不相立弁納仕来候由ニ候ヘ共、既ニ上地相成候上ハ不都合ニ付、外支配地同様田方ハ検見取、畑米ハ右二石五斗代ノ永辻ヲ以永納ノ積取計、其余元真岡代官支配并旧旗下上地村々ノ内正納又ハ石代金納致来候分　御維新ノ折柄永納ノ儀挙テ相願無余儀相聞候間、去々巳年御取箇帳へ組入反永納伺書差出候処、従前畑米納仕来候ハ因故有之儀容易ニ引直候儀ハ難相成候間、従前ノ通可取計旨御下知有之、御取箇帳モ可相直旨御沙汰ノ上御下ケニ付、其段村々へ申渡候処、品々難渋ノ始末遮テ歎願及ヒ候（後略）

ここから、①畑米改革の伺い出は以前にも行われていること、②明治二年に旧神領・旧代官支配所・旧旗本知行所の畑米を反永納に変更したこと、③明治三年に二年の取箇帳を提出したが畑米納には「因故」があるので変更せずに「従前ノ通」に取り計らうように指示されて差し戻されていたことが分かる。すなわち、日光県は田方貢租の改革

畑米減（従前の畑米）				取永従来比
正納（石）	定石代（石）	取永（貫）	「定石代」の相場	
14.899	87.428	199.8354	米35石に付金80両 （金1両に付4斗3升7合5勺余）	32%
—	5156.4412	2062.57648	金1両に付米2石5斗	100%
—	139.388	55.7552	金1両に付米2石5斗	14%
—	59.6319	24.846625	金1両に付米2石4斗	
—	335.0116	2137.917039	金1両に付米1斗5升6合7勺	
—	0.115	0.7339	金1両に付米1斗5升6合7勺	17%
14.899	5778.0157	4481.664644		55%

×「1反ニ付永（貫）」は改革案の「取永（貫）」の数値と一致しない.
石代に含めて計算すると「取永従来比」は27%.

と同様に政府の許可を得ないまま畑方米納の改革を行っており、二年の「取箇帳」を受理されなかった上、三年も同様の処置を取っていたことが明らかになる。

㈡　明治二年・三年の畑米改革

では、日光県による明治二年・三年の畑米改革について検討したい。日光県が政府に畑米改革を伺い出たもので最初に確認できるのは明治三年四月である。日光県は次の四点を主張し、「惣而畑米免除之上、書面之通永納申付候様仕度奉存候」と民部省宛に伺いを提出した。その内容は次の通りである。[*59]

①旧日光神領は田畑米とも一両に付二石五斗の「永定免」で、田は明治二年に他村と同じく検見取を申し付けながら畑米は据え置いては他村の「反永高」と不相当となるので、二石五斗代の代永と同額を算出して永取を申し付ける。

②元代官支配所・旗本知行所については二年の検見の際に「畑米免除永納之儀」について嘆願があり、検分するといずれも「山寄辺等之薄地」で正米納も畑米石代納も負担が大きい。神領同様に一両に付二石五斗や二石四斗で畑米を納入していることは他村に「差響候次第」もあるので地味

表　明治3年の畑米改革案

内訳	石高（石）	改革案		
		反別（町）	取永（貫）	
				1反ニ付永（貫）
元真岡代官支配所	467.399	76.86	64.0862	0.08337
旧日光神領・霊屋領	18213.40385	3703.95	2062.5765	0.05569
旧旗本上知	2059.96	255.53	318.6337	0.12469
外　旧旗本上知（都賀・河内郡2ヶ村）	—	0.45	0.1267	0.02766
合計	20740.76285	4036.79	2445.4231	

出典）栃木県史附録日光県材料　制度部　租法（明治元－4年）
註1）「反別」の歩以下は切り捨て.「1反ニ付永（貫）」は史料中では末尾に「余」がつくため「反別」
註2）真岡代官支配所の「取永従来比」に「正納（石）」は含まれないが，仮に「正納（石）」を定

に応じた取永を申し付けるべきである。

③村々は旧領主に畑米免除を願い出ていたが不採用とされ、やむを得ず弁納をしているため「気力ヲ失ヒ余業ニ走リ」「自然荒地多」にもなって村々の相続に関わっている。また、一部の村々のみが米納をするのは「不公平」である。

日光県は伺書と合わせて改革案も提示した。【表】は改革案と従前の状況を表したものである。旧領によって石代相場が異なっていた事や、表中の「取永従来比」の通り、改革案では従前と比して貢租収入が五五パーセント減少しており、田方貢租改革と同様に日光県が旧貢租の確保よりも管下村々の貢租負担の公平化と円滑な統治を優先していることが分かる。なお、表中で現米納が確認されるのは元真岡代官支配所の一四石余のみであるが、明治四年三月の畑米改革伺書では、都賀郡飯田村の旧旗本知行で三二石一斗八合、河内郡三村の旧旗本跡部鎌蔵知行所[*60]で四石一斗八合、河内郡上三川下町村の旧坂部知行所で三四石四斗四升五合、那須郡薬利村の旧旗本知行所で一三石九斗三合、那須郡小河原村の旧旗本知行所四給の内二給で五石九升六合、那須郡恩田村の旧旗本知行所で一一石三斗九升六合の現米納があるとしているので、実際はより多くの村で現米納が行

われていたと考えられる。[*61]

この提案に対する民部省の回答は記載されていないが、前述の通り既に二年の畑米は反永取で収納してしまっており、明治三年一二月に明治二年租税帳が無許可の畑米改革を理由に差し戻されている。しかし、日光県は明治三年の畑米も反永取で収納し、さらに明治四年になってもその改革を政府に求め続け、租税帳提出のさらなる遅延の原因になっていく。

(三) 明治四年の畑米改革の伺い

前述した通り、明治四年三月に日光県は政府に三年租税帳と畑米改革の伺書「下野国村々畑方米納ノ分永納ノ儀ニ付再応奉伺候書付」を提出した。この伺書で日光県は、各村の畑方米納の由来を説明した上、「因故判然致居候分モ有之、又ハ申伝ノミニテ聢ト不致村方モ有之」とし、村々が畑方米納で疲弊していることや「仮令因故無之候共一村一支配ノ内ニ於テ百姓誰々持畑ハ反永、誰ノ分ハ正米納又ハ石代納ト相成候テハ何分定理不相立、人気不居合ハ眼前ニ有之」と「不公平」な状態に県が「苦慮」していると訴えている。県は各村因故としていくつかの具体例を挙げており、例えば上三川村では下町の旧坂部知行が現米納であるのに、同村大町・中町・東館と、下町の旧島田知行が反永納となっていると不公平を説明する。さらに改革の結果、畑米が五一五八石余減少するが改革対象の「九分通程」は旧神領村々であり、「御一新御料相成候テハ二石五斗代ノ名義相存候節ハ外々へモ相響不宜相心得候間、二石五斗代ノ代永ヲ以反別ニ割合、反永取ノ名目ニ相改候」と旧神領からの収納量は減少しないように処置したと説明する。その上で、「去々巳御取箇帳ノ儀モ永納ノ処ヲ以テ御下知相済村々於テ難有相弁居候折柄、強テ及理解候テハ県ノ失体ニモ立至リ惑乱ヲ醸可申哉ト深苦心仕」と、明治二年に行った反永納の撤回は今更できないと主張した。これに対して政府は、「畑米永取ニ引直シ候儀ハ難被聞」と改めて却下した。その上で、二年の租税帳の修正は時間がないことを理由に受理するが、これは「去午年分ヨリ必可相改筈一時寛恕ノ所置」であって「決テ畑方永取ヲ被聞届候ニハ無之」と今後の県の処置に釘を刺した。さらに、県が撤回はできないと開き直ったことについて「却テ失体惑乱等申立ハ県庁過失ヲ強テ覆候筋ニ相当、甚不都合ノ事」と強く警告した上で、三年の租税帳を再提出することを求めた。

しかしながら日光県は五月に再び畑米改革の伺いを提出する。[*62]県は「税則ノ儀ハ容易ニ御改正難被為在次第モ可有之ニ付、夫迄ノ処少々御取納モ相減候儀ニハ候へ共、一般平均ノ御所置被成下候様奉願候」と貢租負担の均衡を図る必要性を改めて主張した。そして旧神領の安石代廃止の際、「下民モ種々苦情申立、頻ニ嘆願等」があったが、「上地一般公平ノ御所置相成候条理」であると説諭して「承伏」させたにも関わらず、畑方米納を存置すれば、民衆から県は「便利ノ筋ニ限リ公平ノ名義ヲ仮リ」ていると思われて「諸般政令ニ遵奉不仕様成行」として改革の必要性を説明した。しかし、政府は「畑方米取ノ儀ハ其県ノミニ無之、追而一般之収税法改正迄者不被聞届候」と再び却下し、県から村々に対して「右等之旨趣厚ク示諭ヲ加」えるように指示した。

そこで、日光県は、管下村々を呼び出して説諭を加えて請書を提出させた。[*63]六月九日、都賀郡半田村他八か村に対して畑米永納についての申し渡しがあるとして惣代の出頭を要請していることが確認できる。[*64]そして畑米石代納分の内、旧幕貼紙値段適用の場所については三年の張紙値段適用の場所の相場一石に付金五両二分永二〇〇文替で石代納させ、その他は「従前ニ従」って石代上納させることとした。しかし、米納分については村の負担が大きいとして、七月に弁官に対して明治三年分に限って一石に付五両の相場で石代上納に変更したいと四度目の伺いを行った。[*65]これに対して大蔵省は「出格之御詮議」を以て四九五石八斗一合分だけは明治三年分に限って張紙値段適用の場所の相場と同じ一石に付五両二分永二〇〇文換で石代納とし、明治四年分からは再び従前の通りとするように指示した。

以上のように畑米改革は、貢租の公平化を図るという日光県の意図した通りには進まなかった。明治五年（一八七二）に日光県の一部を引き継いだ宇都宮県が旧日光県の「畑方収租」の一つに「畑方米納」を挙げて「従前ヨリ米納ノモノアリテ両ニ二石五斗換ヲ以石代収納シ来ル、畑方米納ハ元来正当ナラサルヲ以テ前載ノ相場ニテ畑永ニ更換シテ収入スヘキヤ」と引き続き問題になっていく。[*66]

おわりに

以上検討した通り、日光県は旧慣尊重による旧貢租の確保を目指す政府の方針に反して県下全域での検見の実施と安石代の廃止、石代相場の統一、さらに畑方米納の反永納への変更を実施していた。日光県の貢租改革の主眼は旧慣尊重にはなく、多様な旧領地からなる管轄村々の貢租負担の公平化を実現する事にあった。明治二年の検見段階では不均衡な貢租体系の改革を掲げつつも、旧貢租確保のため減免に消極的な姿勢を見せていた。しかし、村々からの訴願に直面したことで、政府の期待する旧貢租確保は県政の後景に押しやられ、貢租負担の公平化による円滑な統治の実現が前景化する。多様な旧領を統一して成立した日光県にとって不統一・不合理な貢租体系を見過ごすことは、都合良く「公平ノ名義」を借りて統治をおこなっているという、自らの正当性に対する疑念を生じさせる恐れがあったのである。

これらの事情は、松尾正人氏が指摘する貢租をめぐる政府と府県の確執の内実の一例といえるだろう。[*67] 直轄府県は多様かつ散在した旧領から成るという問題を孕みながらも、政府の財政基盤として期待され、さらには接収間もない地域の円滑な支配も求められていた。飯島章氏が旗本先納金処理問題の検討で指摘した通り、[*68] 政府の指令よりも地域の実情に即した支配が優先せざるを得なかったことが想定される。さらに、明治元年一〇月二八日の藩治職制の後には府藩県三治一致を実現するため、諸藩の模範ないし基準となる統治も求められる。その一方、政府の求める旧貢租の確保は、不統一・不合理な貢租体系を温存することに他ならない。直轄府県政は〝旧領の統一〟と石高制に基づく

〝貢租体系の不統一〟という矛盾に直面しており、地域の実情に即した対応を取って円滑な統治の実現を優先せざるを得ない面があったのである。

註

＊1　千田稔・松尾正人『明治維新研究序説―維新政権の直轄地―』開明書院、一九七七年一〇月、第一章序。両氏は直轄府県研究の意義として①政府の財政基盤、②全国商品流通網の掌握、③藩体制解体の戦略的役割、④政府による以後の地方行政機構創出の出発点の四点を挙げる。

＊2　明治元年（慶応四年）八月七日布告「税法ハ姑ク旧貫ニ仍リ且旧幕府旗下采邑没収ノ者ハ隣近府藩県ヲシテ之ヲ管轄セシム」（内閣官報局編『明治年間法令全書』第一巻、復刻版〈原書房、一九七四年六月〉二五一～二五二頁）以下、『全書』。

＊3　奥田晴樹『地租改正と地方制度』山川出版社、一九九三年一〇月、第一編第一章。「旧慣」について、より具体的には「領主―百姓間で定着している、貢租の賦課・徴収に関わる慣行や既得権の体系」を指す（同『明治維新と府県制度の成立』角川文化振興財団、二〇一八年一二月、第一編第二章）。

＊4　志見正次『明治初期に於ける高山県の政治学的研究』飛騨郷土学会、一九六七年四月。

＊5　『大分県史』近代篇一（大分県、一九八四年三月）。

＊6　『近代足利市史』第一巻、（足利市、一九七七年三月）。同碑は「梁田義民碑」として令和元年（二〇一九）一一月二一日に足利市指定文化財に指定（足利市公式ホームページ〈https://www.city.ashikaga.tochigi.jp/education/000029/000169/000627/p001037.html〉）。

＊7　丹羽邦男『明治維新の土地変革―領主的土地所有の解体をめぐって―』お茶の水書房、一九六二年一一月、第一章。

＊8　松尾正人「明治初年の政情と地方支配―「民蔵分離」問題前後」（『土地制度史学』二三巻三号、一九八一年四月）。

＊9　飯島章「直轄県における年貢先納金の処理をめぐって」（『埼玉地方史』第二六号、一九九〇年三月）及び、同「宮谷県・大宮県における元旗本知行所村々の先納金処理問題」（『常総の歴史』第一〇号、一九九二年七月）。

＊10　『いまいち市史』通史編Ⅳ（今市市、二〇〇四年三月）第五章第二節二－一（執筆：神山壮）。

＊11　前掲註1、千田稔・松尾正人『明治維新研究序説』三章一節。

＊12　佐々木寛司「租税国家と地租」（近代租税史研究会編『近代日本の形成と租税』有志舎、二〇〇八年一〇月）。
＊13　日光県政に関する主な論考として、松尾正人「明治初年の関東支配―下野国小山を中心として―」（東海大学史学会編『東海史学』第一九号、一九八五年三月）、松尾正人「府県創設期の宗教問題」（中央大学人文科学研究所編『近代日本の形成と宗教問題』〈中央大学出版部、一九九二年六月〉）、竹末広美「日光県下の郷宿」（『鹿沼史林』三三号、一九九三年一二月）、柴田宜久『明治維新と日光―戊辰戦争そして日光県の誕生―』（随想社、二〇〇五年八月）、大嶽浩良『下野の明治維新』（下野新聞社、二〇一四年一二月）、高山慶子「栃木県官吏仲田信亮の旧江戸町名主馬込惟長宛書簡―大谷石などの栃木県産石材をめぐって―」（『宇都宮大学教育学部研究紀要』第六六号第一部、二〇一六年三月）、石川健「日光県における協救社の養豚奨励」（『栃木県立文書館研究紀要』第二一号、二〇一七年三月）、拙稿「直轄県における開墾仕法―日光県を事例に―」（下野近世史研究会編『近世下野の生業・文化と領主支配』岩田書院、二〇一八年七月）、拙稿「日光県の開墾仕法と久保田譲之助」（『鹿沼史林』第六二号、二〇二三年四月）、拙稿「日光県開墾仕法の展開―富岡村・板荷村の事例を中心に―」（『報徳学』第一七号、二〇二三年四月）がある。
＊14　以下、特に断らない限り前掲註一三、大嶽浩良『下野の明治維新』及び、『栃木県史』通史編六近現代一、栃木県、一九八二年八月。
＊15　前掲註13、拙稿「直轄県における開墾仕法」。
＊16　宮武外骨『府藩県政史』（名取書店、一九四一年三月）。
＊17　前掲註10、『いまいち市史』及び、阿部昭「日光山領所務定法の成立過程」（『国士舘史学』第八号、二〇〇〇年三月）。
＊18　森山秀樹家文書イ四八「三番御用日記」（日光市歴史民俗資料館編『岩崎森崎家文書御用留』二〇一九年三月、四六八頁）。以下、「森山秀樹家文書」。
＊19　明治二年八月大蔵省達「旧旗下上知租税収納ノ措置ヲ稟候セシム」（『全書』第二巻、三三五頁）。
＊20　「明治二年正月〜十二月　吉光寺日記」（『小山市史』史料編近現代二、小山市、一九八一年三月、七〇二頁。以下「吉光寺日記」。
＊21　松本洋一氏所蔵文書「明治二巳年御用留」（『二宮町史』史料編Ⅲ近現代、二宮町、二〇〇六年三月、一三二頁）。なお、石橋役所からの布達は日光県役所の布達にはない六か条目「前条内見帳差出候に付ては、割附調済不心得候半ては差支可申間、写取として早々可罷出候」がある。
＊22　三品格一家文書一〇一「御用留」八月一七日条（鹿沼市教育委員会寄託）。
＊23　「栃木県史附録日光県材料 制度部 租法」（国立公文書館所蔵、請求番号：府県史料栃木）。
＊24　前掲註13、拙稿「直轄県における開墾仕法」。

＊25　佐々井信太郎編『二宮尊徳全集』第三〇巻（二宮尊徳偉業宣揚会、一九三〇年一二月）六九七頁～六九九頁。
＊26　渡辺英郎家文書「御一新につき年貢正米納め反対村々願書」（『いまいち市史』史料編近世Ⅲ、今市市役所、一九七六年三月、七六～七九頁）。
＊27　中田益雄家文書六一〇「奉願上候（田方検見取ニ付内見帳差出方の件、日光役所宛）」（栃木県立文書館寄託）。月日不明であるが御用留の綴り順から八月と考えられる。
＊28　森山秀樹家文書イ四八「三番御用日記」四七一頁。
＊29　吉光寺秀一家文書「吉光寺日記」七一一～七一二頁。
＊30　中山貞郎家文書「お糺につき検見人酒代の事書上」（『南那須町史』資料編、南那須町、一九九三年三月、六六九頁）。
＊31　「吉光寺日記」七一三頁。
＊32　永倉恵一家文書「明治二年　梁田義民一件聞取書」（『栃木県史』史料編近世七、栃木県、一九七八年三月、五二〇～五二四頁）。
＊33　須藤武家文書「不作再歎願」（『近代足利市史』第四巻史料編近現代一、足利市、昭和五〇年一〇月、六三～六五頁）。
＊34　『近代足利市史』第一巻、足利市、一九七七年三月。
＊35　福原達郎家文書「旧佐久山領（日光県管下）農民屯集強訴一件記録」（前掲註三一『栃木県史』五七一～五八四頁）。
＊36　「吉光寺日記」七二二頁。
＊37　同右、七二四～七二六頁。
＊38　同右、七二六～七二七頁。
＊39　小幡邦重氏所蔵文書「御願」（前掲註二一、『二宮町史』一三七～一三八頁）。
＊40　森山秀樹家文書イ四八「三番御用日記」四七四頁。
＊41　坂入浩一家文書イ一〇三五「御用留（記録）」明治二年一一月三日条、栃木県立文書館所蔵。
＊42　同右、明治二年一二月八日条。
＊43　前掲註23、「栃木県史附録日光県材料　制度部　租法」。
＊44　森山秀樹家文書イ四六「壱番御用日記」四七八頁。なお史料集では「米三拾五石ニ付金三拾五両二分替、但し金壱両ニ付米壱斗九升九合四勺三才」となっているが、正しくは「米三拾五石ニ付金七拾五両二分替」であり、誤記か誤読と考えられる。
＊45　日光役所管下の都賀郡富岡村（元藪光次郎知行所）は一二月一五日付（三品格一家文書一〇一「御用留」一二月一五日条〈鹿沼市

教育委員会寄託〉）、石橋役所管下の都賀郡塩沢村（元大久保但馬知行）は一二月二〇日付（「明治二年正月～十二月　吉光寺日記」一二月二一日条〈『小山市史』史料編・近現代二、小山市、一九八一年三月〉七三三頁）でそれぞれ伝えられている。

＊46　前掲註42、坂入浩一家文書イ一〇三五、明治二年一二月二五日条。真岡町をはじめ芳賀郡の旧代官支配所・旧旗本知行所に伝えられている。

＊47　「日光県石代納専断ニ付適律上申」（公文録・明治三年・第三十九巻・庚午六月・刑部省伺、請求番号：公〇〇三五三一〇〇、件名番号：一四）。

＊48　同右。

＊49　前掲註1、千田稔・松尾正人『明治維新研究序説』。

＊50　「石代金納ノ村方差定ノ儀伺」（公文録・明治元年・第二十七巻・戊辰・各県公文三〈日光県〉、請求番号：公〇〇〇二七一〇〇、件名番号：四四）。

＊51　「午年御回米撰立残ノ分石代納ノ儀ニ付伺」（同右、件名番号：六二）。

＊52　前掲註23、「栃木県史附録日光県材料 制度部 租法」。

＊53　『烏山町史』（烏山町、一九七八年三月）。

＊54　『群馬県史』通史編四近世一政治（群馬県、一九九〇年八月）及び、和田健一『高崎五万石騒動―幕末維新の民衆世界―』（みやま文庫、二〇二三年二月）。

＊55　明治三年七月二四日大蔵省「畑方米大豆正納ノ分自今石代金納ト為シ並三分一米十分一大豆金納ノ名称ヲ廃シ田方都テ米納ト為ス」（『全書』第三巻、二七〇頁）。

＊56　「辰巳両年御取箇帳差出方ニ付申立」（前掲註五一、公文録、件名番号：五六）。

＊57　明治三年五月三〇日民部省「郷帳案ヲ定ム」（『全書』第三巻、二一一～二一二頁）で「取箇帳」は「租税帳」と改称された。

＊58　前掲註23、「栃木県史附録日光県材料 制度部 租法」。

＊59　同右。

＊60　木村礎校訂『旧高旧領取調帳』関東編（近藤出版社、一九六九年）では「坂部鎌蔵」。

＊61　前掲註23、「栃木県史附録日光県材料 制度部 租法」。

＊62　同右。

＊63　同右。

＊64　藤田好三氏収集文書イ二八〇六「御廻達写（畑米永納之義ニ付申渡義有之間来ル二二日迄ニ組村惣代之者差出可相届もの也）」（栃木県立文書館所蔵）。

＊65　前掲註23、「栃木県史附録日光県材料 制度部 租法」。

＊66　「単行書・各府県収税法十二」（国立公文書館所蔵、請求番号：単〇一二一七一〇〇）。

＊67　前掲註8、松尾正人「明治初年の政情と地方支配」。

＊68　前掲註9、飯島章「直轄県における年貢先納金の処理をめぐって」。

Ⅱ　租税と政治・社会

五　一地方士族の理財論

――庄内藩士族松森胤保を事例に――

林　幸太郎

はじめに

明治初年の政府において、歳入の確保による財政基盤の確立と並行して喫緊の課題と目されたのが、人口の五％程度でありながら歳出の三〇％強を占める華族・士族の秩禄処分であった。

明治四年（一八七一）七月一四日の廃藩置県と同月布達の士族卒禄高取調帳の提出を機として[*1]、これまで各藩の適宜に委ねられていた家禄支給は大蔵省に一元化される。政府は、明治四年一二月の職業選択の自由化、同六年一月の徴兵令の布告によって士族の常職を解消することで家禄受給の根拠を形骸化させつつ、同年一二月の家禄奉還、同八年九月の金禄化を経て秩禄処分の下地を整える。そして、明治九年八月の金禄公債証書発行条例の布告によって、家禄を公債証書へと変換し、一連の秩禄処分を完了させた。金禄公債を受け取った全国の士族は、三一万三二六三名にのぼる。[*2]士族には、毎年公債の五～七％の利子が与えられ、六年目以降に大蔵省の抽選により元本の返済がおこなわれることになり、最長で三〇年間の返済期間が設けられた。同時に、大多数が家禄収入を下回る利子生活を余儀なくされた士族に対して、政府は実業への従事を目的とする授産政策を立案し、各団体への資金貸与や大規模な開墾事業が実施された。しかしながら、公債利子による収入減少、いわゆる「士族の商法」のように不慣れな職業で発生した負債、収入と生活水準のアンバランスや浪費に伴う家計の破綻と一家の離散など、士族の惨状が同時代の人々の耳目を集め、「没落」する士族像を形成することになる。

こうした士族を対象とする研究は、深谷博治・吉川秀造・我妻東策の諸氏によって戦前から進められ、秩禄処分と士族授産をめぐる政府内の議論と華士族を取り巻く経済状況の変化が網羅的かつ精緻に分析された。[*3]ここでは、「没落」像形成の要因となった士族の困窮を実証することに力点が置かれ、士族授産の評価は各事業の経済的成否に求められた。一方、一九八〇年代以降になると、従来の経済的な視座に加えて、明治前期における士族の社会的立場に着目した研究が蓄積される。例えば、産業史の視点から各種の授産事業を再検討した安藤精一氏は、松方デフレなどが直撃した当該期の事業運営は士族に限らず困難であり、むしろ士族が嚆矢となって各地に新産業が普及したと評価する。[*4]

さらに、メルクマールとなったのが、歴史学的手法による士族研究への挑戦を掲げた園田英弘氏らの社会学グループによる士族の社会移動分析である。[*5]「士族の『没落』は、武士身分解体によって生じた、一つの変動のベクトルであり「他の忘れられた側面の存在を確認すること」の重要性を指摘する園田氏は、「旧来の武士の『職』の遂行者として、明治の社会内に存在」した士族、すなわち官吏・軍人・教員などに就いて明治国家を支えた「郡県の武士」を「没落した士族」に対置させた。[*6]そして、「郡県の武士」の輩出構造を分析するなかで、上級士族の「没落」、下級士族・平民の「出世」という漠然としたイメージに反し、近世の身分階層が経済状況および就職・就学機会のアドバンテージとして社会移動のなかで再生産されることを明らかにしている。マクロな視点から近代国家における一社会層としての士族を描き出した園田氏らの成果は、士族研究に多大なる示唆を与えた。一方で、対象地域の中京圏への偏りや個々のサンプルに対するこだわり（地域・藩の特質や士族の政治的影響力など）が欠如した状態で全体化された士族層の位置付けに対する批判とともに、園田氏らが参考にならないとした歴史学による士族分析の必要性も提起されている。[*7]

こうした課題のもと、二〇〇〇年代以降には、金沢藩士族の就職状況を総体的に分析した松村敏氏、[*8]一士族に着目して明治前期における活計と社会的立場の変化を捉えた磯田道史・池田勇太・加納亜由子の諸氏によって、旧領地あるいは大都市のなかで新たな存立基盤を模索した士族の実態が明らかにされた。[*9]すなわち、「郡県の武士」「没落した士族」の二極化に固執せず、「明治維新後の士族の生活のディテールや職業意識」[*10]をより丹念に検討しながら、園田氏らの研究を捉え直す作業が進められているのである。それでも、秩禄処分により経済的特権を失った士族個人がいかなる意識のもとで職業選択と家計維持を図ったのかという視点に立つ研究は限られており、漠然とした士族像の払拭には至っていない。そこで本稿では、租税史の一側面として、[*11]金禄公債を手にした一地方士族の理財論と実践としての活計を庄内藩士族松森胤保[*12]の事例から検討してみたい。

松森は、文政八年（一八二五）六月に禄高二〇〇石の庄内藩士長坂治禮の長男として鶴岡に生まれ、文久二年（一八六二）二月に三八歳で家督を相続した。翌年六月に庄内藩酒井家の分家である出羽国松山藩[*13]酒井家の付家老に就任して松山城下へ移住すると、元治元年（一八六四）から慶応四年（一八六八）まで国許と江戸を往復しながら藩務に従事し、戊辰戦争では松山藩軍務惣裁兼庄内藩一番大隊参謀として本家とともに各地で新政府軍と交戦している。明治二年（一八六九）二月に松嶺藩執政及び公議人、翌三年六月には同藩大参事に就任し、引き続き藩政を担うことになった。廃藩置県を経て松嶺県が大泉県（旧庄内藩）・山形県酒田出張所と合併し第二次酒田県に組み込まれた後も、明治五年五月に松嶺区長に就任し、同地の指導的役割を果たした人物である。[*14]

松森の大きな特徴は、二五〇冊以上に及ぶ著作物を遺したことで、[*15]終生没頭した科学・博物学の研究書を中心に、松嶺藩政や維新期の政治・思想・学問に関する解説書、子孫への訓戒を込めて記した自身の事蹟録など、その内容は多岐にわたっている。[*16] 現状では松森家の家計状況を詳細に把握できる帳簿類を欠くが、[*17] 松森の著作は、先行研究では十分に検討されてこなかった士族個人の理財論や職業観、各種事業への向き合い方を通観することのできる好個の素材である。本稿では特に、①秩禄処分後における松森の理財論と職業観、②金禄公債証書を手にした庄内・松嶺士族による経済活動との関わりに着目する。松森が秩禄処分をいかに受け止め、いかなる活計を図ったのかを検討することで、明治前期の地域社会における士族の実態に迫ってみたい。

1　秩禄処分と松森胤保の収禄案

はじめに、地方官吏として秩禄処分に携わった松森の言動を検討し、同人の家禄と士族をめぐる認識の変化を見出したい。

廃藩置県後の明治四年（一八七一）一二月に藩常備兵の解体と職業選択の自由が布告されるなかで、家禄受給の根拠となる文武の「職」が士族から切り離されていく。明治五年正月、松嶺県の第二次酒田県統合に伴う事務手続きのため上京していた松森は、政府が各府県官吏に対して家禄処分方法の上申を求めていることを耳にする。翌二月には、大蔵大輔井上馨の急進的な家禄廃止案（禄券法）が正院で内決を得て、井上の命令を受けて外債募集のため渡欧した大蔵少輔吉田清成と駐箚少弁務使森有礼の間で家禄の所有権をめぐり論争がおこるなど、政府内部でも秩禄処分をめぐる議論が紛糾している時期であった。[*18]

この要請を受け、松森は次のような収禄法を構想する。

夫士族ノ禄タルヤ猶庶民ノ家産ノ如ク一般ナリ、然ルニ徒ニ之ヲ収ムレハ海内ノ多士一時ニ其産ヲ失ヒ、一夫モ其所ヲ得サルモノ勿ラシムルト云フノ聖旨ニ戻ル、縦令其旨ニ戻ルト云フトモ、止ムコトナクハ則止ムコトナシ、然ルニ今ハ則然ラス、之ヲ行フニ良法ヲ以セハ一モ其害アルコトナク、若シ夫シカセス徒ニ之ヲ収ムレハ、海内ノ多士所謂一時ニ其産ヲ失ヒ、天下浮浪ノ衆キ求メテ乱階ヲナスニ至ルヤ必セリ、然ラハ則一時其資金ヲ与ヘテ之ヲ収メン乎、士族ハ素ヨリ貨殖ノ道ニ踈ク、立チ所ニ之ヲ暴殲シ、亦只タ均シク浮浪ヲ醸スノ道タルニ外アルヘカラス、亦従テ此法ハ施スヘカラサルナリ、然ラハ則冨傑ノ余田ヲ収メテ之ヲ士族ニ与ヘ、以テ士族ノ家禄ニ代ヘン乎、云ク未タシ徒ニ此ノ如クスレハ、冨傑ハ謂ハレナクシテ其田ヲ失ヒ、之カ小作人ト成リ来レルモノハ、均シク其産ヲ失ナリ、天下亦貧民ノ多キ、亦浮浪ヲ醸スナリ、予依テ之ヲ論シテ云、華族ハ既ニ封土ヲ献シ、従テ士族ノ禄ヲ収メントス、然ルニ民ノ土田モ亦皆王土独リ之ヲ置テ問ハサレハ、政事上ニ於テ大不平ヲ行フナリ、義置ヘカラス、故ニ一旦悉ク之ヲ朝ニ収メテ、更ニ其宜ニ従ヒ改メテ之ヲ与ルヲ以テ至当ノ義トス（後略）[*19]

松森は、士族の家禄は「庶民ノ家産ノ如ク一般」であり、無策で家禄廃止を断行すれはば、士族は浮浪化し「乱階ヲナスニ至ル」と述べる。この時点ですでに、家禄を「文武」の「職」への対価とする認識は、少なくとも文言上からは消え去っており、家禄受給の根拠は先祖代々の勤功に依拠する「家産」としての性格に求められている。では、いかに家禄に代わる「家産」を与えるべきか。松森は、一時の資金下賜は「士族ハ素ヨリ貨殖ノ道ニ踈」く、結局「浮浪」することになるため却下し、「冨傑ノ余田ヲ収メテ之ヲ士族ニ与ヘ、以テ士族ノ家禄」に代えることを提案する。「冨傑」は「謂ハレナクシテ其田ヲ失ヒ」、その小作人も「均シク其産ヲ失」う。しかし、「華族ハ既ニ封土ヲ献シ、従テ士族ノ禄ヲ収メン」という現在、「民ノ土田モ亦皆王土」であり、「一旦悉ク之ヲ朝ニ収メテ、更ニ其宜ニ従ヒ改メテ之ヲ与ル」ことが「至当ノ義」というのが松森の認識であった。

史料後略部分では、具体的な方法が示されている。まず、官は「冨傑」（豪農）の田地を「二千苅」（二町）[*20]を据え置きとして余地を「買上ヶ」、代金は廃止した家禄を用いて数年間で支払う。士族は、「旧禄ニ比スレハ其高ヲ減ス」

るが、「其田ハ資金ノ散シ易キモノニ比スレハ大ニ其堅固」であり、「浮浪ノ速ニ湧出サル」と田地下賜の有効性を説いている。一方、豪農は「其田ヲ失ト雖、猶二千苅ノ田ヲト、メ且多少ノ金」を得ることができ、そもそも「買上ヶ」該当者は「其数僅少、蓋シ百中ノ一、二」にすぎない。

くわえて、士族は農事に疎く、士族が小作人から直接徴収する際に一方が「暴」であれば必ず双方に弊害を生じ、士族と小作人が直接交渉をすることで苦情が各所で多発して県官を煩わせる可能性も高いため、しばらく区戸長が「立揚ヶ米」（小作人が地主に収める米）を管理することを提案している。士族・小作人双方が温厚であっても、田地ごとの豊凶によって「大ニ幸不幸」があるため、「立揚ヶ米」は「平均法」に基づいて「蔵米」から士族に支給し、「立揚ヶ米」から地租を納める。そして、小作人が不納の場合は田地を還付し、改めて適当な小作人を選抜させ、以降は士族の「自由ニ任」す。このように、段階的に区戸長が管理する「小作ノ手ヲ離シ」、いずれ「区戸長ノ煩」も解消して士族を独立させるというのが松森の長期的なプランであった。

政府内でも、明治五年前半頃から地租改正事業と連動して士族の地主化が議論されているが[*21]、松森の提案もまた、①資金ではなく田地＝不動産の下賜、②士族の性質と農民との関係性を考慮し、近世の蔵米知行制を模して段階的に士族の帰農化を図ること、③②の役割を区戸長が担う（それ故に区戸長には士族が就任すべき）ことを求めている。

この収禄案は、肥沃な庄内平野を有する旧庄内・松嶺両藩のような地域でなくとも、「田畑ニ非ハ則山林、山林ニ非レハ則湖海、必其高ニ応スル所ノ不動産」があり、全国各地で導入可能な方法と主張し、少なくとも旧松嶺藩管下では導入可能と判断する。しかし、明治五年正月二六日に帰路の宇都宮で大病（「感脳病」）を患ったことで実地調査をおこなうことができず、療養中に各府県から政府への収禄案の上申が中止となったため、結局は松森の私案に留まっている。また、参事松平親懐ら庄内士族で構成された酒田県官は、酒田の豪商本間家を始めとする旧御用達商人層の援助を必須としており、仮に県へ提出されたとしても大地主の側面を併せ持つ同層の利益を侵害する松森の案が採用される可能性は低かったと推察される。

その後、明治七年一二月に薩摩藩士族の三島通庸が初の他地域出身県官として酒田県令に就任すると、松森は三島を介して左院へ「新政弁疑」と題する建白書の提出を試みた。「政旨ト民情ト各々其方向ヲ異ニシ、事々物々頗ル相背馳スル」現状を受け、政府の施策を擁護する立場から翌八年三月に作成された同建白には、徴兵告諭と徴兵令を経た松森の士族観が反映されている。[*22]

（前略）国ハ真ニ冨まさすハあるへからす、然ハ則何を以其国を冨まさん云、国を冨ますの道数ありといへとも、士の世禄を廃するハ又其一大端に居、今こゝに士あり、物を生せす器を造らす居、然として徒食座使す、故に方今か利害を論んせんに、たとへハ平民の生る所の物を以仮りに三となし、其一を止て其二を貢すとするに、朝庭亦其一を分て士族の禄に給し、余す所の一を以軍費に充るとす、是今の貧なる也、もし夫之に反し士をして悉く自其力に食ましめハ農たり工（た脱）り商人たり各営む所あり、既に其営む所あれハ又其生する所有り、既に其生する所あれハ又其貢する所あり（後略）

松森は、やはり「徒食座使」する「士の世禄を廃」せざるをえないことを認めていた。後略部分では、「士族を存して専文武の業を励けミ真ニ其職を落さ」ないようにするには、「他の営生の業を去らしめ」なければならないが、そのためには「一家の給禄ハ少也と雖も現石五十石を与るにあらされハ不可」であり、五〇石以下では「名ハ士族」といえども「其実ハ則平民」であると述べる。さらに、銃火器を用いた集団戦が主流の現在では、少数の「士を養ふの道何そ其弊す所の多くして其得る所の少きや」と、家禄受給の根拠であった近世以来の軍役を否定した。「其生する所あれハ又其貢する所あり」とあるように、文武の「職」が士族の占有でなくなった以上、農工商に従事して納税の義務を果たし、従来の家禄歳出を軍事費へ充当させることが、士族による現実的な国家への貢献である。少なくとも松森は、士族の新たな役割をこのように自覚していた。

ただし、理由は不明だが、松森は「新政弁疑」を左院に提出することなく、明治八年七月に松嶺区長を依願辞職する。直後に奉職した第五大区学区取締も病気のため同年九月二九日に辞め、明治初年以来の官職を離れることになった。こうした中で、翌九年八月に金禄公債証書公債条例が公布され、松森は一個人として新たな活計を模索することになるのである。

2　松森胤保の職業観

㈠　松森家の家禄と職業観

松森胤保は、慶応四年（一八六八）中に役料三〇石と戊辰戦争の軍功による三〇石の加増を受け、同年九月時点で庄内藩からの給禄は二六〇石へと増加している。そこに、慶応三年一二月晦日の薩摩藩邸焼討の功績として松嶺藩主酒井忠良から賜った永世一〇人扶持を加えた二口が松森家の家禄であった。明治二〜三年（一八六九〜七〇）の禄制改革による減禄がありつつも、家禄支給が大蔵省の管轄となった廃藩置県後も二口分の受給が認められ、家禄正取米の合計で四八石二升六勺、同八年九月の金禄化以降は一四一円一五銭余の収入を得ることになった。*23 その後、金禄公債証書発行条例により、松森家の家禄は一七九〇円の公債に変換され、年間の利子は一一二円四〇銭となっている。

公債利子生活の始まった明治一〇年二月二〇日、松森は邸宅・山林の入手経緯をまとめた「松森氏土壌録」と題する一冊を起草し、次のような題書を記した。

維新以来百度改革、世禄の士人の如きハ殊に其体面を改め、各々自活の途に就かすハある可からさるの時たる素より論を待たさる所也（中略）然ハ則孫謀ハ何れの業を可也とす、其活路略するニ五あり、一に農とし、二に工とし、三に商とし、四ニ雑業とし〈雑業ハ諸学術・芸術等を初、其他一切の術芸等を合せ称す〉、五ニ官途とす、然るニ官途ハ一身上の事ニして素より家産ニあらす、又僥倖すへき物もあらす、又彼の雑業の如きも亦猶一身上の事ニして家産の常ニあらす、志あるものハ自ら異也といへとも、予ハ則之を以家産とするも永遠ニ及ほすへきの道ニあらすとす、こゝニ於て他の三業の中ニ就て之を論するニ、農は工ニ如かす、工ハ商ニ如かすとす、然ハ則商業可なるか、云未たし、商利あり故ニ尤危し、家産とすへからす、農固し、然ハ農業可なるか、云未たし、農ハ固し故ニ尤利なし、智者ハ従ふへからす、然らハ則如何して可なる、云く固さニ拠て其利を制す則可也、云く何の云そや、農ハいわゆる固し、故ニ土田ニ拠て基本を固くす、之を固きニ拠ると云ふ、有余の利を以傍商事ニ従ふ之を其利を制すとする也、夫此の如くなれハ固くして且利あるの道也、是其基ハ殖せさるも亦減するの患なく、有余の利ハ常ニ殖して基を助く、縦令ハ一旦破を取るもいわゆる纔に有余の財のミ、未た其基ニ害あらす、是予か志也、豈可ならすや、夫既ニ土田を本とす、土壌の事ハ真ニ忽ニすへからす、今依て此書を創製し以て子孫のおくりものとす（後略）[*24]

松森は、「世禄の士人」が「各々自活の途」に就くための「業」として、「農」「工」「商」「雑業（学術技芸）」「官途」の五つを挙げる。その中で、先行研究では武士の「職」の延長として士族の理想的な「職業」と捉えられている「官途」「雑業」（教員も含む）が、「家産」たりえないとして真っ先に除外されている点は注目される。先述のように、松森は明治八年まで官職にあり、二男の松森昌三も明治一〇年五月に教員の免状を得て、同年一一月から松嶺学校に准訓導として勤務をしていた。また、「志あるもの」が「官途」「雑業」を活計の選択肢に入れることにも理解を示す。それでも松森は、「一身上」の能力に左右される不安定な「官途」「雑業」は「永遠ニ及ほすへきの道」ではないと、子孫に転業を求めたのである。そのうえで松森が理想とした「自活の途」は、「土田」を取得して最も安定した「農」に従事しつつ、不足する「利」を余財を元にした「商」で補う、つまり「固さニ拠て其利を制す」というものであった。

(二) 明治一二～一三年における松森家の家計

それでは、松森が理想とした活計は実現したのだろうか。

明治一二年(一八七九)九月三日、五五歳の松森は長男又次郎へ家督を譲り、同月中に松森一家は松嶺から郷里鶴岡へ移住した。移住の計画は同年三月下旬頃から進めていたようで、そのために松嶺藩酒井家や松嶺士族から依頼された役職就任を謝絶している。移住時点の松森家は、胤保・妻鉄井、又次郎・同人妻常・同人娘清水、昌三・同人妻政、三男岩雄、娘竹井の九名で、二男昌三のみが先述のように松嶺学校に勤務して月給(三円)を得ていた。なお、昌三は同三年一二月に松森からの分知により分家となっていたが、若年のためこの時点では本家と同居している。

同一六年に農商務省が各府県におこなった士族の生計調査では、一家三人で年収七〇円、四～五人で一二〇円以上ある世帯を生計に差し支えのない「中等」と見做している。[*25] 公債利子一一二円四〇銭と昌三の給料でもかろうじて家計を維持することは可能であったと推察されるが、松森家は「鑑金其外家ノ生セシ所ト合セテ略一千三百円及ヒ此公債券面ノ金額本末合テ一千八百円以上、合セテ三千余円」の財産を有しており、[*26] なおかつ詳細は不明だが貸金業による利子収入も得ていたという。ちなみに「鑑金」とは、貧困の「禍」を子孫に残すことを憂いた松森が、家督相続以前の嘉永四年(一八五一)から貯蓄し始めた金銭のことで、藩からの称誉や親戚からの祝儀金等を「冨商ニ託シテ殖やし、文久三年(一八六三)時点で二二二両三朱と銭一貫一九九文まで増殖している。[*27]

そのうえで、松森家は公債証書の売却を選択した。公債は三〇年をかけて随時償却されるが、時々の当主が「能ク之ヲ理スルコト能ハサレハ一朝ニシテ家産地ヲ払フ」ことになる。そのため、親戚一同と相談のうえ、「今日自ラ貸金ノ業ヲナシテ一回モ過ツコトアラサル以上ハ、少利ノ公債ヲ変シテ大利ノ働ヲナサシムル」ことが「便且利ナル」と積極的な判断のもと公債の売却を決断したのである。明治一二年一二月二五日に提出した買上願書は、翌年二月二九日に受理され、本家の買上金九四一円七〇銭と分家の同四一〇円を合計した一三五一円七〇銭を受け取っている。

その一方で、「家禄沿革録」という書物には、「家禄ノ空シク小金円ニ変スルニ感スルコト啻ナラス」という感情から、先祖代々の家禄を消却する自責の念と「易散シテ集リ難」い金銭の取り扱いを戒める子孫に向けた一文を「血涙ニ代ル朱書」で書き残している。[*28] こうした矛盾とも取れる記述からは、「大利ノ働」という漠然とした積極策以上に、眼前の生活を維持するための公債売却が避けられない状況に陥っていたことが示唆される。同年一月一五日付の『山形新聞』が、「旧臘以来金融大いに差詰り」、「米は追々高く」なり、士族の「命の種の公債証書は七分通り何処かへ飛去た、残りの三分も追々お買上を願ひ出す容子がある」という鶴岡の近況を報じたように、[*29] 大隈重信財政下の米価高騰は、松森家を含む庄内士族の家計も確実に圧迫していた。さらに、この米価高騰は予想を超え、鶴岡移住に伴う出費や昌三の松嶺学校退職が重なっていた松森家は、公債を売却したにも関わらず「明治十三年春ニ至リ米価騰貴五斗ニシテ五円ニ過ク、家産遂ニ立ヘカラサルニ至ル」という状況に陥ってしまう。そこで次章では、家計の破綻という喫緊の課題に直面した松森の活計を諸事業との関わりから検討したい。

3　松森胤保と庄内地方の諸事業

(一)　銀行・貸金業への警戒

【表】からうかがえるように、松嶺藩の要職を歴任した松森には、庄内・松嶺士族や旧領の商人から各種事業への頭取就任が頻繁に求められており、新たな職に就いて収入を得る機会に恵まれていた。特に、銀行・貸金業への頭取就任依頼が相次ぎ、松嶺藩酒井家の家令代理に就任した明治一〇年（一八七七）一一月下旬以降、松嶺士族の発起による鶴岡銀行（後の第六七国立銀行）松嶺分店、松嶺貸金会社、松嶺酒田銀行（後の第七二国立銀行）から依頼を相次いで受けたが、いずれも最終的には辞退している。銀行・貸金業の有用性は認めつつ、松森は「銀行ハ危険ノ者」[*30]であるという認識を崩さなかった。その一例として、済救社（貸金会社）との関わりを見てみよう。[*31]

鶴岡移住後の明治一二年一〇月二三日、旧知の商人阿波屋宗右衛門が松森を訪ね、次のように済救社の設立趣意と「担当人」への就任依頼を述べた。[*32]すなわち、「士族ハ其公債証書ノ利子ノ乏シキカ為ニ、或ハ之ヲ他人ニ貸シ、或ハ之ヲ奸徒ニ欺カレ終ニ其産ヲ失フニ至ルヲ憐ム」。そこで、「大ニ之ヲ会集シ」、庄内藩酒井家の「御家禄金」と「兵隊ノ禄券」などを合わせて一〇万円を集めて「大質屋」を開業し、「上下ヲ救ハン」と。この「兵隊」とは、酒田県参事松平親懐・権参事菅実秀らが主導し、明治五年八月に庄内士族約三〇〇〇名を動員して拓いた松ヶ岡開墾場（養蚕・製糸業）の勤務者を指す。「兵隊」の文言が象徴するように、同地の開墾には軍事演習を通じた酒井家との主従関係維持という役割が与えられ、成墾後も同家を核とする庄内士族主流派の結合の場という性格を有していた。[*33]

阿波屋は、開墾場幹部の庄内士族山岸貞文と松森の両名に済救社の経営を総轄する「担当人」に就任してもらい、山岸には鶴岡、松森には酒田・松嶺に居住する旧藩士族の勧誘を期待した。あわせて、同じく鶴岡の商人である駿河屋田林半九郎の悴と自身の悴を派遣し、資金管理等の実務に当たらせると申し出ている。しかし、松森は次の理由から「担当人」就任を辞退した。

其一ニ云　此者（阿波屋―筆者註）冨有ト雖其人ニ非ス、其跡明ニシテ疑フヘカラサルモノ数アリ、然ルニ全ク士族ノ為ニスルニ在テ、己カ為ニ受ク可キノ月給ヲ貪ラスト云、其儀却テ不良ヲ懐キ、瞑々ノ中ニ自其利ヲ謀ルコト疑フ所ニアラス

其二ニ云　彼ハ士族ヲ救フニ在リト云フモ、其実ヲ省スレハ御家禄金ヲ加ヘント云フ、是人ノ信用ヲ買テ人ヲ衆メ金ヲ会セントスルニ在リ、何ソ人ヲ救フノ旨ニアランヤ、然ラハ則其金ヲ会スルハ全ク己レカ私ヲ謀ルニ外ナ

表　明治期の松森胤保関係年表

年	月	日	事柄
明治2	2	4	松嶺藩執政および公議人に就任。
	4	13	東京で初めて写真術を学ぶ。
	7	10	父長坂治禮夫妻が藤原村別荘から松嶺の本邸へ移住。
	10	27	松嶺藩校里仁館が開校し、長男又次郎・二男昌三が入学。
明治3	4	21	長女の玢、松嶺士族北郷弘右衛門の嫡子武之助に嫁ぐ。
	6	1	松嶺藩大参事に就任。
	9	29	松嶺藩酒井家から賜った永世禄10人口が禄制改革により13石8斗1升9合となる。
	12	25	松嶺藩家禄13石8斗1升9合を昌三に分知し、分家とする（但し、昌三は幼年のため独立はせず）。
明治4	8	15	廃藩を受けて上京する旧松嶺藩主酒井忠匡に随う家令武藤半蔵に代わり、里仁館の事務を兼務。
明治5	5	3	大参事を免じられ、松嶺区長に就任。
	8	―	里仁館の惣監・大教授を兼務。
明治8	7	1	松嶺区長を依願辞職。
	7	14	第5大区学区取締に就任（月給7円・日当15銭）。
	9	29	腸チフスにより学区取締および里仁館惣監・大教授を辞職。
明治9	7	21	御備金取締の手当として酒井忠匡から代金7円を下賜されるが辞退。
	9	1	金禄公債証書発行条例を拝承。
	9	5	又次郎、学齢外且家事多忙のため小学校退校の届書を提出。
明治10	1	23	松嶺藩酒井家御用（御備金取締等）を家令心得の林信順へ引き渡す。
	5	31	昌三、下等小学試験を受け、同年10月4日に免状を得る。
	6	17	昌三、酒田伝習学校へ入学（同年10月12日卒業）。
	8	7	酒井忠匡から家令代理への就任を懇願され承諾。
	11	14	昌三、五等授業生の免状を得て、松嶺学校に勤務（月給3円）。
	11	―	松嶺士族18名から鶴岡銀行（後の第67国立銀行）松嶺分店の頭取就任の依頼を受ける。本店で負債が生じても分店は連帯責任を負わないと確約できるなら就任すると答えるが、本店の許可を得られず中止。
	11	21	鶴岡銀行本店から、分店ではなく同行から借り受けた資金と松嶺士族から集めた資金で松嶺貸金会社として独自に貸金業をするよう奨められる。改めて松嶺士族18名から貸金会社の頭取就任の依頼を受け、創業後すぐに「社老」へ転じることを条件に承諾するが、設立以前に酒田松山米商会所の頭取に松森が推されたため中止。
	11	28	松嶺・新庄・酒田の人々が松嶺酒田銀行（後の第72国立銀行）開業を計画し、松嶺士族塚越道正から頭取就任の依頼を受ける。発起人への不信と銀行の危険性から辞退。

	12	23	酒田松山米商会社頭取に就任。翌11年2月に松森が発起人の主となり願書を政府に提出するが、朝旨が度々変換して最終的に中止。
明治11	1	30	里仁館が私立開進変則中学校と改称され、初代校長に就任。
	8	26	余目村佐々木彦作から新堰（彦作堰）建設の頭取の依頼を受けるが辞退。
	11	25	※第72国立銀行開業（酒田本町）。
	12	31	昌三、松嶺藩士族新宮文治の長女政と婚姻。
明治12	3	16	昌三、学制改革により授業生を廃せられ、六等准訓導に任じられる（月給3円）。
	3	—	酒井忠匡から松嶺開墾の頭取を依頼されるが、本務（家令・御備金取締）の奉還も検討中であるため辞退。庄内士族上野半治に譲る。
	4	24	松嶺の本邸・末家邸を松嶺士族門山周知へ320円で売却。
	5	1	鶴岡への転住願のため東京の旧松嶺藩酒井家邸に赴く。同年6月7日に帰松。
	6	16	胤保に先立ち又次郎・常・清水の3人が鶴岡宝町31番地の新邸（旧安藤良寧邸）に移住。
	8	19	松嶺神社建立に伴い惣管就任を依頼される。近々鶴岡に転居する予定であり、旧臣が担任することが至当の美事であるとして辞退。
	9	3	又次郎へ家督を譲り、55歳で隠居（又次郎の徴兵を避けるため）。
	9	16	胤保・鉄井・竹井が鶴岡宝町の新邸に移る。同20日、昌三・政も新邸移住。
	11	23	鶴岡の豪商から済救社担当人への就任依頼を受けるが辞退。
	12	25	松森本家・末家の金禄公債証書売却を出願。翌13年2月6日、認可。
	12	26	酒田の本間光訓を介して東田川郡田谷村豪農渡辺作左衛門の家事頭取（月給80円）を依頼されるが辞退。
明治13	1	17	松嶺士族門山周知から上州豪農河野権兵衛（酒井忠匡弟錭四郎の養父）が起業した廣業社（水騰器施設）山形県分社の社長就任の依頼を受ける。一旦承諾するが、事業の不成立を察して辞退。
	2	9	3男岩雄が朝暘小学校に入学（兄又次郎が先導）。
	4	5	昌三、東京で写真鏡（70円）を購入。5月1日帰鶴。
	4	9	最上商業（酒田通運）の頭取となり酒田に下る。
	8	1	※済救社開業（鶴岡五日町）
	8	15	昌三、初めて写真業の看板を掲げる。
	8	16	鶴岡全町を併せて1戸長を設置することになり、当選した場合は戸長を務めるよう依頼され承諾（庄内士族山岸貞文が当選し、2位が庄内士族松本十郎、3位が胤保）。
	9	1	藤原村別荘を山崎正義に100円で売却。
	12	7	阿部喜平治（従兄阿部主膳の子）の後見を承諾。
	12	31	名子加藤吉政の店（2間半四方の2階造）を25円で購入。
明治14	4	29	旧松嶺藩酒井家の御用を全て辞職。
	7	11	勧業世話掛に当選するが辞退。
	12	17	戸長一同から山形県会議員就任の依頼を受け、得票数1896票で当選。翌15年1月25日、初めて議会に出席。

明治15	1	1	昌三、正式に分家として一家を立てることになり、本家から資産（485円84銭3厘）を分与される。
	2	22	再び彦作堰の惣理を依頼されるが保留。
明治16	5	14	東田川郡幕野内村内に2反1畝16歩と2反4畝1歩の田地を購入。
明治17	1	18	竹林正直の所有する本邸東隣宝町31番地内1番宅地の1/3を50円33銭3厘で購入。2/3は日向三右衛門が購入。
	3	10	東田川郡助川村住居大半田村本間新十郎から同郡幕野内村の田5反7畝8歩（地価215円46銭3厘／地租5円38銭6厘）を140円で購入。
	5	17	県会議員改正に際して補欠員となる（得票数1616票）。
	7	4	飽海郡長相良守典の依頼を受け、酒田戸長（本町1丁目他24町管轄）に就任（月給25円／准十等官）。
	7	23	飽海郡一番学区学務委員を兼務。
	8	15	酒田の問屋衆から米商会所頭取（月給30円）の就任依頼を受けるが辞退（その後も度々依頼あり）。
	10	18	酒田上中町30番地菅原豊太郎方へ寄留していたところ、内匠町99番地宅地及び建屋を1ヶ月1円80銭で借り受けて移住。
明治18	7	3	病により酒田戸長を辞職。
明治20	3	28	岩雄が西田川郡役所から小学校授業生に任ぜられる（月給3円）。
明治22	9	14	長女喜世（玢から改名）の嫁ぎ先である松嶺士族北郷武之助が酒田銀行を辞めて月給を失ったため、武之助・喜世・外孫栄・久尾の4人が援助を求めて来鶴。同20日、宝町北側7番地伊藤勝之助邸内の建屋1軒を同人から38円50銭で買い受け、北郷家4名の住居とする。
明治25	4	4	鶴岡宝町にて66歳で没する。

出典）「長坂氏略世家　初編」（光丘文庫所蔵，松森－20），「長坂氏勤書」（同前，松森－21），「長坂松森系譜附録　年表二篇」上・下（松森写真館所蔵）．

カルヘシ
其三ニ云　山岸ト予トヲシテ之ヲ負担セシメント欲ス、是陽ニ其金ヲ固クスルヲ計ルニ在ルカ如シ、然トモ其実ヲ省スレハ、復只金ヲ釣ノ餌トナスニ在ルモノナリ
其四ニ云ク、彼米商人ナリ、此社モシ成ラハ、恣ニ其使用ニ供セント欲スルナルヘシ、彼若シ利セハ暫置、若シ不利ナラハ予カ輩貫理者其罪ヲ免ルヘカラス、然ルニ之ヲ恐レテ其意ニ任セス必至当ノ引当ヲ要セハ、彼必予カ輩ヲ退ケント欲スヤ必セリ、此ノ時ニ及テハ無実ノ汚名ヲ作テ私ニ衆ニ語り、冤ヲ瞑々ノ中ニ醸シテ無辜ノ辱ヲ受ルモ亦計ルヘカラス
其五ニ云　公家（酒井家―筆者註）ノ金ヲ求メテ領ルハ、又百般ノ禍端ヲ起スモ難計件々多シ

全体として、発起人の阿波屋に対する警戒感が強く、士族のためとは言いながら、元金を本業の米商に「恣ニ其使用ニ供」するおそれがあり、「其利ヲ謀ル」可能性が高いとする。もし不利益が生じれば「担当人」がその責任を負わされ、商人に任せず自ら「至当ノ引当」をおこなえば「必予カ輩ヲ退ケント欲ス」るのは明白であり、いずれにしろ「無実ノ汚名」を着せられることは避けられない。また、その取り扱いが「百般ノ禍端」を生みかねない酒井家の「御家禄金」を元手に加え、そのうえ自分と山岸を担当者に迎えることは、結局「人ノ信用ヲ買テ人ヲ衆メ金ヲ会セントスル」ものであり、士族の救済よりも「己レカ私ヲ謀ル」ようにしかみえない、というのが松森の認識であった。

一方、山岸は「担当人」の就任を承諾する。松森は、「小金ヲ貸スモ人ハ多ク過ヲ生ス、十万以上ノ金ヲ以テ之ヲ運用スルハ容易ノコトニアラス、若シ之ヲ過テハ人ノ家産ヲ賊ス」ると、多数の士族を破産に陥れかねない貸金業の危険性を訴えたが、山岸は裁判制度の整った昨今は「証文サヘ正シクスレハ毫モ恐ル、所ナシ」と反論する。そのため松森は、「彼等カ金ヲ釣ルノ餌トナリテ愚弄セラル、ニ忍ヒス」と、一人手を引くことを決意した。

なお、山岸が社長に就き、酒井家と松ヶ岡開墾場勤務者の出資を中心とする資本金八万円で創業した済救社は、「是ハ丈夫なる様の沙汰に聞ゆる」[*34]と周囲の信用を得て、順調な滑り出しをみせる。ところが、世間が「次第ニ不活溌」となり、「諸会社ノ破産ニ及フ」と、松平・菅等と推測される「貴紳等」は「早ヤクモ此ノ会社カ破産ノ恐怖心ヲ生ジ」、明治一七年頃に「酒井家並ニ貴紳等ノ預ケ金」を「漸次引上ケ」[*35]始めた。さらに、渦中の同一九年には山岸が病没してしまう。開墾場不参加の庄内士族は、山岸が「悲憤ニ不堪」死亡したと捉え、「貴紳等」に対して「山嘉（山岸—筆者註）ヲ殺シ、数百人ノ士族ヲ破産ニ陥レシメ、自分傲然トシテ奢侈ヲ極ムル」と批判の声も挙がった。[*36]それでも、明治二〇年代以降には酒井家側近の庄内士族が相次いで社長に就任して会社再建を図り、大正九年（一九二〇）四月に第六七国立銀行へ吸収合併されるまで営業を続けている。

以上のように松森は、例え旧藩主家の関わる事業であっても、商人の主導で士族の生命線である金禄公債を取り扱う大規模な貸金業に反対し、結果的にだが一〇年代後半の事業不振に巻き込まれずに済んでいる。その中には、自身が「金ヲ釣ノ餅」として利用され、周囲から「無辜ノ辱」を受けることへの強い警戒心が存在していた。この姿勢は、明治一二年一二月に、酒田本間家の本間光訓を介して、旧松嶺藩領東田川郡田谷村の豪農渡辺作左衛門から家事頭取への就任依頼を受けた際にも見受けられる。[*37] 渡辺は、松森と同じく明治初年に松嶺藩附属となった庄内士族武藤半蔵を子息の教師として招聘した経験があり、今度は松森を月給八〇円という破格の給料で雇いたいと申し出た。しかし、松森は、渡辺が「予ヲ以テ己カ臣奴トナシテ人ニ驕ラント欲スル」と捉え、即座に拒絶する。世間の人々は、松森を雇用する渡辺の「外見ヲ以テ不次ノ財アリト妄信」し、「公債証書ナリ金円ナリ猥リニ之ニ仮与」してしまうが、「其極終ニ之ヲ消却スルコト能ハスシテ之ヲ倒スコト必然」であり、「其罪終ニ予ニ帰スル」と。旧領地の士族や商人・豪農が自らに期待する役割を客観的に捉えたうえで距離を取ることを選択した松森の事例からは、名誉意識を根底とする旧藩要職者ゆえの職業観が看取される。

(二) 酒田通運の失敗

先述した明治一三年(一八八〇)初頭の家計状況に直面する松森は、理想とする田地の取得に先んじて通運業に目を付けた。[*38] 事の発端は、鶴岡の肴商薄衣孫右衛門[*39]が、山形商人から依頼された新規の通運業へ松森の実弟岡田匠作[*40]を勧誘したことであった。当時酒田の郵便局に勤務していた岡田は、早速鶴岡の松森へ事業の可否を伺いに来る。この事業について、松森も以前から次のような情報を耳にしていた。

豪商長谷川某他二、三ノ大商等常ニ困難スル所ノモノアリ、酒田ノ問屋ニ託シテ久シク上方往来ノ商荷及ヒ海塩ノ買方ヲ司ラシムル、奸曲ノ挙動ノミ有テ久シク之ニ困却ス、然ルニ近時士族ニシテ往々商業ニ着手スル人アレハ去ル人ノ中ニハ正確ノ取引ヲナスモノ有ルヘシ、カヽル人ヲ得テ之ト結ンテ問屋ヲ廃セント欲ルモ未タ其人ヲ

得ス

酒田問屋による上方物資と塩の売買に不平を抱く山形商人は、士族の通運業参入に期待をかけており、既得権益に対抗する手段として士族の商業が積極的に捉えられていたことが看取される。岡田の誘いを受けた松森は、「自活ノ途ニ従ハスハアル可カラサルノ予カ輩士人ハ尤モ然ルヘシ」と参加を承諾する。「舟ノ利ニ過ルモノ天下ニ稀」であり、船も薄衣が用意すること、「咽喉ノ地ヲ占メテ其権ヲ握ル」要衝の酒田港を基盤にできることが参加の動機となった。旧藩要職や松嶺区長を歴任した松森の参加は、新規事業が世間の信用を獲得するうえで極めて有効であったといえよう。そのうえで松森は、岡田へ次のように注意を促している。

汝等初ヨリ商法ニ着手スルノ心ヲ生セハ失敗足ヲ立テ、待ツニ外ナシ、若幸ニ之ニ従ハス只其回湊ノ取次口銭ト塩ノ中買ノミニシテ止マハ正ニ其功ヲ奏スヘシ、殊ニ予ハ終身商方ヲ禁スルニアラス、セメテ三年計モ忍ンテ之ヲ居ラハ各地ノ情伏及形勢ニ至ルマテ人言ヲ仮ラス自己カ眼力ヲ以テ洞視スルニ至ルヘシ、此期ニ及ハ、予ハ却テ汝等ニ先ンシテ商事ヲ勧ムルコトナシトスヘカラスト雖、其期ニ至ルマテ決シテ商事ニ従フコトナクハ可ナリ

松森は参加を承諾したものの、「商法」の着手には慎重な姿勢をみせる。この背景には、前節と同じく薄衣ら商人の「言ヲ信シテ之ニ従フハ不可」という警戒があった。そして、三年程かけて商況を「自己カ眼力ヲ以テ洞視」できるようになるまでは、損失の少ない「回湊ノ取次口銭」と「塩ノ中買」に限定するよう岡田に指示をしている。さらに慎重を期す松森は、酒田本間家の当主本間光美にも事業の可否を相談した。本間からも、「客人カ始ヨリ大金ヲ軽々シクスルヲ口ニスルモノハ常ニ虚ナルモノ多キモノナリ、其口ニ乗ラスシテ之ニ従ハヾ未必シモ恐ル所アルヘカラス」との助言を得たことで、事業が本格的に始動することになる。頭取は松森だが、実際の経営は酒田在住の岡田と従弟安倍親名が当たり[*41]、薄衣には「一切其金ニ預ラサルコト」を約束させた。早速一株五〇〇円と定めて株主を募ると、すぐに公債証書で約一万円を得ることに成功し、経営陣では薄衣が二〇〇〇円分、松森・安倍が各一〇〇〇円

分、岡田は七〇〇円分を取得している。

しかし、酒田通運の雲行きは創業当初から怪しかった。明治一三年四月四日、松森が酒田で初めて業務を実見した際にも、すでに先述の指示に背き、薄衣の勧めで売却用の塩引き魚を大量に入荷しており、後に若干の損失を出している。その後も「破船ヤラ人ノ偏詐ニ係ヤラ損失」を重ねて経営が悪化に傾くなか、岡田・安倍が松森を訪ね、「ナラシ買」の塩（山形商人へ一年間の平均価格で売却するため常時備蓄している塩）が今の相場なら五〇〇円の高値がつくため、売却の許可を得たいと申し出てきた。松森は備蓄分の売却であれば問題ないとして認めるが、両名はその指示に反し、「大利ヲ計」って「更ニ船一杯ノ塩」を購入する。ところが、同年八月七日に売却先の新潟で大火が発生して買い手が付かず、「塩価無ニ期ス」大損失を出してしまう。負債を抱えた松森は、塩価と連動する米価の下降傾向を察知し、塩価が急落する前に在庫の塩を売り尽し、下落後は逆に一銭も残さず買い上げ、再びの高騰に備えるよう厳命した。ところが、岡田・安倍はまたしても松森の命令に背いて塩を売り渋り、二〇〇〇円程の不足を生んでしまった。松森は、「金銭ノ為ニ骨肉ヲ罪スルハ予カ宿志ニ非」ざるとして、親戚である両者を罰することなく廃業を決断する。廃業時期は明治一四～一五年頃と推察されるが、株主への返金のためにおこなった借金の返済は明治二〇年代まで続き、同二三年までに松森個人の損失は一〇〇〇円に上った。

酒田通運の失敗で「子孫ヲ待タスシテ」家計が破綻することを恐れた松森は、「土田ヲ買テ家産ヲ固ク」する方法へ専念する。[*42] 詳細な経緯は不明だが、酒田通運廃業時は「田揚米」三〇俵の価格が七〇〇円を超すほど米価が高騰し、それに伴って地価も「久シク尊ク」なっていたため、騰貴が収まり始めた明治一六年五月一四日から田地の取得に着手する。その結果、同一八年九月までに、東田川郡幕内村の田地を中心に代金五八三円余で反別一町六反八畝二二歩（立上米四二俵余）を購入し、「飯米ノ本」を立てることに成功した。松森が生涯で唯一主体的に関与した「商」（酒田通運）は失敗に終わったが、ここにおいて明治零年代から理想としていた「農」を基礎とする活計の目途が立ったのである。

そして、田地取得を進める明治一七年に執筆した「世弊論」という書物のなかで、[*43]次のように士族の理財を論じている。

旧藩士族ハ理財禁止ノ皮相ニ扁シ真理ニ及ヘルヲ得サルモノ、多キ是ナリ、維新以来士ハ文武ノ常職ヲ解カレ農工商勝手次第ノ命ヲ蒙リ、家禄ハ変シテ公債トナリ、公債再変シテ負債トナリ、負債ハ三変シテ訴状トナルノ今ニ至ルモ、猶且利財ノ道ヲ以テ卑劣不廉ノコトトナシ遊手徒食ヲ以テ矜リ、（中略）凡理財ニ従フモノハ勉強以其店ノ栄名ヲ得ルニアリ、其名ヲ得ルヲ待タスシテ軽々シク業ヲ変スルモノハ終ニ其功ヲ見ルニカタシ、一回其名ヲ得ルモノハ其地ヲ変スルコトヲ禁ス（中略）

一、凡理財ノ道大利アルモノハ必大害之ニ従フ、故ニ凡天下ノ産ヲ敗ル者ヲ見ルニ独求テ之ヲ敗ル者ニ非ス、一時ニ之ヲ殖セント欲シ其大利ヲ貪テ却テ其産ヲ破ルニ至ルモノ蓋シ十中ノ八九ニ居ル、大利ノ道実ニ畏ル可キカナ

一、士族ノ商、皆カ失破スルヲ見テ、商ハ難事従フ可カラサルノ業トスルモノ多シ、非也、（中略）之ヲ克スルト克セサルトノモノハ只其習ト不習トノ一、二ナリ、故ニ士族ニシテ商ヲ為サント欲セハ必先之ヲ習フヘシ

（後略）

公債を失ってもなお、理財を「卑劣不廉」とする近世以来の意識を改めず「遊手徒食」を続ける庄内士族に対し、松森は「農」を補う「商」の必要性を述べている。最初から「大利ヲ貪」ることなく「必先之ヲ習」えば十分に士族の活計となり得るとの見込みは、旧城下に住む士族の破産を実見しただけでなく、酒田通運の失敗をはじめとする自身の経験から導かれたといえよう。「公債変換ノ期ニ及テハ力行以不足ヲ補ナヒ、財ヲ理シテ利ニ溺レス、廉ヲ守テ行ヲ穢サス、家ヲ治メテ危キニ置カ」ない者こそが、松森にとって「真理ノ正道ヲ踏テ能ク其財ヲ理スル」理想的な

士族像であった。

こうした理財論は、二男の昌三へ託された。松森が酒田通運に従事していた明治一三年八月一五日、昌三は鶴岡で写真館を開業する。実は、松森も明治初年から写真術を学んでおり、同一五年一月一日に昌三が分家として独立した際には、写真鏡・暗箱・写真附諸器械及び薬品を譲渡していることから、昌三の写真館開業は松森の誘導であった可能性が高い。松嶺在住時は教員であった昌三は、松森が「家産」たりえないと断じた「官途」「雑業」を離れ、写真業へと転身したのである。そして、後に本家を継いだ昌三とその子孫は、「軽々シク業ヲ変スル」ことなく、また「其地ヲ変スル」ことなく、現在も開業の地で写真館を営んでいる。

おわりに

以上、本稿では松森胤保という一地方士族に着目し、その理財論と活計を検討してきた。

地方官吏として秩禄処分に対応した松森は、先祖代々の勤功による士族の家禄を保証されるべき「家産」と捉え、その処分方法として資金下賜ではなく、土地の下賜を提案する。具体的には、豪農・豪商の所有する土地の一部を政府が買い上げて下賜し、農事に疎い士族を保護するために小作人からの貢租徴収と支給は当分区戸長が担うという蔵米知行制に近似したプランであった。この収禄案は松森個人の構想に留まったが、文武の「職」とそれに付随する経済的特権の喪失を不可避と自覚した一地方士族が、以後の「家産」と活計をいかに認識していたかを示している。

その後の松森は、家禄を金禄公債に変換された士族が新たな「家産」を得る手段として、土地取得による農業を基盤に不足の収入を商業で補うことを主張していく。先述した収禄案の個人レベルでの実践を試みたといえるだろう。ここで注目されるのは、「官途」「雑業」を「家産」たりえないとして真っ先に除外している点である。松森は、例えそれが武士の「職」の延長として名誉意識を満たす職業であるとしても、個人の能力に大きく依存する「官途」「雑業」は永続的に家を維持する「家産」とはなりえないと考えていた。立身出世の教育構造が未成熟な明治前期の時代状況には留意しつつも、官公吏に「ならない」という松森の選択は、武士としての「職」を相対化した士族の新たな自己認識と職業観を示している。

しかし、一〇年代初頭の米価高騰は、公債証書売却後の松森家計を圧迫し、基盤とすべき土地の取得も困難にした。その中で、松嶺藩の要職を歴任した松森には、庄内・松嶺士族や商人から銀行・貸金業をはじめとする諸事業への参加が頻繁に求められており、新たな収入を得る機会には恵まれていたといえる。結果として失敗に終わったものの、酒田通運にみられた山形商人の行動は、一部商人の既得権益を打破する投資先として士族の事業に期待が寄せられていたことを示唆させる。商人にとって事業に不可欠な信用を担保してくれる旧藩主家および旧藩要職者の存在は魅力であり、松森からは公債の搾取と見做された鶴岡商人による済救社設立の提案も、彼らとの共同を自身の本業へ還元する意図があったと推察される。

しかしながら、松森はいずれの事業参加にも慎重な姿勢を貫いた。とくに、商人の主導で金禄公債を取り扱う大規模な銀行・貸金業を警戒し、旧藩主酒井家が加わる済救社の参加であっても固辞している。例え収入を得るとしても、「金ヲ釣ノ餅」として利用され、旧藩主家・士族の破産に関与して汚名を被ることは何よりも回避すべきものであった。旧領地の士族や商人が自らに期待する役割を客観的に捉えたうえで、彼らが志向した酒井家「御家禄」を含む金禄公債を元手とする経済活動から敢えて離れた松森の選択からは、必ずしも旧藩主家を核とする連帯に収斂されない、旧藩要職者ゆえの名誉意識と職業観に裏付けられた活計が看取されるのである。

松森は、独立して農工商を営みながら堅実かつ永続的に家計を維持し、納税の形で軍事力拡張に貢献することに士族の理想的な理財と社会的役割を見出すことで、自らと子孫の活計を正当化したと位置づけられる。本稿では、この一般的かつ模範的な士族像に至るプロセスとして、職業観の転換を伴う士族の新たな理財論の形成を検討してきた。ただし、比較的家計に余裕があり、なおかつ家老・大参事という履歴を有する松森を対象にしており、言うまでもなく士族層のごく一部を切り取ったに過ぎない。また、本稿の検討はいずれも松森が作成した史料に依拠している。自己正当化バイアスを考慮し、庄内地方における士族の経済状況や諸事業の実態を踏まえて松森の理財論を捉え直す作業が、一社会層としての士族をめぐる普遍的議論に向けた次なる課題である。

註

＊1　民部省第一八号（内閣官房局編『法令全書』明治四年、一八八八年）。
＊2　「金禄公債証書並現金交付高一覧表」（大蔵省国債局編『族禄処分禄』一八八一年〔大内兵衛・土屋喬夫編『明治前期財政経済史料集成』第八巻、明治文献資料刊行会、一九六三年〕）。
＊3　深谷博治『新訂 華士族秩禄処分の研究』（吉川弘文館、一九七三年〔初版：一九四一年〕）、吉川秀造『士族授産の研究』全訂改版（有斐閣、一九四二年）、我妻東策『士族授産史』（三笠書房、一九四二年）。
＊4　安藤精一『士族授産史の研究』（清文堂、一九八八年）。
＊5　園田英弘・濱名篤・廣田照幸『士族の歴史社会学的研究—武士の近代—』（名古屋大学出版会、一九九五年）。
＊6　園田英弘「郡県の武士—武士身分解体に関する一考察—」（同『西洋化の構造—黒船・武士・国家』〔思文閣出版、一九九三年〕所収）。
＊7　落合弘樹「廃藩置県と明治維新」（明治維新史学会編『明治維新史研究の今を問う—新たな歴史像を求めて—』〔有志舎、二〇一一年〕所収）。
＊8　松村敏「武士の近代」（『商経論叢』四五—四、二〇一〇年）。
＊9　磯田道史『武士の家計簿—「加賀藩御算用者」の幕末維新—』（新潮新書、二〇〇三年）、池田勇太「旗本近藤家の明治維新」（『飯田市歴史研究所年報』第八号、二〇一〇年）、加納亜由子「明治維新期における士族の家経営—明石藩士から質屋へ—」（『ヒストリア』第二七八号、二〇二〇年）。
＊10　磯田前掲書、一六七頁。

＊11　士族の秩禄処分に着目した近年の成果として、堀野周平「家禄奉還制度の展開―千葉県を事例に―」（近代租税史研究会『近代日本の租税と行財政』〔有志舎、二〇一四年〕所収）がある。

＊12　藩主は譜代大名の酒井左衛門尉家、出羽国田川郡・飽海郡に一四万石を領有した。藩庁は鶴ヶ岡城（現山形県鶴岡市）に置かれた。

＊13　藩主は酒井大学頭家で、田川・飽海郡八〇〇〇石、村山郡左沢一万二〇〇〇石、上野国山田・勢多郡五〇〇〇石を合わせた二万五〇〇〇石を領有した。藩庁は松山城（現山形県酒田市）に置かれた。なお、明治二年六月に松山藩から松嶺藩へと改称する。廃藩時点で、士族一三三名・卒三四三名（「士族卒禄高取調帳」明治四年一〇月、松山文化伝承館所蔵）。

＊14　松森の経歴は、『松山町史』下巻（一九八九年）の「近代過渡期の偉才、松森胤保」（五五八〜五八四頁、土岐田正勝氏執筆）に詳しい。

＊15　「南郊著述目録」（明治一九年九月起草、松森写真館所蔵）。松森自身による著作目録であり、同二〇年二月の追記時点で、七七部二六三冊が収載されている。なお、昭和一〇年九月、酒田本間家九代当主本間光正が松森家遺族から著作物の一部を譲り受けて財団法人光丘文庫（現酒田市光丘文庫〔以下、光丘文庫〕）へ寄贈し、残りは子孫の下で保存されている。

＊16　前掲『松山町史』の記述も含め、松森の博物学に着目した研究は、磯野直秀「『両羽博物図譜』の研究　一　松森胤保の博物学関係著作」（『慶応義塾大学日吉紀要　自然科学』六、一九八九年）、安田容子「松森胤保の動物飼育と動物観―『両羽博物図譜』とハツカネズミの飼育記録を中心に―」（平川進編『江戸時代の政治と地域社会　第二巻　地域社会と文化』〔清文堂出版、二〇一五年〕所収）、同「松森胤保の博物図譜作成へ向けた蒐集活動―『家蔵五玩雑録』の蒐集記事から―」（『キリスト教文化研究所研究年報』第五二号、二〇一九年）などの蓄積があるが、士族としての側面に主眼を据えた研究は管見の限り見当たらない。

＊17　松森写真館所蔵の未整理史料には「家産会計簿」「銀行金私乗」等の家計に関する史料が含まれている。今後の史料整理・公開の進展が期待される。

＊18　落合弘樹『秩禄処分　明治維新と武家の解体』（講談社、二〇一五年〔初版：中央公論新社、一九九九年〕）、一〇六〜一一七頁。

＊19　「士族之家禄ヲ収ムル法方ヲ論ス」（「内外雑誌」二篇第一、明治一〇年三月一六日起草〔光丘文庫所蔵、松森二六―二―一〕）。

＊20　多分に地域差があるため概算となるが、一束＝六把（一把＝春米五升程度）であり、一束を収穫できる面積が一刈となる。一般的な一反＝一〇〇刈に準拠すると、二〇〇〇刈は二町（約一九八三四㎡）に相当する。

＊21　丹羽邦男『明治維新の土地変革』（近代土地制度史研究叢書第2巻、御茶の水書房、一九六二年）二七五〜二九六頁。

＊22　「新政弁疑」（光丘文庫所蔵、松森―三）。

＊23　「家禄沿革録」明治一一年起草（松森写真館所蔵）。

＊24　「松森氏土壌録」明治一〇年起草（松森写真館所蔵）。
＊25　落合前掲書、二二九～二三〇頁。
＊26　「鶴ヶ岡ニ帰リシ後ノ事」（「南郊身世記事」一四〈明治二三年作成〉、松森写真館所蔵）。
＊27　「鑑金ノ事」（前掲「南郊身世記事」一四）。
＊28　前掲「家禄沿革録」。
＊29　『山形新聞』明治一三年一月一五日付（国立国会図書館所蔵マイクロフィルム）。
＊30　「長坂松森系譜附録　年表二篇」上（松森写真館所蔵）。
＊31　済救社の沿革は、荘内銀行百年史編纂室編『創業百年史』（荘内銀行、一九八一年、一九～二二頁）、渋谷隆一「旧庄内藩御家禄派の企業展開と儒教―第六十七国立銀行分析の前提として―」（『地方金融史研究』第三八号、二〇〇七年）を参照。ただし、開業の経緯は、いずれも簡素な記述に留まっている。
＊32　「済救社担当人ノ事」（「南郊身世記事」一二〈明治二三年作成〉、松森写真館所蔵）。以下、本節の記述は特に断らない同史料に拠る。
＊33　松ヶ岡開墾場については、武山省三編『凌霜史―松ヶ岡開墾場百二十年のあゆみ―』（松ヶ岡開墾場、一九九七年）、拙稿「明治零年代における庄内藩士族と君臣関係―家禄と松ヶ岡開墾の検討から―」（『明治維新史研究』第二二号、二〇二三年）を参照。
＊34　秋保親愛「筆のすさみ」巻二・明治一二年（鶴岡市郷土資料館所蔵、秋保―一一〇）。
＊35　松本十郎「農業聞書」五（鶴岡市郷土資料館所蔵、松本十郎―三七二）。庄内士族の松本は、幕末から蝦夷地警備に従事し、明治二年からは黒田清隆の推挙を受け開拓使で勤務、北海道開拓判官に任ぜられた人物である。同九年に職を辞して鶴岡へ帰った後は、松平親懐・菅実秀が主導する事業には参加せず、隠棲の道を選んでいる（『新編荘内人名辞典』一九八六年、五九七～五九八頁）。
＊36　同前。
＊37　「渡辺作左衛門カ請ヲ辞」（前掲「南郊身世記事」一二）。
＊38　本項の記述・引用は特に断らない限り、「酒田通運頭取ノ事〈通運船ヲ用ヒテ問屋事業ヲナス〉」（前掲「南郊身世記事」一二）に拠る。
＊39　鶴岡下肴町の肴商に生まれ、町肝煎を勤める。公金着服の讒言を受けて川北に追放されるが、最上川の鯉漁に従事して巨利を得た。庄内藩への献金により帯刀御免・五人扶持となり、明治初年には松ヶ岡開墾の桑畑造成に協力した。また、明治九年に清川新道の開削を山形県令三島通庸に献策してこれを請け負い、三ヶ年で完成させている。その後も公益事業に従事するかたわら、内国通運会社鶴岡分社を経営し、庄内地方の通運業に大きな役割を果たした（前掲『新編庄内人名辞典』、一七九頁）。

＊40　長坂治禮の四男。安政四年二月に庄内藩士岡田兼文（禄高一七〇石）の猶子となる。幕末には藩主世子の御附御小姓や新徴組芸術掛を歴任し、明治七年二月に嫡子兼久へ家督を譲り隠居。その後、芳春学校・苗秀学校で仮教師を勤め、明治一二年三月から酒田郵便局に勤務（「長坂松森系譜附録 年表外篇」松森写真館所蔵）。

＊41　安倍親名の父安倍親任は、松森の祖父長坂泰治の四男で、天保元年一〇月に安倍親則（禄高八〇石）の婿養子となる。親任は、明治七年五月に家督を親名に譲り隠居し、同一一年六月に死去（前掲「長坂松森系譜附録 年表外篇」）。

＊42　「鶴ヶ岡ニ帰リシ後ノ事」（前掲「南郊身世記事」一四）。

＊43　「世弊論」一（光丘文庫所蔵、松森—四）。胤保は同書を「近時ノ世弊ヲ救ハント欲スル葵憂ニ出テ往々書スル」と説明しており、「苟モ著書ト称シ人ニ示スモ可ナル」と分類している（「南郊著述目録」）。

〔付記〕史料の閲覧にあたり、松森写真館松森昌保様、致道博物館菅原義勝様より多大なるご厚意を賜りました。記して御礼申し上げます。

六　東京十五区制の形成と三新法

――民費制限と区務改正――

牛米　努

はじめに

明治一一年（一八七八）七月二二日に公布された三新法（地方三新法とも称される）は、郡区町村編制法・府県会規則・地方税規則の三つの法令から成り、明治政府による最初の統一的な地方制度が成立する。[*1] 府県により不統一であった大区小区は廃止され、府県の下に郡区―町村という行政区画が設けられた。そして、府県の公共の費用である府県費や民費は地方税となり、府県会において経費の予算や徴収方法が議定されることになった。区・町村の公共の費用は区・町村人民の協議に任されたので、地方税と区別して協議費とされた。府県の下に設置された郡区には郡区長、町村には戸長が置かれて行政事務を担うこととなった。ただし、戸長は町村ごとでも複数の町村単位でも構わないとされた。さらに区では区長の戸長兼任が可とされ、戸長を置かないことも認められた。こうした規定は、戸長が「行政事務」の従事者と理事者の「二様ノ性質」を持つとされたからである。こうして三新法は、区画改正・府県会開設・地方税審議という順序で施行されていく。

これにより東京府は、明治一一年一一月に十五区六郡制を布達し、同一二月には第一回府会議員選挙を実施し、翌明治一二年一月に臨時府会、同三月に通常府会を開会した。[*2] 三新法施行の第一段階である郡区町村編制は東京府が全国で最も早く、十五区六郡制の内務省伺が提出されたのは、三新法公布から僅かに五日後の七月二七日であった。[*3] 十五区の戸長事務を区長が兼任する届を提出したのは九月二六日である。[*4] ちなみに、明治一一年度中に郡区町村編制を施行したのは堺・沖縄両県を除く三府三四県で、三十五の区が設置された。なかでも、「発令後率先シテ調理ヲ終リシモノハ東京府・岡山県ヲ以テ最トス」という状況であった。[*5] 岡山県の郡区編制伺は八月二九日である。[*6] 何故、東京府の区制が区長の戸長兼任となったのか。何故、東京府は三新法の施行に急だったのか。これまで、こうした観点から注目されることはまったくなかった。[*7] 町村に戸長を置かない東京の十五区制は、明治二一年の市制、そして昭和七年の大東京市へと基本的に継承されていく。[*8] 首都東京における議会について検討した池田真歩氏は、町ではなく十五区制の区が「地域事業や住民結合の単位」となっていくことを明らかにしている。[*9]

松沢裕作氏は、三新法の法体系は、それぞれ地方の区画、議会、財政を規定したと府県レベルでの一元的な政治空間の創出にその画期性を認めている。[*10] ただし、三新法は町村戸長の「曖昧さ」から町村の位置付けが不安定になり、明治一七年改正や、同二一年の市制・町村制、さらには府県制・郡制へと繋がっていくと展望した。そのため地方制度としての三新法の画期性は限定的なものとなった。しかし、東京府の十五区制を考えると、三新法を過渡的な制度とだけ理解することはできない。三新法の立法過程を検討した湯川文彦氏は、その起源を明治九年以降の地方騒擾への危機対処に求めてきた先行研究の不充分性を指摘し、地方制度の法制化は新政府発足以来の課題であり続けたとした。[*11] ただ、三新法案が内務省案と法制局案の矛盾する二面性を併存させたとの指摘は、松沢氏同様に三新法の過渡的な位置付けを強調するものとなった。また、渡邉直子氏の地方税の創設に関する研究も、これらを後押しする要因になっている。[*12] 三新法の原案は民費賦課法と区画改正のふたつの布告案からなっており、民費制限の延長上に区画改正が位置付けられている。そのため民費問題や区画改正も、新政府発足以来の課題として再検討する必要があると考える。

もともと三新法の発端は地租改正による民費制限であり、その画期性については租税改革との関連での検討が必要である。こうした視点を明確に打ち出したのは奥田晴樹氏で、地租改正を基軸に「予算制度の構築→政府と府県の財政的区分→地方税制の整備」の過程として三新法を展望した。[*13] 筆者は東京の市街地における大区小区制の形成過程や、地租改正を含む租税改革について検討している。[*14] 民費制限と直接に関わる区務改正は三新法における議会と財政に先行する改革であり、十五区制の成立過程から三新法の意味を考えるものである。対象とする東京府の管轄は、廃藩置県を境に大きく変化する。東京奠都により成立した東京府は旧町奉行所―市政裁判所を引き継いでおり、基本的な管轄は町人地である。廃藩置県後の「再置」により、東京府は武家地や社寺地をも管轄することになる。市街地の約七割を占める武家地に新たに町名が付けられるのは明治五年三月のことで、市街地券の交付によるものであった。[*15] 本稿は区制の形成に焦点を当てているので、町については町用の区への引き上げという面で言及するにとどまっている。明治維新後の武家地における新開町については松山恵氏の研究があるが、[*16] 歴史的に形成されてきた町人地とは別の新開町や区制のもとでの統廃合による新町の形成なども併せた検討が必要である。なお、三新法体制の前提となる五十区制と大区小区制については別稿に譲り、ここでは必要な範囲で概要をまとめるに止める。

1　五十区制から大区小区制へ

明治二年（一八六八）三月の町法改正により東京市中（市街地）は五十区に分割され、一区ごとに中年寄と添年寄が各一名、町ごとに二〜三名の町年寄が置かれた。[*17] 町奉行所管下の江戸の町人地は、町年寄―町名主、そして各町の町用を担う月行事（家主）により運営されていた。[*18] 町奉行所を接収した政府首脳は、こうした町政機構を以下のように見ていた。すなわち町名主は、以前は「町々ゟ人柄ヲ見立願出ル」のが、今は世襲になっていること。町内の諸事を担う家主は、現在は「是モ株売買ノ様」になっていることの二点である。そのため市中改革は、「入札ヲ以市中惣代ヲ置ク、自然と名主・家主ノ権ヲ軽クスルノ目的」としている。町と乖離する町名主や町用を担う月行事（家主）の弊害を改めるため、住民である地主の「惣代」による町の運営を意図したのである。五十区制は、町名主の入札により中年寄・添年寄を区に設置し、家主も入札により町年寄として町に設置するものであった。しかし家主の弊害は改まらず、家主を排除して町用を区に引き上げ、その欠を居付地主が担う体制を模索することになる。また、五十区制のもとでは飛地や門前などの小規模な町の合併がなされた。[*19] 府政運営にあたり東京府は、中年寄・添年寄を「区内衆人の惣名代」、それを五区単位で統括する世話掛中年寄を「諸官員之顧問」と位置付けた。そして、明治三年に中年寄・添年寄会議を開催するなど、具体的な施策についての諮問を行いながら府政を進めていくのである。

　五十区制は、明治三年一一月の神田での外国人殺傷事件などの治安の悪化や明治四年四月の戸籍法により大区小区制へと移行する。廃藩置県後には各藩兵による市中取締が不可能となり、首都東京の治安維持のため邏卒が配置される。明治四年一一月、再置された東京府の市街地は六大区九十七小区に分割され、大区に邏卒総長、小区に組頭等が配置された。この取締区画をもとに、大区（役所）に正権区長、小区（扱所）に正副戸長が配置されたのである。中年寄・添年寄は正副戸長となり、華士族身分は触頭に代わって貫属戸長が取り扱うことになった。大区小区制のもとで東京府は、すべての身分と土地を管轄することになったのである。ただ、大区小区の区画は邏卒配置を主目的としていたため住民構成など小区の格差が大きく、正副戸長が複数の小区を管轄した。行政区画としては変則的であったが、これが東京府の市街地における大区小区制である。

表1　明治7年の区務体制

大　区	区長	扱所	戸長	年寄
	人	ケ所	人	人
第1大区	2	14	16	20
第2大区	2	9	20	14
第3大区	1	5	10	8
第4大区	1	9	16	9
第5大区	2	9	16	10
第6大区	1	8	9	8
合　計	9	54	87	69

註）『東京市史稿』市街篇第56，121～151頁.

その後、明治五年八月の邏卒の司法省移管により、大区小区制は行政機構として整備されていく。ちなみに、このとき大区役所は大区警視出張所となり、大区の事務は府庁に吸収された。そして明治七年の区画改正により市街地は六大区七十小区となる。人口の少ない周辺地域は郡村に編入され、戸数の少ない小区扱所は統合されて五十四か所となった。これにより表1のような扱所体制となり、大区には正副区長、小区扱所には正副戸長・年寄・町用掛が置かれた。区長や戸長が複数いるのは、管轄の広さではなく異なる身分を取り扱うためである。町用掛は戸長の指揮で下調べに従事する職務となり、町における主体的な役割は否定された。町の自身番屋は廃止され、一町単位での町入用の取り立ても禁止された。年寄とは家主排除後の町年寄のことで、扱所内の「諸税上納取立、区入費取調、金銀出納」を専務とする居付地主である。町用掛の排除により町用は地主が担うことになったが、区単位での取り纏め役が年寄と考えられる。扱所体制は、区を統括する区戸長と地主の取り纏め役の年寄、区吏員の町用掛という構成になったのである。[*20]

町用掛不在の町では、扱所からの布告や通達を個々の町に伝達する役目は居付地主と地守（不在地主の地面差配人）が月番で務めることとなった。扱所体制のもと「町規」がまとめられ、町用の一部は地主と差配人の「義務」とされた。[*21] 町規は、町会所を通じて市中に諮問して作成された「公法」とされた。その内容は、戸籍調査、布達の遵守、上納金の日限厳守、住民の親睦と相互扶助、犯罪人の通報、町内の地所・建物の管理等である。町規は地主や差配人が扱所体制を補完する心得であった。

2　明治九年の区務改正

明治八年の地租改正の断行により、東京府の区務改正は急展開する。明治八年八月の太政官布告第一三三号は、これまで一%であった沽券税の税率を、明治六年七月の地租改正法に準拠して三%に改正するものであった。[*22]沽券税は地子免除地に市街地券を交付して沽券金高（地価）の一%を地租として徴収するものであるが、当初は大蔵省が二%とした税率が東京の衰微を理由に引き下げられたという経緯があった。[*23]町入用削減による地主層の負担軽減を図る東京府の立場は明快である。しかし、郡村と市街における税率の差が、郡村における地租改正の進捗に影響を及ぼすことが懸念されたため、市街地の税率も三%に引き上げられたのである。さらに同月、太政官達第一五四号により地租改正の期限は明治九年とされた。改租期限は府県の改租事業の進捗に応じて明治八年と同九年に振り分けられたが、東京府は明治九年であった。[*24]

しかし、地租改正法は地価の三%を地租とするだけでなく、土地に賦課する区入費を地租の三分の一に制限していた。地租改正事務局は区入費制限の影響を最も被る東京府を念頭に、明治八年一〇月の太政官布告第一五六号で、地租改正法施行後の土地に賦課する区費を地租三分の一以内とする旨を布告したのである。[*25]沽券税のもとでの民費は、地租収納事務費（庁費）として地租一円につき三銭、さらに区費は「地券ニ記セシ金高百分ノ三」とされていた。その後、区費は「区内人民之適宜」に公平に割り合うとされたため、「旧例之習慣ニ拠リ区内百般之費用ハ悉皆之ヲ地所負荷シ」、地券金高の三分の一を超過する区も少なくなかった。東京府の市街地においては、消防入費や学区の費用など本来土地に関係のない費用まで、すべての区入費が土地を基準に賦課されており、土地の負担を制限しなければ土地の価値が「減耗」するというのが地租改正事務局の主張であった。土地負担の過重は地租改正における地価の査定にも影響

表2　明治9年2月の区務所体制

大　区	区務所数	書　記
	ケ所	人
第1大区	12	40（19）
第2大区	5	27（7）
第3大区	5	21（9）
第4大区	6	17（2）
第5大区	7	17（9）
第6大区	5	20（10）
合　計	40	142（56）

註）『市街』58-151〜154頁.（　）の差配人兼勤者数は「区務改正調」による.

するため、改めて土地に賦課する区費が制限されたのである。

明治八年一〇月、第三大区区長が東京府庶務本課に回答した区務所体制は次のようなものであった。[*26] 大区には区長、小区には戸長・区費調掛・町用掛が置かれており、府庁には当番の区長と戸長が詰めていた。区長は府庁だけでなく、東京府下の警察事務を管掌する東京警視庁にも詰める体制であった。区長は府庁や東京警視庁の布告や通達類を受け取って戸長に通達するが、これ以外にも東京府諸課の諮問への答申、諸調査の取り纏めと検査・進達、戸長事務の補助・監督などがあった。区長は府庁庶務課の受付所に詰めて区内の願伺などを受理しており、東京府庶務課の補佐といった役割であった。区務の主体である戸長は布告等の小区内への通達、小区の事務取扱、事項により区費調掛・町用掛の調査を統括した。戸長にも府庁詰があった。区費調掛はこれまでの年寄を一〇月に改称したもので、戸長事務の補助を行うこともあったが、国税・府税の上納金および区費の分賦などの金銭出納が専務であった。区費の分賦というのは、臨時の区入費の立替や賦課を意味するようである。[*27] 町用掛は戸長の指揮で布告を町に伝達するほか、戸籍調査や諸省府県庁への出務、宿直や臨時の事務を行っていた。

民費制限にともなう区務改正は明治九年二月に実施されるが、表2のように戸長の兼任ではなく戸数の少ない小区を統合するものであった。[*28] これにより区務所は明治六年の五四か所から四〇か所に削減され、区務所体制も刷新された。戸長は一区務所一人とされ戸長三四名が罷免され、新たに四〇名の戸長が任命された。大規模な区務所の統合により、戸長の配置も大きく変化した。そのため、町々から複数の戸長留任願いが出されている。[*29] 名主や中年寄、戸長として地域に密着して発展に尽力してきたというのが理由であるが、当然認められなかった。東京府の吏員としての立場が優先され、町との個別の関係は断絶されたのである。

区務所の統合により区長・戸長・書記の職掌も見直された。区長は当番で府庁や警視庁に詰める外、区務所を巡回するとされていたが、改めて大区の事務を総管すると規定された。区長の職務は、区入費の増減や賦課方法、教育・衛生・勧業等一般の利害に注意するとともに、戸長以下の勤惰を監督することとされた。戸長は区務所の事務全般を調理し、書記の勤惰を監督するとされた。人民の願伺届の処理、篤行・奇特人・窮民の具申、戸籍調査、物産・物価調査、諸税上納期限の遵守、就学・就業の勧奨、学校保存方法、道路橋梁の掃除・下水の疎通、毎月の区費一覧表の報告および区内への公示など、区の事務全般を取り扱うとされた。町用掛は廃止されて書記となった。書記は戸長の補佐役で、当面は庶務・戸籍・会計の三科に分けられた。会計担当のうち一名は、諸税・区費金監守として公金を管理するとされた。金銭出納専務の区費調掛を継承する掛であるが、町の取り纏め役としての位置は失われた。書記の専断は禁止され、すべて戸長の指示に従うこととされた。

書記には改めて適任者の人選が行われたが、なかでも差配人兼勤者は漸次罷免する方針であった。表2のように、四十区務所の書記のうち差配人兼勤者は五六名であった。書記拝命とともに差配人を辞職している者もいるので、兼勤者はもっと多かった。そして兼勤者には戸長から、差配人か書記のどちらかを選択するよう談判がなされた。また、地主からも書記兼勤の差配人を断る動きがでている。東京府の指示であろう。五十区制のもとでの町用からの家主排除は、区務所体制において徹底されたのである。それでも新任書記のなかには、町内書役や町用掛のときに内々に賄賂を要求し、応じない者を些細なことで扱所に呼びつけるなどの悪行を繰り返したとして、町から罷免要求が出される者もいた。[*30] 書記もまた精選されて区の吏員となっていくのである。

これにより新たな区務所体制は、大区に区長、小区に戸長が各一名、書記は戸数三〇〇〇戸で四名とされ、これを超過するときは四〇〇〜七五〇戸で一名増加するとされた。月給も区長は三〇円、戸長は二五円、書記は一二円・一五円・二〇円の三級とした。区務所の勤務時間も、夏季は七～一四時、冬期は八～一六時と定められた。[*31] また四月には書記の配属地も決定し、勤務地から遠方に居住する書記は区務所近辺に転居することとされた。理由は天災等の際の不便利や勤務上の支障で、かなりの数が転居している。転区リストには「据置願」と記された者もいるが、これは本人の希望か戸長の意見であろう。新たな区務所体制は、戸長や書記の異動や広域化などで町との関係を一層断絶させていった。また、区務改正後の書記の欠員には、書記志願者の筆算試験が行われている。[*32] 秩禄処分の影響もあり、志願者は一八〇名余に及び二九名が採用されている。士族書記の増加は区と町の断絶を加速させた。

区務所には小走が戸数三〇〇〇戸に二名の割合で設置され、戸数に応じて増員された。従来の小走は月雇または一季雇で区務所に定住していたが、今後は通勤・月給制に変更された。小走の通勤制への変更は、区務所での「弊事」（おそらく博打など）を懸念してのことであった。区務所には当番で書記が宿直して非常警戒や臨時の事務に対応することになった。[*33] 小走にも宿直の弁当代が支給されることになったので、書記と小走が交代でともに宿直したのであろう。新たな区務所体制を巡視した東京府官員からは、袴を着用しない者や「半髪之者」などの不体裁が指摘されている。雇は袴を着用するということで、小走は「半髪」（ちょん髷）を断髪するという意味であろうか。区務所員は洋服や袴着用とされたが、外見だけでなく町との関係を断絶させながら役所の体裁を整えていくのである。

区務改正後、東京府は区戸長書記会を再開した。[*34] 東京警視庁の区戸長会や東京府の区戸長書記会については別稿に譲り、ここでは東京府が区戸長・書記への諮問や建白奨励を繰り返しながら区務改正を進めていったことを指摘するにとどめたい。

区務改正後の明治九年五月、東京府権知事楠本正隆は内務省翻訳課長何礼之にあて、欧米各国の「邑村職制・権限、道路修繕法及其費用賦課方法、戸税并分頭税賦課方法等」の調査のため参考となる「英書」の借用を依頼している。[*35] これにたいして何は、道路修繕法は翻訳があるので写字生を派遣してほしい。それ以外は、目的に応じた原書を選定できる人物を用意すれば協力すると回答している。後述するように、東京府は独自に民費の費目や賦課法、町村制度の検討に着手していく。東京府における民費制限は、区務改正から区画改正、そして民費賦課法へと踏み込んでいくのである。

3　区務改正と町規改正

区務改正に先立つ明治九年一月、東京府は町規改正を承認した。[*36] 町規は、明治六年の改正以降不規則になっていた地主や地所差配人の町内での役割をまとめ直したものである。その内容は、区務所からの布告類や呼び出しの伝達、区入費の納入、地所単位の居住者の戸籍帳作成や転出入者の届け出、地所内の掃除や取り締まりなど、基本的には変化していないようである。布告類は地主・差配人を通して地借・店借に厚く申し諭すこととされ、住人への出頭通知なども地主・差配人が直接本人に伝達して遅滞なく出頭させることとされた。

大きく変化したのは地主と差配人の関係で、契約を一年季限りとし、地代店賃の取り立ては勿論、不都合があれば年季中でも地主が罷免できる規定になっている。町規は地主の義務を明記するものとなり、差配人は地主の代理人としてその義務を代行するものとされた。差配人の請状には、布告の居住者への伝達、区入費の出銀、店や井戸・下水の修繕（勝手な修繕は禁止）、地面限りの地借・店借の戸籍帳作成と転出入者の扱所への届出、止宿人届、不審者・博打・淫売女の通報、忠孝義僕・奇特人・難儀人の報告などとされた。地借り・店借りの際は必ず請状を取って七日以内に送籍を受け取り、引き払いの際も期限を設定して転居の三日以内に届け出ることとされた。理不尽に退去しない者は、扱所に通報することとされた。建物売買の際の礼金や店借から樽代・節句銭を受け取ることは改めて禁止されたが、地主と店子の関係である敷金（店賃の三倍）は容認された。

町規は町用だけでなく、町内の付き合いや清掃、取り締まりなどにも及んでいる。地所内を見回り、住居人（表裏とも）に居宅前の草取りや下水掃除を行わせること。地借・店借にも月番を立てて、朝夕の見回りや雪隠・ごみ溜め周辺の掃除、夜中の路地を取り締ること。差配人は住人の冠婚葬祭や生活難などには情実を尽くすも、不必要な失費は無くすこと。万一の異変・不審の際は扱所や警察分署へ通報するとされた。地所内での博打や止宿人、淫売の通報などは、東京警視庁の要請によるものであろう。

町規について東京会議所は、「人民之苦情」が多かったとして、その修正を東京府に上申している。とりわけ、差配人の月番による布告の伝達・教諭や出頭人への通達、それに差配人請状に記された区入費の徴収、止宿者の届け出、博打・淫売女の通報などは実行不能で、町規が「徒法」となる懸念を伝えている。期待された町用が、ほとんど実施できないとの指摘は重要である。

町用掛廃止により、町への布告類の伝達は区務所の適宜に任されていた。しかし東京府は、三月に区内の「相当身元有之」地主に布告の配達を依頼することとし、町内の地主から人選するよう通達した。[*37] その際、これは「区内之義務」であるから、特に給料は支給されないと断っている。この通達は町規を前提にして初めて成り立つものであり、区務所体制には不可欠とされたのである。しかも布告類の配達について東京府は、通常の布告類は約五〇戸に一部とし、緊急の布告は二五戸ずつに分けて順達するとしている。[*38] 一戸に要する時間は三〇分とされ、地主が複部数謄写して配付する場合も三〇分以内とされた。同じ番地の借地・借家には適宜にイロハや甲乙などの戸番を付け、付紙に読了した旨を調印して配達元の地主に返納する仕組みである。不在や承認印の無いものについては再配達するとされている。布告の内容については配達元の地主ではなく区務所へ質問するとされ、これまでのように差配人から住民に申し諭すことは不要とされた。

もっとも布告類の伝達は地主たちが直接行うわけではなく、実際には配達人を雇用したようである。そして、その費用もまた「地主身柄相応之者」の義務とされたのである。[*39] 一部の地主からは布告配達人の雇料の負担は迷惑として、「他住居之地主」にも負担させるべきとの意見が出されている。しかし費用負担はあくまでも居付地主の「義務」にともなうものとされ、不在地主や地借・店借などへの賦課は「民費」化として禁止されたのである。布告類伝達の実態がわかる、明治九年三月の第五大区三小区の井口直次郎（三等書記）の興味深い建白がある。[*40] それによれば月番による布告類の伝達などに地主が直接携わることは少なく、実際には二〜三町を組合として差配人が行っている。東京では地主といっても大地主から零細な地主まで格差も大きく、「上ハ華族ノ令扶・士族・神官・僧侶ヨリ、下ハ紙屑ヲ今日大道ニ得テ一家ヲ糊スル輩」も同じ差配人である。職業の貴賤から論ずるわけではないとしながらも、これらの差配人は布達の内容も理解できない「一文不通、文化ノ何モノタルヲ知ラザル庸人」で、結局、長屋の下掃除金を目当てとするに過ぎないとしている。そして、「老幼婦女子、或ハ他町他区ニ住居」して差配の意欲もない輩が多いので、東京の下掃除金を基金として月番の給料とし、人材を公選すれば月番制は機能すると続いている。この差配人批判は月番の給料を下掃除金に求めるため、株化している差配人の弊害を強調する内容になっているが、勿論すべての差配人がそうだったわけではない。町規の主体が差配人を想定していることが、それを端的に物語っている。

地主・差配人の役割を定めた町規は、これまで町（家主）が担ってきた役割を整理した「公法」であった。東京府は後に「慣習法」としているが、明治九年の区務改正では区務所体制を補完する役割を担っていたのである。ただ、地主の義務を代行できるように差配人請状の地主の権限を強化しても、他町住居や子供など株化した差配人を解雇するのは容易ではなかったと思われる。それでも町規にともなう新規費用の民費化を避けるため、地主の義務とせざるを得なかったのである。町規は区務改正の課題として引き継がれていく。[*41]

4　明治十年の区務改正

明治一〇年一月の太政官布告第一号による二・五％の減租と、第二号の地租五分の一の民費制限により、東京府の区務所体制は根本から改編を迫られることになった。東京府は改租後の六大区の民費を約五万円と見積もり、それを目安に区戸長書記会において各大区の区務改正案を検討した。[*42] その額は、「今般正租弐分五厘ニ御減額被仰出、右五分ノ一凡金五万円ヨリ超過スヘカラス、従前之民費ト比較スレハ略半額ノ不足ヲ生ス」と、制限前の半額にも満たなかったのである。第一大区区長の答申は以下の通りである。まず区務所は人口五万人を目途に一六か所とし、正副戸長各一名・書記・小使を置くとしている。これにより区務所費用の総額を四万三七〇〇円余と積算している。もとより、制限額の五万円を前提とする改革案であろう。他の答申でも「一大区中一区務所」とすれば民費も削減できるが、「区民ノ不便不尠」として区務所は一九か所程度必要とされている。明治一〇年の民費制限は、大規模な区務所の統合を必然化させたのである。

こうした区戸長や書記会の答申をもとに作成されたのが、表3の明治一〇年一月末の区務所案である。四〇か所の区務所を一七か所に大幅に統合する案である。[*43] 大区小区の区画を前提とする区務所統合案ではあるが、戸数や人口をもとにしている。土地以外に賦課できる民費といえば戸数か人口であるから、その平準化が図られたのである。当初は、大区にも補佐役の書記を新設することも検討されていた。これまで区長は、当番区長一〜二名が府庁に詰め、それ以外は大区内の区務所の事務検査や小学校の巡視などをしてきた。[*44] 大区書記は府庁当番の事務引継や区長欠員による事務の混乱などで新設されることになったが、大規模な区務所の統合は区長と戸長の職務そのものの見直しを迫ることになったのである。東京府は「民費節省」のため区長を小区長と改称することを内務省に出願している。[*45] これは

表3案より踏み込んだ、区長六名をそれぞれ区務所詰として戸長に代える案が前提になっている。区長が区務所詰となれば大区書記は勿論、大区そのものも不要になる。しかし、内務省は「評議中」との理由で小区長への名称変更は実現しなかった。[*46]

東京府案では区務所統合により戸長が三九名（一名は二区務所兼勤）から一七名に減員されるが、区務所の書記は人口八〇〇人に一人の割合で増員された。これにより削減される人件費は、年間一万八六九〇円に上る。大規模な人員整理にともない、戸長一〇名と区費掛書記三四名、書記三〇名の「不及出勤者」のリストが作成されている。戸長から書記に転じる者もいるが、区費掛書記は専担部署の廃止によりほぼ全員が罷免されている。区費掛書記は区務所体制の年寄の系譜を引くもので、区入費のチェックや出納のほか、臨時支出があった場合には区入費の立て替えを行っていた。[*47] しかし、明治九年一〇月の太政官布告第一三〇号各区町村金穀公借共有物取扱土木起功規則により、道路・橋梁・小学校などの民費賦課についても区戸長と区内地主惣代人で決定できるようになったため廃止されたのである。[*48] 区務改正案では書記二二三名中一四六名が士族で、その割合は六五％余になっている。年寄や差配人の欠員を士族が担うようになったといえる。大規模な区務所の統合案は戸長や書記の吏員化をともないながら、大区小区そのものの改正へと踏み込んだのである。

大規模な区務所の統合により町の位置付けも変化する。明治一〇年三月、区長から町規取り消し伺いが出された。[*49] 更なる改正のため町規を一時停止するとあるが、「現今に至りては人民之自由を妨害するもの不尠」という理由であった。「人民の自由の妨害」とは、地主に町用を義務化したことを指し

表3　明治10年1月末の区務所案

大区			小区	
	区長	書記	戸長	書記
	人	人		人
第1大区	1	1	5	65 (39)
第2大区	1	1	3	32 (22)
第3大区	1	1	2	24 (12)
第4大区	1	1	2	29 (19)
第5大区	1	1	3	41 (32)
第6大区	1	1	2	32 (22)
合計	6	6	17	223 (146)

註）「明治9年区務改正調」.（　）は士族数.

ている。しかも、会議所の意見にもあったように、実際にはそれほど機能しなかったと推測される。東京府は町規を町の「慣習法」と説明しているが、もはや「町」に区務所体制を補完させることは不可能だったのである。もっとも諸官庁からの住民の呼び出しや移住転籍者の届け出は、これまで通りとされている。これは裁判所や警察など他の行政機関との関係からのもののようで、東京府としては行政上の町の役割は区務改正のなかで解消されたのである。

区務改正の動きは、明治一〇年二月の太政官布告第二三号により加速していく。改租後の民費制限は、会計年度が始まる七月から施行されることになったからである。[50] 区務改正による民費削減を進めてきた東京府は、五月には、これまで民費に属していた費目の官費支弁を内務省に伺い出た。[51] 具体的には、布告類の配達・印刷費や議事場諸費、徴兵下調費、復籍人送致の付添人給料などである。内務省は議事場諸費などについて質問をしているが、回答が届いたのは八月に入ってからである。布告類の配達・印刷費や復籍付添人の給料などは官費とされたが、徴兵下調費や議事場諸費などは認められなかった。議事場諸費は区戸長書記会や惣代人などの会議費用である。区画改正のありかたや費用の官民区分など、府県の民費削減の進捗により検討すべき課題は拡大し緊急を要していた。

東京府伺の直後、内務省は大書記官松田道之が作成した民費賦課法案を東京府に送付し、五月二八日に楠本正隆府知事の出頭を申し入れた。[52] 内務省は「近傍地方官」を招集して松田案への意見を聴取しているが、これがその相談会議であろうか。[53] 詳細は不明である。内務省が提示した民費賦課法は民費賦課規則と地方区画の改正案で、「民費減略ヲ論スレハ、自ラ区画改正・区長職制等ニ連帯セサルヲ得ス」とされている。[54] 地方区画を大区小区制とし、それぞれのレベルの「人民一般ノ利害ニ関スル」費用は「地租ノ金額ト戸数トニ賦課」するものである。区画は国郡の境界や天然の地形によるとしながらも大区小区は維持され、東京などの市街地の大区は戸数二万以上、小区は二〇〇〇戸以上とされた。大区には区長、小区には戸長を置き、「戸籍・地籍・租税」などは「町村ヲ用ヒス、皆ナ区ヲ以テ統括ス」とされた。さらに市街には戸長を置かず、大区において小区の事務を執ることも妨げなしとされた。戸長の職務を区長が兼任することで、大区小区という行政機関の二重性は解消されることになった。松田案は東京府の区務改正を基本的に承認するものであった。また、民費は府県・大区・小区のそれぞれにおける一般の利害に関わる費用とされ、田畑の用水や神社寺院の祭礼費、学校・病院の費用等は民費から除外された。用水は田畑所有者、祭礼は氏子や檀家の費用とされたのである。そして、戸数への賦課は「家計貧富ノ等差ニ応シテ相当賦課スヘシ」とされ、具体的には「人民ノ協議」に委ねられた。松田案の民費賦課法は土地と戸数に賦課するもので、土地は地租の五分の一に制限され、戸数は住民の協議によるとされているものの均等割は否定されたのである。

六月に政府部内に提出された松田案は、大きな議論を巻き起こすことになった。大蔵大輔松方正義は、町村を「行政上には用ひさるとの議案に付始めて愕然仕候」と町村を行政区画から排除することに驚きを隠さなかった。大区小区制のもとでも、納租等には「依然郡村法」が用いられていたからである。地方制度改革の法制化は、太政官法制局の井上毅の反対により延引することになる。

しかし、内務省案と一致する区務改正案を作成済みの東京府は、これを前提とする民費の補填策へと進んでいった。六月七日、東京府は道路費として車税の国庫からの払い下げを内務省に伺い出た。[*55] 首都東京の道路修繕は急務であるが僅かな府税では対応できないので、不足分を車税（国税）で補填してほしいとの内容である。民費制限により府税から補填する余裕がないというのが東京府の言い分である。しかしこれは国税に関わる内容であり、内務省が許可できるものではない。そうなると、あとは民費そのものの官民区分の徹底である。東京府は「民費減額趣意書」を作成し、明治九年分の民費を総点検して官費、府税、民費、廃止の精査を行った。五月に官費支弁を願い出た布告類の配達費は、ここでは府税支弁とされている。支出額の大きい警察費は算出方法が見直されている。警察費とは巡査宿料のことである。明治七年一月の東京警視庁設置により番人制度が廃止され、東京府には新たに二〇〇〇名の邏卒が配置された。邏卒は内務省の管轄であるが、宿料は民費とされ市街地は小間割で負担していた。[*56] 金額は約一〇万円である。これを六大区の総戸数に賦課すると一戸当たり七一銭余で、「必ヤ戸数ノ耐ユル処ニアラサルヘシ」という金額になる。[*57]そこで東京府は、六大区の負担は全国平均の三倍を超過するとして、全国総戸数の均等割りで算出し直したのである。算出見直しにより民費総額は一一万円余に削減された。しかし、改租後の土地に賦課できる民費は七万五〇〇〇円に過ぎず、それでも四万円の不足となったのである。もはや民費削減策は限界で、不足分は府税から補填する以外にない。しかし早急に戸数や財産への賦課法を作成するのは不可能であり、東京府は再度七月に道路費の国庫支弁を内務省に要請しようとした。[*58]その直前の七月七日、井上の反対により民費賦課法の年度内成立を断念した内務省は、明治十年度から施行するのは土地に賦課する民費制限であり、それ以外は政府の法制化まで「専ラ節減ノ御主意ヲ体認シテ」適宜に処置するとの乙第六三号達を出すに至るのである。[*59]これにより東京府の再伺は中止された。

表4は、七月の車税払い下げ再伺案に添付された民費予算表である。この区務改正案は一月案をさらに推し進め、区務所を一七からさらに一か所削減して一六に統合するものである。一区務所の管轄戸数は、一万戸前後を目途としたようである。実際には一万六〇〇〇戸から六〇〇〇戸とばらつきがあるが、これは小区単位での統合案だからである。しかし、今回の統合案が一月案と違うのは、大区を跨いで小区を統合している点である。今までより踏み込んだ区画改正案といえる。そして区長を区務所詰とし、六名の区長と区長心得として戸長一〇名が選抜されている。区務所統合による事務の増大に対応するため、書記と雇書記を置くことで人件費を抑制しながら人員増を図っている。書記と雇書記の定員は戸数一六〇〇戸に一人とし、区務所費は前年の倍額が見積もられている。区務所費は一戸当たり金一五銭余で算出されている。この区務改正案の第一から第十六区務所の区長辞令案は、「追而政府ニおいて相定候筈」として区長の戸長兼任の但し書きは削除された。

東京府の民費削減策は、大区を跨ぐ小区の統合による区務改正や民費費目の見直しをしても、なお四万円余の不足であった。ただ、消防費と警察費を府税から補填すれば不足分は解消される計算である。消防費と警察費については、明治一〇年一月の東京警視庁廃止後の費用負担が未検討のため官費支弁となる可能性もあった。ただ、それを判断するのは政府であり、どうなるかはわからない。そのため、東京府としては新たな府税の研究に着手することになる。明治一〇年一二月、府の庶務課と出納課から民費家割規則と民費課戸規則の検討結果が楠本知事に報告されている。[*60]「家割」は家屋を外形標準とする課税案のようであるが、「課戸」は「財産割」と記されているので何らかの方法で家ごとの「財産」を算定する案である。しかし、各戸の財産を把握することは容易ではなく、結局「財産ニ課スルハ即今実施シ難シ」と結論付けられている。この戸数割の検討は、減租や民費制限のなかで戸数割を「貧富ノ差等」によるとした松田案を前提としているが、それは容易ではないのである。ことここに至って東京府の区務改正は、政府の法制化が実現しなければ一歩も前進することができない状態にまで立ち至ったのである。

政府の地方制度改革案は、明治一一年四月の地方官会議を経て、五月の元老院会議に付された。そして七月二二日に三新法とその施行順序が公布された。三新法は府県ごとに内務省の許可を得て施行されることになった。郡区町村編制法により、東京府の区務改正案の変更は基本的には生じなかった。東京府の地租改正は、三月から四月にかけて郡村および市街地ともに完了した。市街地の改租終了は、五月に地租改正事務局総裁大隈重信から太政大臣三条実美に上申されている。[*61]これにより東京府は、六月一五日に明治一一年度からの改租後の地租五分一の

表4　明治10年7月民費見積

費　目	金　額	備　考
	円	
区長給料	5,760	16人分
書記給料	18,225	135人分
雇書記給料	14,580	135人分
区務所費	29,600	16か所分
旅費	213	
消防費	29,422	
警察費	13,616	
棄児費	939	
戸籍調費	878	
往還便所費	466	
変死人費	271	
大下水浚費	786	
臨時費	2,000	
その他	72	
改正民費総計	116,835	
地租1/5見積額	75,000	
差　引　不　足	41,835	

註）「稟議録」．円以下は切捨て．

民費制限の施行を内務省に申請した。[*62] 民費制限にともなう区務改正の起点が地租改正であることを端的に物語る事実である。そして、冒頭に記したように、東京府は全国に先駆けた三新法の施行に着手していくのである。市街は郡村と区別し、麹町区など戸数の多い地域名を十五区の名称とした。十五区制下の町も地域や名称が検討され大規模な町の統合がなされた。十五区内の町には戸長は置かれなかったが、町そのものがなくなったわけではない。しかし、区役所と町の関係は断絶され、町そのものも統合により大きく変化したのである。

おわりに

以上、民費制限にともなう東京府の市街地における区務改正について考察してきた。

明治二年の五十区制は必ずしも町を排除するものではなかったが、家主の弊害を除去するために町用の区への引上げがなされた。それに続く大区小区制はポリス制とセットになった変則的な行政機構であったが、町人地と武家地・社寺地および諸身分を統一的に取り扱うことを可能にした。邏卒の司法省移管後、明治六〜七年の区務改正により五四扱所体制となった。扱所体制は吏員としての区戸長とその指揮下の町用掛、そして地主を取り纏める年寄が併存するものであった。

区務改正は、明治八年の地租改正断行による税率の三%引き上げと民費制限により、戸長の小区兼勤から区務所の統合へと進展していく。区務所統合による管轄区域の広域化は、戸長や書記の異動、書記の差配人兼勤禁止、士族の書記採用などにより区と町との断絶を促進していく。そして明治九年の四十区務所体制は、地主を取りまとめる年寄を改称した区費調掛を廃止することで町との関係を制度的に断絶するものとなったのである。しかしそれはまだ、町規による補完を必要とする体制であった。

明治一〇年一月の二・五％の減租にともなう民費制限と七月からの施行は、さらなる区務改正を余儀なくさせた。区務所の統合から区長・戸長の職務の見直しへと、区務改正は大区小区制の区画改正へと踏み込むものとなった。そして町規廃止により、すべての業務が区役所体制に集約されるのである。十五区制下において行政機構としての町が不要だったのは、このような区務改正の必然の結果であった。しかし、それだけでは民費制限の達成は不可能であり、さらなる民費削減のための民費の総点検や不足分の国税・府税からの補填、新たな府税の調査へと拡大していったのである。東京府にとって、政府による地方制度の法制化は遅きに過ぎるものであった。

東京府が三新法の施行に急だったのは、それが首都整備の費用負担をめぐる試行錯誤を「解決」する制度だったからである。[*63] 三新法が設定した府と区の議会は、それぞれの公共の費用を、それぞれの住民により決定するものである。さらに府会が決定した戸数割額の戸別の課税方法も、より住民に身近な区会が決定する仕組みとなった。ただ、これにより東京府の公共の費用負担の問題が解決されたかといえば、必ずしもそうとは言えない。成立した制度の運用は、また別の問題だからである。[*64] 確実なことは幕末以来の江戸・東京の民費問題が公選議会の開設という新たなステージに辿り着いたことであり、それは民費制限にともなう区務改正の過程で具体化されたものなのである。

註

＊1　三新法および同施行順序は『法令全書』明治十一年による。
＊2　三新法の施行については、『東京百年史』第二巻（東京都、一九七九年）第三編・第一章・第一節を参照のこと。
＊3　東京都公文書館所蔵「第二法令類纂」巻之三十一（623.A2.23）。このとき十五区制については許可されたが、郡名は隣接する諸県との調整を要したため一一月の布達となった。以下、東京都公文書館所蔵史料は史料番号のみを記して所蔵は略した。
＊4　「郡区制改正往復」（604.B3.1）。
＊5　大日方純夫他編『内務省年報・報告書』第六巻上、三四～三五頁および三一九～三二〇頁（三一書房、一九八三年）。
＊6　『岡山市史』三九八六～三九八八頁（岡山市役所、一九三八年）および『岡山県史』第十巻、九六～九七頁（岡山県、一九八六年）。

＊7　なお、京都・大阪両府の区制では戸長が設置されている。そのため東京府の十五区制の意味を考えるためには、三新法で成立した全国の区制についての比較・検討が必要である。

＊8　東京都公文書館編『市制町村制と東京』都史紀要三十（東京都、一九八四年）。

＊9　池田真歩『首都の議会―近代移行期東京の政治秩序と都市構造―』第一章（東京大学出版会、二〇二三年）は、町から区への行政機能の集約を前提とする区会の機能に注目している。

＊10　松沢裕作「地方三新法と区町村会法」『講座明治維新　第七巻』明治維新と地域社会〈改訂版〉（有志舎、二〇一四年）。

＊11　湯川文彦『立法と事務の明治維新―官民共治の構想と展開―』第九章（東京大学出版会、二〇一七年）。

＊12　渡邉直子「「地方」税の創出―三新法体制下の土木費負担―」『道と川の近代』（山川出版社、一九九六年）。なお、筆者は三新法の画期性を国と地方（府県）の行財政の分離と考えるが、地方税改革については改めて検討したいと考えている。

＊13　奥田晴樹『地租改正と地方制度』二一〇頁（山川出版社、一九九三年）。

＊14　拙稿「東京府における大区小区制の形成と展開」『地方史研究』二四六（一九九三年）。拙稿「廃藩置県と租税改革」『税大ジャーナル』三十一（二〇二〇年）。

＊15　鷹見安二郎『区制沿革』二八五～三一一頁（東京都、一九五八年）。

＊16　松山恵『江戸・東京の都市史―近代移行期の都市・建築・社会―』第4章・第5章（東京大学出版会、二〇一四年）。

＊17　五十区制については、拙稿「五十区制の形成と展開」『歴史評論』四〇五（一九八四年）、同「慶応期の都市騒擾と維新期の町法改正」『明治維新期を都市民はどう生きたか』（東京都江戸東京博物館、一九九七年）、同「江戸町名主の明治」『江戸の町名主』東京都江戸東京博物館調査報告書第二十五集（二〇一二年）による。

＊18　吉原健一郎『江戸の町役人』（吉川弘文館、一九八〇年）が基本的な仕組みを描いている。それ以降の研究として、新史料を加えた片倉比佐子『大江戸八百八町と町名主』（吉川弘文館、二〇〇九年）がある。

＊19　前掲『東京百年史』第二巻、一三六～一四四頁。

＊20　国立国会図書館所蔵『東京町鑑（改正新刻）』（條野伝平編、明治七年）には、旧来の町を管轄する扱所には戸長のほかに年寄が記載されているが、武家地の町には年寄は存在しない。

＊21　「順立帳」明治四年・巻之三十二（632.C2.3）。

＊22　『法令全書』明治八年。なお、東京府の市街地の地租改正については、滝島功『都市と地租改正』（吉川弘文館、二〇〇三年）の「東

京の地租改正」に依拠している。

＊23　国立公文書館所蔵「公文録」（2A-9- 公 1525）。

＊24　前掲「公文録」（2A-9- 公 1593）。

＊25　前掲「公文録」（2A-9- 公 1537）。

＊26　「御布告留」（607.B5.11）。これは内務省の照会に対する東京府の回答である。

＊27　「区戸長伺」（608.D6.13）。池田氏は、区の「有志」者として公立小学校の費用を負担する富裕住民に注目しているが、そうした「有志」の取り纏め役と考えることができる。

＊28　『東京市史稿』市街篇第五十八、一五一～一六二頁（東京都、一九六六年）。以下、『市街』五八－一五一～一六二頁と略記する。

＊29　「管内諸願伺留」（607.C3.1）。

＊30　「管内諸願伺留」（607.C3.2）。

＊31　「御布告布達簿」（608.D4.12）。

＊32　「区務改正調」（608.D6.6）。

＊33　「御沙汰留」（608.D4.9）。

＊34　警視庁の区戸長会や東京府の区戸長書記会については、前掲「東京府における大区小区制の形成と展開」を参照されたい。なお、袁甲幸「明治前期の府県庁「会議」―行政における「公論」の展開―」『史学雑誌』第一二九巻・第二号（二〇二〇年）が、府県庁会議を「公論機関」として積極的な位置付けをしている。府県会のあり方だけでなく、区戸長会の評価のうえでも注目される。

＊35　前掲「御沙汰留」。楠本は明治一〇年一月までは東京府権知事兼任の内務大丞で、それ以降は東京府知事専任となる。東京府の区長の戸長兼任（戸長廃止）は、知事の楠本正隆が内務卿伊藤博文の反対を押し切って勝ち取った特例的な措置であると、後に楠本本人が回顧しているとの指摘がある（前掲・池田『首都の議会』一八二頁）。しかし、松田案には市街に戸長を置かないとの規定がもともと存在している。東京府権知事（内務大丞兼任）楠本の関与の可能性は残るものの、内務省の松田案と東京府の区務改正との関係は不明である。

＊36　前掲『市街』五八―一～八頁。

＊37　前掲『市街』五八―一八四～二一三頁。

＊38　前掲「区務改正調」。

*39 前掲「御布告布達簿」。

*40 前掲「区務改正調」。建白そのものは直後に取り下げられている。

*41 なお、家主・差配人の職務や性格の変化については、近代の不動産経営との関係から分析した、森田貴子『近代土地制度と不動産経営』第一章・第二節（塙書房、二〇〇七年）がある。

*42 「諸建言」（608.A6.10）。東京府の市街地における改租後の地租額は、地価査定の進捗により増加する。

*43 前掲「区務改正調」。

*44 「御布告」（608.D4.10）。

*45 「稟議録」（608.C5.2）。

*46 政府内での地方制度改革については、前掲・松沢『明治地方自治体制の起源―近世社会の危機と制度変容―』第四章（東京大学出版会、二〇〇九年）および前掲・湯川『立法と事務の明治維新』第九章を参照のこと。

*47 「区戸長伺」（608.D6.13）。

*48 前掲『市街』五八―七三九～七四〇頁。

*49 「回議録」区戸長伺（608.C6.1）。

*50 太政官布告第二十三号（『法令全書』明治十年）。

*51 「稟議録」（608.C5.1）。

*52 「郡区制改正往復」（604.B3.1）。同規則は、内務省民費賦課規則案として『近代日本地方自治立法資料集成』I［明治前期編］（弘文堂、一九九一年）、三四五～三五四頁に収録されている。以下、同書は『自治I』と略記する。

*53 前掲『自治I』三五五。同書には、その結果を反映した修正案をもとに政府内に図っていることがわかる史料が収録されている。

*54 前掲・松沢「地方三新法と区町村会法」は、松田案を「民費問題が軸となって区画改正がそれに従属している」案と評しているが、民費削減が区画改正や地租付加税以外の財源にまで波及せざるを得なかったのである。

*55 前掲『市街』五九―八三二～八三四頁。

*56 巡査宿料については、鷹見安二郎『明治初年の自治体警察 番人制度』都史紀要二三（東京都、一九七三年）を参照のこと。

*57 「理事彙輯」（610.B6.5）。

*58 「稟議録」（610.B6.4）。

＊59　前掲『自治Ⅰ』三七五頁。
＊60　前掲「理事彙輯」。
＊61　前掲「公文録」（2A-10-公2405）。
＊62　「稟議録」（610.B7.12）。
＊63　東京府の市街地の民費問題については、拙稿「首都東京の形成と民費」『講座明治維新　第七巻』明治維新と地域社会〈改訂版〉で検討した。
＊64　前掲・池田『首都の議会』は、こうした東京における議会のありようを、近代的な都市インフラの整備に関する議会内外の多様な集団の政治史として、明治初年から日清戦後までを多面的に検証した力作である。そのなかで池田氏は、最初の東京府会をスムーズな運営と評価している。しかし、東京府会閉会後の建議は、地租付加税と戸数割を当分の間区部には賦課しないことと、そのかわりに営業税・雑種税の課税範囲を拡大し且課税制限を撤廃するものであった（「東京日日新聞」明治一二年五月五日・六日）。このような東京府会の対応については本稿の範囲を超えるので、別途検討が必要であることを指摘するにとどめたい。

七　東京府第一勧工場をめぐる予算について

──東京府会明治一二年度勧業費予算審議を中心として──

佐々木　優

はじめに

勧工場が歴史学や社会学の研究範囲で取り上げられるとき、多くの場合は、都市と文化の文脈からアプローチされてきたと言ってよいだろう。つまり、都市の近代化とともに変化する生活と文化の中で意味をもたされた勧工場の研究は、今日のデパート（百貨店）やショッピングセンターのはじまりとして捉えられることが多かった。それらは、近世以来の店舗形態や買い物スタイルを変化させたことと合わせて、都市に住む人々に、モノや娯楽を消費する楽しみを与えた場の嚆矢と考えられたためではないだろうか。

勧工場研究の先駆者である初田亨は、勧工場が日本国内で急増・繁栄した年代が明治一〇年代から大正時代までの限られた期間だったことに着目し、都市の繁華街形成や都市建築を考えるうえで重要な研究対象とした。[*1] 初田は、勧工場が都市（主に東京）に生活する人々に与えた楽しみについて論じている。ここでは、勧工場でモノを見る楽しみ、買う楽しみ、そして商業スペース外に設けられた遊園的スペースでの楽しみなどから、なぜ都市に住む人々が勧工場へ足を運ぶのかを論じた。この中で、明治一一年(一八七八)に日本で初めて開設された勧工場の設立過程も明らかにした。勧工場は、初田の研究によって都市研究の俎上に載せられたと言っても過言ではない。この後に吉見俊哉[*2]や貞包英之[*3]らによって、社会学的な視点からの考察が進められた。ともに、近代の都市に住む人々のモノの消費体験の変化を、勧工場を通して考察している。吉見は、勧工場へ足を運ぶことによって、個人が意識せずとも「消費を管理する資本主義運動過程への接続[*4]」が行われていると述べている。そして、貞包は、日用品ならばなんでもある勧工場は都市に住む人々の多様なニーズに応えた都市の新名所であるとした。ここでいう都市のニーズは、都市で生活しながらも近代を十分実感できない人々と近代的なモノをつなげ、そのズレを埋める装置としての役割を持っていたと指摘している。いずれの研究でも、勧工場によって、都市で生活する人々の生活と、モノや娯楽の消費という都市の経済が密接に結びついたと考えられている[*5]。

ここまであげてきた先行研究は、勧工場が都市や人々の生活に根付いていた時期を考察しているが、勧工場の黎明期には、施設にどのような特質があったのだろうか。三宅拓也[*6]は、日本における勧工場のはじまりである、東京府第一勧工場の「公共性」にスポットをあてて論じた。元来、東京府第一勧工場(以下、第一勧工場と表記)は、東京府が設置を主導した施設である。設立過程の詳細については後述するが、明治一〇年(一八七七)の第一回内国勧業博覧会の残品が、第一勧工場の主たる商品であった。つまり、内務省が勧業政策の一環として行った内国勧業博覧会と、東京府が設置した第一勧工場は、結果的に国と一地方の勧業政策が地続きとなった例だったとも言えるだろう。三宅は、公営勧工場を「博覧会の機能を常置する勧業施設のひとつのあり方」で「公共性をもった勧業施設」と言及した[*7]。初期勧工場をひとつの勧業機関と位置付けて論じる非常に貴重な論考と言えるだろう。

東京府は、府として必要な勧業政策の一環として、勧工場の設立を選択したわけだが、ここには当然、東京府の税が投入され、運営されていた。第一勧工場は設立当初、東京府勧業課が直営で運営したこともあり、そのこと自体が施設の独自性だという指摘もある[*8]。

明治前半期は、地方ごとに各地の実情に合わせた勧業政策が展開されており、東京府も例外ではなかったと言えよう。殊に、東京府に関しては、近代的・西洋的な文物が比較的早く流入する大都市圏だからこそ、博覧会や共進会、物品陳列所などによって、多くの人々がモノを実見する施設による、勧業・勧商への意義を東京府が理解していたとは考えられないだろうか。したがって、東京府が一地方として必要な勧業政策の一環として、物品を一堂に集めるような勧業施設（本論の場合は第一勧工場）の設立を決定したことは、東京府の勧業政策への考え方を反映させていると言えよう。

結論を先に述べれば、東京府が勧業政策のために設立した第一勧工場の予算は、明治一一年（一八七八）の東京府会にて厳しく追求され、廃止されてしまう。ここに東京府勧業課と実業家や知識人らも参加する府議会議員側との間に勧業に対する考え方の違いが浮かび上がってくると考える。本論では、予算審議過程を分析することにより、第一勧工場をめぐる予算編成の中で、特に議会側がどの様な立場にたっていたのかを明らかにすることを目指したい。

なお、第一勧工場設立当初は当該施設の名称が定まっていなかったようで、様々な表記が混在するため、史料引用等を除いて、本稿が示す「第一勧工場」は明治一一年に東京府が永楽町辰ノ口に開設した勧工場（いわゆる「辰ノ口勧工場」や「永楽町勧工場」）と同義であることをあらかじめお断りしておく。

1　勧工場全体の概略と東京府第一勧工場について

㈠　勧工場の概略

勧工場を『国史大辞典』で調べると、明治〜大正期に「種々の商品を一つの建物内に陳列して販売したところ」と定義されている。加えて、明治一〇年（一八七七）に内務省が主導して行われた第一回内国勧業博覧会（東京・上野公園で開催）での出品物の売残分を陳列・販売するために「丸之内辰ノ口（旧幕府評定所跡）に物産陳列所を設置して、自由に縦覧し、売買させた」[*9]ことにはじまったとある。詳細については後述するが、明治期に新たに出現した勧工場という施設は、「物産陳列所」が中心的機能となって運営された。

勧工場は、現在のショッピングセンターのように、ひとつの建物の中に複数の異なるテナントが入居しているイメージが近いだろう。ここでは今日の買い物と同じように、自由に建物の中に入場でき、建物内では商品を実見した上で吟味し、購入するか否かも自由に決められた。現在は当たり前となっている買い物スタイルと店舗形態だが、当時としては、近世以前の伝統的な販売形式だった座売りを辞めたり、店舗内（建物内）への土足入場を許したりと、いち早く西洋的な店舗形式を取り入れた買い物空間だったと言われている。[*10]また、第一勧工場の設立当初の出品物は、内国勧業博覧会の残品に加えて、三井や大丸、個人では岸田吟香や槇原直次郎ら大商人による出品に限定されていた。[*11]さらに、商品価格は正札価格であったことも、勧工場が人気を博した理由のひとつだった。こうして、明治一〇年代から三〇年代にかけて、非常な人気を博した勧工場だったが、乱立状態となるに従い商品に粗悪なものが多く混じるようになってしまった。そこで販売された商品は「勧工場もの」として安物の代名詞として揶揄された。裏を返せば、それだけ勧工場の数が増え、庶民でも手軽に買い物ができる場所として認識されたためとも言えよう。明治三〇年代後半以降は、百貨店の台頭とともに徐々に勧工場の数が減少し、特に関東圏の勧工場は、大正一二（一九二三）年に発生した関東大震災で被災し、その復興を迎えられなかった。したがって、大正末年頃にはほとんど全てが姿を消したと言われている。

以上のように、勧工場は五〇年ほどしか日本国内で存在することができなかった。しかし、その一方で「近世から近代への橋渡しの役目を果たす、過渡的な都市の施設」[*12]として、都市に住む人々へ「消費する娯楽」を提供した場所との評価がなされている。この一端には、商品を陳列・販売するスペースとしての勧工場に付属して、庭園や、休憩所・軽食の販売（現在のフードコートに類似する機能）、能楽堂や催事スペースなどといった遊園的機能が整備・併設されたことも注目すべき点だろう。日本においては勧工場が誕生した当初から、遊園的機能は勧工場と不可分であり、勧工場が複数の機能をもつ複合施設として整備されていたことは、近世以来の店と大きな相違点としてあげておきたい。

(二) 東京府第一勧工場の設立過程

ここからは、初田亨[*13]や三宅拓也[*14]の研究に基づきながら、第一勧工場の設立過程を概観しておきたい。

勧工場が日本で誕生するきっかけとなったのは、東京府が、明治十年二月二十八日付で内務省に宛て「府下諸工業奨励之為、管内ニ於テ産出スル諸物品者勿論、他県ヨリ回送スル処ノ諸物産等陳列、普ク府下工商之縦覧ニ供シ、百時勧奨ノ一端ニ為サン為メ、予テ物産陳列所創造之見込ヲ以、是迄地位等相選居候」[*15]と「物産陳列所」設立のための土地の引き渡しを要望したことによる。史料中の「物産陳列所」こそが、後の東京府第一勧工場のことである。この伺いに対して内務省は、同年三月二六日に内務卿代理・前島密から「書面之趣聞届候条、地所ハ其府物産陳列所之名義ヲ以テ官有地第二種官用地ニ組入可申事」[*16]という返答を送っている。この時、東京府が内務省へ引き渡しを依頼していた土地・建物は、永楽町二丁目一番地にあった旧大蔵省紙幣寮活版局にあたる場所だった。これにより、内務省と東京府の間で「物産陳列所」設立に関する実質的な合意が成立したと言ってよいだろう。

なお、「物産陳列所」開設の主目的は「府下諸工業奨励」のためであり、当初の設置目的には、現在一般的に理解されている、第一回内国勧業博覧会終了後の残品陳列の目的は含まれていなかった。しかし開設準備途上の同年一一月二四日に、第一勧工場へ内国勧業博覧会の残品を陳列し、販売することが決定した。この件については、東京府勧業課から東京府知事楠本に宛て、以下のような伺いが提出されている。[*17]

博覧会列品閉場迄売買不相成分ハ勿論銘々へ可引渡儀ニ候処、是迄漸々下情ヲ熟察候ニ再度店頭ニ羅列候も遺憾ニ有之、去迚一時競売ニ付し候而ハ真ニ捨ルカ如キ損失ニも可相及憂慮より更ニ他ノ一場ニ移シ、漸々売捌度見込之者数多有之、既ニ当府辰の口工業場中へ転列相成度旨情願之向モ不鮮、依而勘弁候ニ折角勧奨ニ依リ刻苦出品候ヲ一朝競売ニ抛候モ憫然之次第ニ付、更ニ一層之御保護ヲ以、情願之向ハ悉皆辰の口へ陳列、広ク衆人ノ縦覧ヲ許シ物品販路御啓導相成候様仕度、御達按添此段相伺候也

按　○朱 勧業課報告第十五号

内国勧業博覧会へ出陳之物品閉場迄不売捌分、一朝競売ニ抛候而ハ多少之損失ニ可相及、甚愍然之次第ニ付、漸次購求者へ売販いたし度望之者ハ、動植物ヲ除の外更ニ当府用地内（永楽町二丁目一番地）転列、衆庶ノ縦覧ヲ許シ売買為取結候条、志願之者ハ来ル十二月十日まてニ上野出張所へ可申出、此旨出品人中へ報告ス

勧業課は、府内の職工を保護するために、内国勧業博覧会の残品を陳列販売形式で販売できるように府知事へ伺いを立てたのである。また、この提案は博覧会閉場の一週間前に出された提案であることから、東京府から第一回内国勧業博覧会への出品物の売上状況を鑑みての意見だったと推測できる。

本案は、明治一〇年一一月二七日付「東京府勧業課報告第十五号」にて周知され、一二月一五日、一六日頃より物品の搬入が行われたという。

第一勧工場で内国勧業博覧会の残品を陳列販売が決定したのとほぼ同時期の十一月二十六日には、起立工商会社[*18]頭取の松尾儀助から東京府に「辰之口御工作場之内拝借願」[*19]が提出された。ここでいう「工作場」は第一勧工場のことであるが、松尾は「当社製造場ノ義、追々職工共ヲ募リ、日々工業着手罷在候処、即今手狭ニ相成、其上銅器陶器製造方ハ人家稠密之場所故火気取扱方懸念不尠憂慮罷在候処、今般辰ノ口元活版局之御場所、御府工作場ニ御取設之趣、拝聴仕候間、右御構内不用之御建物当社へ拝借仕、銅陶其他之製造方仕度、此段御聞済之程奉懇願候」と工業製品の製作のための用地貸与を求めている。

この願出に対し、東京府は即日決裁を行なった上で、翌二十七日には以下のような案文を作成している。[*20]

辰ノ口工業場へ、博覧会残品陳列幷工商会社工職差置候儀共御決裁ニ付、内務省へ左ノ御届按相伺候也

按

内務卿宛　　長官

第一大区二小区永楽町二丁目一番地之儀ハ、物産陳列所之名義ヲ以伺之上先般御渡相成候処、今般更ニ当府工業場〔（勧工場）ト為ス〕ト改称、往々府下有志之職工等ヲ募集、工業為相励候積ニ有之候、且差向内国勧業博覧会売残之物品ハ、出品者之請願ニ応シ一時保護ノ為メ同所内へ陳列、衆庶之縦覧ヲ許シ売買為取結可申存候ニ付、此段及御届候也

これにより、勧工場が東京府の物産陳列所と起立工商会社の製造所を合わせた形で内務省へ設置申請された。東京府から内務省へ宛てた設置申請には、「製造場」に関する具体的な記述は特に無いのだが、決裁文書の前文にて①博覧会の残品陳列、②（起立）工商会社の職工を置くこと、に触れているため、東京府は松尾の申請も含んだ形で、内

務省への申請案を作成したと考えられる。

これ以前までは「物産陳列所」や「工業場」等と様々な名前で呼ばれてきた第一勧工場だったが、これ以後「勧工場」の表記が公文書でも見られるようになる。

実際に、起立工商会社の製造場が稼働したのかは不明である。しかし、製造場を作る計画が検討されたことが、「勧工場」という名称を担保したと三宅は指摘している。これは「勧工場」という名称そのものが、物品の陳列販売所としての意味合いを持っておらず、陳列施設はあくまでも勧工場の一部を担うパーツにすぎないとも理解できよう。つまり、勧工場が勧工場たる所以は、「陳列施設と製造場などの〝勧業を目的とする施設の集合体〟であ」ることが非常に重要なポイントだったと、すでに指摘されている通りである。[*21]

なお明治一〇年当時、東京府内には設置目的を異にする二種類の勧工場が存在していた。ひとつは本論文の分析対象となっている第一勧工場である。この施設は、物産陳列設備が勧工場のメイン機能となっている第一勧工場（永楽町辰の口）の系譜。そしてもうひとつは、物産陳列機能が無く「製作所」がメインだった第二勧工場[*22]（神田泉町一番地の旧藤堂家内）の系譜である。双方に期待された役割や設置の主体は別個であるが、「どちらも工業製品の製造場を含んだ複合的な勧業施設[*23]」だったのである。

多少話が脇道に逸れたが、こうした紆余曲折がありながら明治一一年（一八七八）一月二〇日に第一勧工場は開場した。

「物産陳列所」では、勧工場で展示する商品の販売方法や展示方法は第一回内国勧業博覧会と共通する部分も見出せるが、博覧会と異なる点は、入場無料で陳列している商品を実見できる点にある。[*24]また、前述した通り、勧工場には、商品の販売を目的とした施設に加え、庭園や、食事が取れるような休憩所、時々に行われる舞楽や能楽などといったイベントがあり、娯楽の機能も付加されていた。[*25]これにより、第一勧工場は娯楽施設としても、人々の耳目を集めるようになっていくのであった。

結局、第一勧工場の物産陳列所の機能は、陳列販売を行う場所の代名詞として一般の人々に捉えられ、明治三〇年代の隆盛時代まで「勧工場」という名前の陳列所が相次いで設立され続けた。そして、民設勧工場が第一勧工場の「繁盛にあやかって勧工場という名称を用いた」[*26]ことにより、勧工場という名称を用いた商業施設が広く国内に定着していったのである。

2　東京府会と勧工場予算

(一)　第一勧工場と東京府予算

第一勧工場は、東京府が直接行う勧業事業のひとつとして始まったため、当然ながらその運営費全般や取得した土地・建物の修繕費および増改築費を東京府税の内から支弁しなければならなかった。明治一〇年七月の段階で、すでに次年度予算の編成に着手していた東京府の、設立当初の勧工場予算は次の通りである。[*27]

本年度府税歳入予算ニ基キ各科ノ費途ニ分賦シ、則博覧会経費并龍ノ口物品陳列所十年度十年七月ゟ十一年六月迄経費常額別紙之通相定候条、右ヲ以支弁可致候、尤百端之費途追年増加シ、処弁頗ル困難之時ニ候間、金額超過不相成様可致は勿論、猶精々費用節略ニ注意可致、尤其都合ニ依リ定額科目中ニ而彼是流用致支弁候義ハ不苦候、此旨相達候事

但、授産所費途之儀ハ本年度歳計上聊余裕無之ニ付、目下難致支給候事

明治十年七月　上局

博覧物品陳列所十年七月ゟ十一年六月マデ経費定額

一、金千三百六十八円　給与

是ハ該所各員給料并番人門番小使等給料ニ充ツ

一、金八百円　物品買上代

但、陳列品都テ人民ヨリ差出候筈ノ処、臨時官ノ見込ヲ以買上ヘキ品代見込

一、金百八十二円　需用費

是ハ該場ノ諸費并雑費ニ充ツ

合金二千三百五十円

但、該場修繕費ハ其時ニ臨ミ別途ニ支給スヘシ

明治一〇年度の勧工場に関する予算は、博覧会経費と同じ科目の中で計算されており、財政が苦しいと言いながらも予算の支出をしていることがわかる。ただし、「授産所」（第二勧工場）については明治一〇年度予算では支給が難しいとされている。ここでは、予算金額の超過が認められないことはもちろん、様々な部分で節約に努めるように指示されている。経費に関しては、門番等の給料である人件費、陳列するための商品買上代、その他雑費を合わせて二三五〇円がすでに決定されている予算額である。このほか建屋の修繕費については「其時ニ臨ミ別途ニ支給」された。

第一勧工場の設立地と建物は政府から譲り受けたものだったとはいえ、「払い下げを受けた建物が、床は四分の一程はなく、建具も外回りが相当壊れていたので修理の必要」[*28]があったとされ、実際に建具や長屋の外回りの外装はほとんどないか毀損していたことから、明治一一年（一八七八）一月の開場後間もなく内国勧業博覧会の農業館を移築や、長屋の修理や模様替えなどの整備を行わなければならない状況だった。[*29]また、東京府が第一勧工場の整備を進める中で、積極的に植樹や造園工事を行ったことを含めた整備費も東京府税から支出された。

さて、この第一勧工場については、一一年度予算も「該場ノ費用ハ一切府税ヲ以テ支弁」された一方で、「漸次旺盛ニ赴ニ随ヒ無限ノ費額ハ給続シ得ヘカラサルカ」[*30]という実情も指摘されている。東京府勧業課は「物品陳列所」（第一勧工場）を維持するために六つの方針の草案を作成し、東京府知事へ提出している。この草案は、アメリカへ留学していた敷村兼正による諸外国のバザーやフェアーに関する報告を基にして作られたものとして知られており、東京府が第一勧工場へ求める姿勢が読み取れる。ここでは欧米各国を模範とした形で、将来的に民間運営に移行を目指すことが述べられている。ここでは「物品陳列所将来之軌模」[*31]の草案に挙げられた複数のトピックのうち、民設への移行に関連する部分を抜粋して紹介したい。

民設ニ帰スル機期

該場ノ工商ニ進歩ト実益トヲ与フルノ大ニシテ其奇貨トナスヘキヲ悟得スルニ至テ、官若干ノ保護ヲ加エ、之ヲ誘導スルトキハ、必ス豪商有志輩出シテ之ヲ担当施為センコトヲ請求スルハ蓋シ自今十ヶ年以内ニ在トス

民設ニ帰スルノ法案

之ヲ民設ニ帰スル必ス豪商有志ヲシテ会社ヲ設立セシムルニ在リ、而シテ会社ノ利益ハ菲薄ニシテ、之ヲ永遠ニ期スルノ方法トス、故ニ巨額ノ資金ヲ備フル甚難シトスルヲ以テ、其会場ヲ設立スヘキ至適ノ地所若干坪ヲ官ヨリ無税ヲ以テ貸与スヘシ、所謂官ノ保護是ナリ

会社発起人頭取等ノ役員数名ニシテ資金二万円ヲ備フルモノトス、会場出品人凡四千人ヲ限リ社員トナシ、一人金十五円ヲ出金セシム、則株金ナリ、此惣額金六万円、会社ノ主旨トスル所ハ、工芸ノ進歩ト販売ノ便益トヲ与フルニ在リ、故ニ第一空価ヲ厳戒シ深切ヲ旨トシ、販売ノ旺盛ヲ来スヲ以要点トス

会社ノ利益ハ縦覧料ヲ以之ニ充ツ、故ニ縦覧ノ多寡ニ随ヒ利益ノ増減アルヘシト雖トモ、大約配当額ヲ定ムル左ノ如シ

発起人以下数名ノ資金二万円ニ対シテ一ヶ年凡元金ノ八分ヲ配当高トス

民間資本への切り替えに際しては、豪商融資によって会社を設立し、一人当たり一五円ずつ出金し会社の「株金」とするとしている。ただし、「勧工場」は完全なる民営とするわけではなく、土地を無税で貸与するなど一部東京府からの保護も念頭に置かれていた。

結局この基本方針については、東京府知事により「方向主義ハ尤可然事ニ候へ共、実際之挙否ニ至テハ当府之誘導ト府民之力ニヨル事故、篤ト其筋相当之人物へ其掛リ限リ之意見ヲ以テ一応及示諭可申事」[*32]と朱書がなされ慎重論が唱えられた。

しかし、結果的に第一勧工場は、明治一三（一八八〇）年七月一日をもって東京府の運営から出品人共同の民営勧工場に転換された。

東京府としては、草案ではあるが、いつか第一勧工場を民営化するという将来像を描いていたとはいえ、民営化が想定よりも早まっている。この方針転換は、明治一一年に開設された東京府会の意向が反映された結果とも言えよう。では、東京府会では、第一勧工場についてどういった意見が出されたのであろうか。次節からは東京府会内で議論された意見の検討を行っていきたい。

(二)『朝野新聞』の「東京府会傍聴記」にみる第一勧工場予算

明治一一年までは、地方官の裁量によって決定されてきた地方財政だったが、地方三新法成立によって民費や諸税などを整理した「地方税」が新設され、公選制の府県会が地方税の支弁について予算審議を行った。

府県会発足前の勧業政策については、各地方行政府がイニシアティブを発揮して、各地勧業課が独自路線の政策を行うことができたとされている[*33]。そのため、それぞれの府県が、独自に金銭的・人的な補助を商工業者に行っていたが、地方三新法以後は当然、東京府においても「府県会規則」ならびに「地方税規則」に基づいて、勧業費は地方税より支出することになったため、勧業費から支出を行う勧工場の予算に関しては、府会からの承認を得ることが必須条件となった。つまり、東京府が自由に勧工場へ予算を割り当てることは不可能となった。したがって、東京府は明治一二年度予算の勧業費において、第一勧工場の運営費に関する議案を東京府会に提出しなければならなくなった。明治一二年度予算・勧業費に関する予算審議は、明治一二年四月八日・九日の東京府通常府会にて行われ、従来予算の継続支出どころか、地方税を充当しての第一勧工場運営そのものを厳しく追求される形になってしまう。

明治一二年度予算の審議の様子は、『朝野新聞』に掲載の「東京府会傍聴記」[*34]から窺い知ることができる。勧業費の予算審議については、明治一二年四月一一日・一二日付の紙面上に掲載されているため、ここからは「東京府会傍聴記」を参照しながら、府会での審議過程を追ってみたい。なお、東京府より府会に提出された十二年度勧業費予算案は表1・表2にまとめた通りである。

東京府が作成・提出した年度予算案は、全体的に前年度までの税負担を上回らないように抑制的に編成されていた[*35]一方で、勧業費の予算案に関しては前年度比七割強の大幅な増額であったことが指摘されている[*36]。それゆえに、府会の開始時には議長の福地源一郎により「本案ハ小議会ニ於テモ大分議論アリタレバ、削除トカ半減ニスルトカ何レ大修正モアルベシ、故ニ此所ニテハ先ツ原案惣体ノ姿即チ総計金九千七百二十二円ヲ以テ之レヲ討論シ、逐条細目ハ其跡ニテ議スルコトニ致スヘシ」と議論の口火が切られたのであった。

東京府会議長として会議の進行を行ってきた福地源一郎は、勧業費については「議員ノ席ニ就キ異見ヲ述ベタキ次第アリ」として、副議長である堀田正養に、自分に代って議長席につくように希望した。しかし議長代理を求められた堀田も「本案ニ付大イニ異見アリ」とし、ほかの議員に議長代理を依頼した。その際に、議長代理候補として指名された、大倉喜八郎（京橋区選出、貿易商）、藤本精一（本所区選出、薬種商）、鳥山貞利（荏原郡、職業不詳）荒木

表1　明治12年度東京府歳入歳出予算原案決議対照表　（単位は厘）

地方税収入予算（歳入）						
科目		原案金額	修正決議額	15区6郡割受額（15区、6郡）		府税以外の収入に係るもの
予算上ニハ合同一科目	営業税	80,380,000	71,316,440	62,913,720	8,402,720	—
	雑種税	172,276,550	187,549,799	167,732,900	19,816,800	—
地下割税		97,639,000	—	58,046,000	39,593,000	—
戸数割税		87,000,000	85,800,000	70,000,000	15,800,000	—
合計		437,295,550	442,305,140	358,692,620	83,612,520	—

地方税ヲ以テ支弁スヘキ経費予算（歳出）					
科目	原案金額	修正決議額	15区6郡割受額（15区、6郡）		府税以外の収入に係るもの
郡区吏俸給与並役所諸費	114,419,800	117,969,800	99,375,500	18,594,300	
六郡町村戸長以下給料及戸長職務取扱費	31,661,500	32,512,500	六郡		
浦役場及難破船諸費用	72,880	—	57,576	15,304	
管内限諸達書及掲示諸費	4,963,794	—	3,709,596	1,254,198	
府会諸費	3,251,400	3,186,400	2,517,291	7,115,000	
警察費	75,000,000	—	67,885,000	7,115,000	
道路橋梁及堤防費	102,712,495	—	92,472,081	10,240,414	
流行病予防費	700,000	60,000	400,000	200,000	
病院費	60,297,473	59,735,956	41,723,168	2,100,315	15,912,473
教育費	14,878,000	16,178,000	12,890,703	3,287,297	
府立学校費並公立小学校補助費用	36,329,449	30,346,537	1,757,130	6,452,741	6,322,488
勧業費	**9,722,000**	**9,721,968**	**9,703,968**	**18,000**	
合計	454,008,791	453,000,330	348,306,191	82,459,178	22,234,961

資料：『東京府史　府会編』第2巻（東京府，1930年）28～31pより作成．

表2－①　明治12年度予算勧業費（勧工場物品陳列所）

		内訳	費用	概要
給与 6,451円31銭	諸雇給 6,376円50銭	雇給料	384円	月給12円を1名、10円を2名
		雇給料	4,270円50銭	日給30銭を15名、25銭を20名、20銭を11名
		中番給料	486円	月給4円50銭を9名
		給仕給料	384円	月給4円を8名
		小使給料	408円	月給4円25銭を8名
		定雇工給料	294円	1日25銭雇を1年間744名、45銭雇を240名の予定
		為換方手数料	150円	
	賄料 74円81銭	宿直賄料	69円35銭	朝夕賄料一賄につき3銭5厘を2名分、2銭5厘を1名分
		事務取扱所宿直3名分		
		夜業弁当料		
		一ヶ月あたり13名として、一年156名分	5円46銭	事務繁劇時、弁当代 一賄につき2銭5厘ずつ
需要費 1,835円89銭	備品費 316円63銭	書籍購求費	150円	
		書物入箪笥並長持等	39円	
		椅子・テーブル	45円50銭	
		文庫・硯箱□小刀	9円50銭	
		布団・蚊帳・枕	27円50銭	
		火鉢・莨盆・火箸・十能	11円	
		ランプ・行灯・蝋燭・提灯	6円50銭	
		鉄瓶・土瓶・茶碗・桶など	27円63銭	
	消耗費 1,519円26銭	薪炭費	695円	
		茶、売品証紙、蝋燭、灯芯など	470円	
		井戸縄、箒など	26円	
		布巾、雑巾など	16円26銭	
		筆・墨・紙・印肉など	312円	常用品のほか、出品約定済付箋並びに同代価付非売品用付札等代

雑費 59円50銭		地下割地方税	16円26銭8厘	永楽町2丁目1番地
		上水費	26円	
		園内道路修繕費	2円23銭2厘	園外道路修繕費等込み
		郵便税其外	15円	
営繕費 863円		陳列所屋根及窓などの修繕費	393円	
		庭園装飾四季草木代	255円	
		構外塀修理並場内道路修繕、敷物修復代	215円	

第一勧工場予算総計：9,209円70銭

表2－② 明治12年度予算勧業費 勧工場物品陳列所（第一勧工場以外）

第二勧工場修繕費 480円67銭5厘	本家廻り家根修繕費	240円	
	表門長屋廻修繕費	209円	
	地下割地方税	31円67銭5厘	和泉町一番地
その他	地下割地方税	11円51銭8厘	本所緑町官用地
	地下割地方税	70銭5厘	三田功運町官用地
	地下割地方税	1円37銭	角筈村官用地
	諸種買上費	18円	

第一勧工場外予算総計：512円26銭8厘
【表2－①＋②】＝9,722円（六郡地方税から支弁すべき分）

註）明治12年4月11日・12日『朝野新聞附録』第1673号・1674号（東京大学法学部明治新聞雑誌文庫編『朝野新聞 縮刷版』9所収，ぺりかん社，1982年）より作成．

政樹（四谷区選出、職業不詳）、西村勝三（京橋区選出、造靴皮工業）、辻純市（神田区選出、東京米商会所肝煎）の各人も自説があるとして議長代理を断っている。議長については、堀田が「一応其説ヲ述ベタル上ナラバ議長ノ席ニ臨ンデモ可ナリ」と述べ、自身が自説を述べた後に福地と議長を交代することとした。議長自身が意見を述べることを求め、府会議員たちにも各々の意見があるが故に、議長代理が見つからないというハプニングもありつつ、活発な議論が交わされた様子が掲載されている。

結論から言えば、明治十二年度予算については東京府案が全面的に承認された一方で、一三年度以降は地方税からの運営費支出を取りやめるという両極端な方針で決した。ここでは賛成多数で可決された福地源一郎の意見を掲げておきたい。[*37]

> 行政官ニ於イテ之ヲ急ナル者トスレバ我輩之ニ対シテ云ハン、斯ル全国都会ノ地ニ於テ僅カニ一万円位ノ費用ヲ以テ其事業ヲ盛ンニスルニ足ルヤ否ヤ、夫レ敷ノ費用ニテ都下工業ノ進歩ヲ致タス者トスルカト、又其進歩ハ十分ナラザルモ幾分カ工業ヲ興起セント、彼ノ勧工場等ノ如キ者ヲ設クル時ハ、却テ他ノ事業ヲ妨ゲ之レガ為ニ我身デ我身ヲ斃スニ至ラバ誤リモ又甚シトスベシ、斯ノ如キヿガ則チ人民ノ仕事ニ立入ルト申スモノニテ識者ノ取ラザル所ナリ、（中略）勧工場を是非共保護セントナラバ五十万円カ百万円モ出〆盛ニ決行スルガ善シ、左モナクテハ中々大都会ノ勧業ハ行届キ兼ヌル也、然ラバ十二年度ヨリ断然此費用ヲ廃止スルカト云フニ、夫レデハ余リ慮リノ無キ所アリ、依テ四十九番（筆者補注）［*福地源一郎のこと］ノ見込ニハ、勧工場物産陳列所ノ費用ハ十二年度ニ限リ原案ノ儘ニ支出スル者トシ、来ル十三年度ヨリ一切之レヲ廃シ、地方税ノ支出ヲ止ム故ニ夫マテノ間ニ該場ヲ〆独立会社ニ致スナリトモ、又ハ別段ノ方法ヲ以テ維持スルナリ𪜈前途ノ方向ニ於テ変革アランヿヲ知事ニ建白スルヲ以テ上策トス、左スレバ該場ガ幸ヒニシテ独立スルトモ又ハ潰レルトモ、此位ノコトニテ東京一般ノ工業ニハ関セスト存スルナリ

福地案では、都会の地である東京の工業の進歩へ投入する予算が勧業費一万円程度では結局のところ不十分であり、勧工場を設置することで却って人民の仕事に立ち入ってしまっているのではないかと意見している。

なお、福地案とともに多数決にかけられた案は①出品人から五パーセントの手数料をとり、不足分を地方税で補う（大倉案）、②十三年度以降出品人から負担金を徴収し、段階的に負担金増額、五年後に自立させる（鳥山・藤本案）、③費用全額を内国費で賄うよう建議する（丸山伝右衛門〔本所区選出、木材商〕案）の三案があった。

福地案は大幅増額か打ち切りかという最も極端な案だとも考えられるのだが、当該年度予算という意味では、東京府が提出した当初案からの増減額なしで次年度以降の方針を打ち出している。

東京府会全体での福地の立ち回りは、議長として議事の進行を行いつつ、審議を主導し、審議年度の予算については大幅な減額や費目の削除を避け、次年度の予算執行までに課題となっている制度自体を改めるように会議を導いたことが指摘されている。[*38]

福地の意見が賛成多数で可決された背景には、福地案の内容もさることながら、勧業費予算のみならず、通常府会全体を牽引してきた福地のリーダーシップによるところが大きかったと言えるだろう。

このことに関連してひとつ付け加えておきたいのは、東京府会の一部と人的な連続性が見られる、東京商法会議所や旧会議所の意見を取り入れたという確固たる形跡は、現時点では確認できていないという点である。また、福地と関わりがあり、当時の実業界において重要な立ち位置にいた渋沢栄一と第一勧工場との関連も同様に、現在のところ史料上に見出すことができない。池田真歩により福地と同志的な関係を持つ渋沢栄一らの考えは、府会の意思決定には間接的にも反映されておらず、これは予算審議が比較的スムーズに進んだが故の、逆説的な事情であったことがすでに指摘されているが、[*39]勧工場に関しても同様の指摘ができるのか、この点については今後検討していきたい。

3　予算審議後の第一勧工場

こうして、東京府会の予算審議では賛成多数で福地案が可決され、明治一三年度予算からは、第一勧工場への東京府税支出が停止された。明治一三年には、予算の停止については、東京府知事松田道之から出品人物代たちへ次のように通達された。[*40]

当府第一勧工場内物産陳列所之儀ハ、来ル七月一日ヨリ地方税ヨリ経費支出スル事ヲ止メ、出品人一同へ引渡候条、尓後一切ノ経済ヲ負担維持可致、依テ左之通相心得請出可差出此旨相達候事

東京府知事　松田道之

一、勧工場内物品陳列所ニ属スル建物ハ、悉皆本月ヨリ向明治十七年四月マテ総テ無料ニテ貸渡スベシ

一、官ノ都合ニ因テ期限内ト雖モ該場引払ヒ申付候節ハ、該建物ハ勿論自費修営ヲ加ヘシ分ト雖モ総テ有形ノ儘速カニ返上スベキ事

但、拝借期限ニ至リ返上ノ節モ本文ノ通リ可心得事

一、建物内外部ノ修繕等ハ一切出品人中ニ於テ自弁スベキ事

但、模様替ハ勿論修繕ノ時ニ掛官吏ヘ申出、指図ニ従フベシ

一、売店・茶店等ノ建設及地所ニ関スル事件ハ、其都度願出許可ヲ受クベキ事

一、該場ノ景況為参考一周間《ママ》及一ヶ月毎ニ日々物品ノ売買高ヲ計算シ、表ヲ製シテ其時々掛官吏ヘ可差出事

一、該場所属ノ用具、諸雑品ハ別紙目録ノ通建物一同貸与致シ買渡事

一、当府官吏ヲシテ諸般監督セシムルヿアルベシ

但、修繕ハ一切自弁タルベシ

東京府が地方税の支出を停止し、出品人たちへ第一勧工場を引き渡した後は、第一勧工場内物産陳列所の出品者たちによる共同運営になった。しかし、これ以降も東京府が第一勧工場の運営から完全に手を引いたわけではない。基本的な運営費用の出資を出品人たちに任せる一方で、売店・茶店などの新規出店や模様替えなどを行う際には届出を提出させたり、第一勧工場の賃貸料の無償化を行ったりと保護・監督業務を担っていたことがわかる。

民間共同運営となった第一勧工場は、後に辰ノ口から上野公園、芝公園と移転を繰り返した。名称に関しても明治二〇年（一八八七）に「東京府勧工場」と改称、翌年一月には運営主体を東京勧工会社として、これにより第一勧工場は名実ともに東京府から民間による運営となったのである。

おわりに

以上のように、東京府が設立した第一勧工場に地方税が投入されていた期間は明治一一年度（明治一一年七月から翌六月まで）および明治一二年度（明治一二年七月から翌六月まで）のわずか二年間という短い期間であった。

第一勧工場では、商品陳列から管理・運営・清掃・警備等に至るすべての運営業務が東京府税で賄われていた。しかし、明治一一年の地方三新法施行により、地方税勧業費支出について府会による審議が必要となり、明治一三年度予算からは東京府税の投入は打ち切られることとなった。東京府では想定よりも数年早く予算投入の打ち切りを余儀なくされたと言えるだろう。

東京府では、明治一一年六月の時点で、官の保護を加えながら府内工業を勧奨し、時期が来たら、豪商有志による会社を設立し、勧工場を民営にすることを一〇ヶ年計画程度で考える案もあったが、これについては府知事から要検討という意思が示されている。

東京府税により、第一勧工場を維持していくことに対して、東京府会議員の一部からは、「平均ノ利益」（堀田）への支出ではなく「出品者ハ一銭モ出サズ、是レ出品者ハ大ナル幸福ト雖モ、地方税ヲ出ス人民ヨリ見ル時ハ是カ為メニ一万円近クノ金円を費シ、迷惑ノ極点ト云フベシ」（大倉）と指摘するような声もあがった。しかしながら、第一勧工場の勧業に与える効果については一定の理解が得られていたため、出品人たちから出品手数料をとり、足りない分を府税から支弁することによって、地方税支出を減らそうという意見も出るほどだった。こうした議員たちの意見は、議長の福地に言わせれば「勧工場ハ盛ンニシタケレドモ地方税ノ支出ハ望マザルガ如ク、一文ノ銭デ饅頭ヲ二ツ買ヒタイト云フニ似テ余リ欲張リタル御了簡」であるとし、勧工場に対する地方税支出は一切の支弁をやめるか、もしくはもっと大きな額を投入するかでなければ「大都会ノ勧業ハ行届キ兼ヌル也」と述べたのである。ただし福地は一二年度予算を急に打ち切ることは「慮リノ無キ所」なので、一二年度は原案通りの地方税支出を提案した。第一勧工場が早急に民営化するための用意をしなければならなかった要因は、東京府会による第一勧工場への予算打ち切りの決定が背景にあったのである。

議員たちは、第一勧工場の勧業への有用性に一定の理解を示す一方で、この利益が勧工場へ出品した一部の人々にのみ大きいことや、予算額への懐疑的な声が上がったことで、結果的には予算を打ち切りという結論に達したのである。

本稿では、東京府会での予算審議を中心に、第一勧工場の予算について見てきた。以下では、残された課題について記しておきたい。

一つ目は第一勧工場を取り巻く人的なネットワークについて検討を行えなかったことである。具体的には東京府議に関して言えば、府会議員間の相互の関係、また東京商法会議所や商法講習所との連携関係について言及することができなかった。二つ目は第一勧工場の設立に関連して、初期の出品人として起立工商会社社長・松尾儀助や三越得右衛門、岸田吟香ら当時の有力な商人らが関わっていたことが明らかになっている。[41] しかしながら、これらの人々の動向については、なお不明瞭な点も多く言及できなかった。これらは、第一勧工場設立の背景を明らかにする重要な鍵のひとつであることから、今後改めて考察したい。

註

＊1　初田亨「勧工場の設立とその後の変遷」（『日本建築学会論文報告集』三二九号、一九八三年）、『百貨店の誕生　明治大正昭和の都市文化を演出した百貨店と勧工場の近代史』（三省堂、一九九三年）、『東京　都市の明治』（ちくま学芸文庫、一九九四年）等。

＊2　吉見俊哉『博覧会の政治学　まなざしの近代』（中公文庫、一九九二年）。

＊3　貞包英之「近代における消費の変容：勧工場から百貨店へ」（『山形大学紀要（人文科学）』第一七巻第三号、二〇一二年）。

＊4　前掲註2、一四〇〜一四一頁。ただしこの指摘は勧工場だけではなく、博覧会や百貨店などの新しいもの（商品）が陳列された場全体に対する指摘である。
＊5　前掲註3、五四頁。
＊6　三宅拓也『近代日本〈陳列所〉研究』（思文閣出版、二〇一五年）。
＊7　前掲註6、一〇五頁。
＊8　田中政治『新訂　勧工場考』（田中経営研究所、二〇〇三年）。
＊9　『国史大辞典』第三巻（吉川弘文館、一九八三年）八一一頁。
＊10　初田亨『繁華街にみる都市の近代―東京―』（中央公論美術出版、二〇〇一年）一七三頁。
＊11　鈴木英雄『勧工場の研究：明治文化とのかかわり』（創英社、二〇〇一年）。
＊12　田中裕二「見世物の規制と制度化をめぐる近代盛り場の変遷―公園・博覧会・勧工場―」（『江戸東京博物館紀要』第十号、二〇二〇年）一八三頁。
＊13　前掲註1。
＊14　前掲註6。
＊15　「回議録　第八類　第一勧工場　明治十年ヨリ十一年ニ至　勧業課」（請求番号：609.B6.07、東京都公文書館所蔵）。
＊16　『東京市史稿』市街篇、第六〇巻（東京都、一九六九年）四四四頁。
＊17　前掲註16、四四六頁。
＊18　起立工商会社は、松尾儀助と若井兼三郎により設立された、主に輸入貿易を生業とする会社である。明治六（一八七三）年に明治政府が参加したウィーン万国博覧会の残品販売をはじめとする事業を政府に代わって行っていたとされる。その後も各万国博覧会と関連を持ちながら経営された。
＊19　前掲註16、四四六〜四四七頁。
＊20　前掲註16、四五九〜四六〇頁。
＊21　前掲註6、一〇〇頁。
＊22　第二勧工場は、国内で古くから伝わる漆器や蒔絵、陶磁器など、工芸品の保護・勧奨、伝習を行うための施設と記載がある。運営団体は岸光治、新田義雄らによって設立された民間会社の精工社。明治一〇年一〇月に官有地の借用願い出、許可されて設立した

（前掲註10、四九九〜五〇〇頁による）。
＊23 前掲註6、九七頁。
＊24 前掲註10、一八五頁。
＊25 庭園・茶屋などの遊園的機能は、東京府が第一回内国勧業博覧会へ出品した樹木や芝、石などを勧工場に植樹して庭園を造園した。茶屋や休憩所などでは軽食が販売されたり、第一勧工場敷地内では稲荷神社の祭礼、能楽などが行われたりと、娯楽的要素が徐々に強まっていった。これらはすべて主催者や出店者が東京府からの許可を得て行ったことである（前掲註10、一八六〜一八七頁による）。
＊26 前掲註6、一〇一頁。
＊27 前掲註16、四四五頁。
＊28 前掲註8、二四〜二五頁。
＊29 農業館の移築については、明治一一年二月八日に東京府勧業課・出納課から東京府知事に宛てて、引建直しの落成と渡り廊下などの工事伺い、同年四月二四日には長屋の模様替えに関する伺が仕様書・入費書とともに提出されている。なお、第一勧工場の増改築や修繕に際しては、既存の廊下を取り壊した木材を再び使用したり、古材が不足している部分のみを新しい材料で補われたりしており、既存の建物や材料を再利用して整備されている箇所が多いことが指摘されている。（東京府会計課「第一勧工場書類　明治十年ヨリ十一月マテ」〔東京都公文書館所蔵〕、『公文録』内務省之部　明治十年四月〔国立公文書館所蔵〕、前掲註10、一八二頁による）。
＊30 『東京市史稿』市街篇、第六一巻（東京都、一九七四年）四二六〜四二七頁。
＊31 前掲註30、四二六〜四二七頁。
＊32 前掲註30、四二六〜四二七頁。
＊33 斎藤修『松方財政と殖産興業政策』（国際連合大学、一九八三年）第三部九章。
＊34 『朝野新聞附録』明治一二年四月一一日・一二日付（東京大学法学部明治新聞雑誌文庫編『朝野新聞 縮刷版』九所収、ぺりかん社、一九八二年）。
＊35 池田真歩『首都の議会―近代以降期東京の政治秩序と都市改造』（東京大学出版会、二〇二三年）七〇〜七一頁。
＊36 前掲註8、四一頁。
＊37 前掲註34。
＊38 前掲註35、七〇〜七一頁。

＊39　前掲註35、七一頁。
＊40　「回議録　第八類　第一勧工場　明治一三年」（請求番号：611・B2・2、東京都公文書館所蔵）。
＊41　南亮一「ショッピングセンターの原型・勧工場の隆盛と衰退」（法政大学イノベーション・マネジメント研究センターワーキングペーパー二三四巻、二〇二〇年）二頁。

八　第一次大戦後における地方税の「社会政策」的模索

――秋田県会の雑種税をめぐる議論から――

中西啓太

はじめに

本章は府県の独立財源であった雑種税を切り口に、第一次大戦後の膨張する地方財政に、社会政策的な観点の高まりや徴税技術上の問題がいかに絡み合ったかを捉える。

第一次大戦後のいわゆる戦間期は経済規模が急拡大し、本格的な重化学工業化が進展するなど様々な画期とされる。財政問題の議論も活発化し、税負担の「公平」や「平等」が課題となった。[*1]明治前期には市民社会の理念に即した価値規範の順守が「公正」と位置付けられたのに対し、第一次大戦後には原則がもたらす不利益を是正することこそが「公正」とされるようになったと通時的に捉えた研究もある。[*2]

地方財政に関しては、金澤史男は明治期に「遮断型」であった地方財政が第一次大戦期に補助金を通して中央と結びつきはじめ、他方で地域間の行政サービスや負担の「平等化」が求められたため、戦間期は財政調整制度へとつながる出発点となったと捉えた。[*3] 坂本忠次は第一次大戦後の財政膨張を国際比較している。英・独は戦争終結後も財政支出の水準が元に戻らない転位現象を見せると同時に、地方財政に対し中央財政の支出比率が高まる集中過程が進み、一方でアメリカも転位と集中は急激だが一九二〇年代には州権の根強さを背景にかなり復元し、世界恐慌を契機に再び進行するという推移を見せたという。対して日本では、戦争による転位現象は見られるが、日露戦争中には集中過程が見られるものの戦後に再び地方経費が膨張していた。第一次大戦中・大戦後には中央財政の伸びを上回って地方財政が増大しており、当該期の変化としては世界的に見て特徴的だと指摘した。[*4]

しかし、この特徴ある推移は、補助金や義務教育費国庫負担金の増額は実現したものの、地方へ税源そのものを移す措置は結局実現しないままでの膨張であった。財政調整制度は昭和一五年（一九四〇）の地方税改革を待たなければならず、支出増に対して財源をめぐる改革は遅れていた。第一次大戦後は改革の「萌芽」に注目が集まるが、財政窮乏に直面する実地では、既存の制度を活用して社会の変化に対応せざるを得なかったと考えられる。財源付与されていないにもかかわらず他国と比して特徴的な地方財政の膨張はなぜ可能で、同時に、当該期の社会を反映した新たな論点にいかに対応したのだろうか。この点の実態を、雑種税をめぐって地方でかわされていた議論を分析することで考察する。

雑種税は従来の研究であまり取り上げられてこなかった具体例だが、内務省の許可は要するものの多種多様な課税を行うことができた。道府県税に占める量的な比率は地租付加税・戸数割に次ぐ三番手だが、社会の状況に合わせた課税の工夫が可能な税目であるため、本章の分析視角に適合的だと言える。しかし、雑種税を取り上げた研究として通時的に地方財政を追った藤田武夫や高寄昇三の著作があげられるが、[*5] ともに雑種税は零細で細民重課になりかねないとする一方、第一次大戦後における増大については考察を深めておらず、明治前期の地方三新法期に対する評価を繰り返すにすぎない。雑種税はこの時期量的に増大するだけでなく工業課税も現れ、他方では公平性が問題視されるなど、とりわけ当該期において分析する意義が大きいと考えられる論点が登場する。県会での議論も参照できる雑種税は格好の題材である。

事例として、雑種税で工業課税となりうる電柱税・動力機械税が大正八年度予算で新設された秋田県を取り上げ、第一次大戦直後の大正七・八年（一九一八・一九）の県会における議論を分析する。工業化について後進地域であるにも関わらず、こうした動きがあることに注目したい。議会の勢力を確認すると、大正七年末の通常県会は第二次大隈重信内閣人気下の選挙で同志会（事例の時点では憲政会）が過半数を奪った状態であるのに対し、翌年九月の定期改選で政友会が過半数を奪還し、年末の通常県会を迎えている。議席の状況が異なる二ヶ年を取り上げることで、政治状況からの影響に関わらず租税に関する観念を捉えられると考えられる。また、秋田県は米騒動が起こらなかった県だが、物価騰貴は進んでいるほか大正七年夏に風水害があり、他県と同様に財政は膨張していた。[*6]

秋田県立文書館の所蔵史料には県会議事録だけでなく、県庁が予算編制した際の史料も残り、税目ごとに他県の調査や郡役所が報告した見込みなどを参照することができる。これらの史料を活用し、一で雑種税の制度や府県財政における位置づけを把握した上で、二では工業課税をめぐる議論について、三では課税の公平性をめぐる議論について分析する。

1　雑種税の制度と変遷

第一次大戦前後の府県財政や税収について、行論に必要な限りで決算額を概観する。[*7]

まず、明治期から基本的に漸増傾向にある道府県税収入総額は、第一次大戦直前の大正二年における全国平均約一五〇万円・秋田県約一一〇万円であった。対して、第一次大戦後の大正七〜九年にかけて全国平均は順に約二二〇万円・三一〇万円・四二〇万円へ、秋田県は約一九〇万円・二四〇万円・三一〇万円へと三倍近い膨張を見せる。ただし、比重が高い税が地租付加税と戸数割である点は変わらない。

前者は国税である地租の納税額を基準に府県が別途徴収する税で、道府県税全体に占める割合は大戦を挟んで全国平均が四割前後で漸減していくのに対し、秋田県は六割以上から五割台半ばへと推移しやや高い比率を保つ。ただし、地租納税額に対して法が認める範囲内で税率を設定するだけの税目であるため、地域事情に合わせる柔軟性は無い。後者の戸数割は府県が独自に基準を設けることができる独立税で、全国平均・秋田県ともに大戦を挟んで二割前後の割合で推移するが、大正七年と九年で秋田県は二割五分を占めて依存度がやや高い。大正一五年（一九二六）まで統一規則が無く地方に運用が委ねられていたが、その自由を発揮できるのは納税者一人一人への賦課額の決定方法や基準を実地で決定する町村レベルで、府県で決めることは予算総額と戸数に応じた各町村への割り付けにとどまる。[*8]このように、税収に占める割合が高い地租付加税・戸数割は県レベルで細かく課税のあり方を調節できる制度となっておらず、戦間期の社会の変化に対応した政策としては活用しにくい税目であった。

一方、所得税付加税や国税営業税付加税は第一次大戦期の経済成長を反映して大正二年から五倍以上に膨張しているが、全国平均・秋田県ともに大戦後に初めて一〇万円を超えた段階にすぎない。また、府県が独自に課す営業税は、明治二九年（一八九六）公布の営業税法で国税営業税が設けられて以降、基本的にその課税対象とならない小規模業者に課されたため、同様に税額は大きくない。対して雑種税は、多様な税目を総計すると三番目に多く、全国平均で大正二年の約二四万円から大正七〜九年にかけて約三四万円・五一万円・六九万円へ、秋田県では同じく約一一万円から一六万円・二四万円・三六万円へと増加していく。

雑種税の前身である多種多様な雑税は当初国庫納入と規定されていたが、すでに明治初年から、許可を得て徴収された府県での支出に目的税的に充てられる実態が進行していた。また他方では、徴収と支出を対応して捉える認識や、対価として特権が付与される運上冥加のような認識が根強く残る状態にあったという。しかし、明治八年の税制改革でいったん雑税は廃止され、こうした各府県で徴収され近世来の収支慣行がまとわりつく目的税ではなく、普通税としての府県税への整理に向かっていった。[*9] さらに、明治一一年（一八七八）のいわゆる地方三新法の制定で、府県会の議決を経て、府県一般から集めた税を財源に支出がなされる、地方財政の領域が創出された。[*10] 三新法の一つ、地方税規則では府県が徴収する費用を「地方税」と呼称し、財源を地租納税額に対して五分の一以内までの付加税や戸数割、営業税、そして雑種税と定めている。このうち営業税と雑種税の種類や規則については同年太政官布告第三九号で定められ、課税対象ごとに金額の上限が列記された。さらに明治一三年太政官布告第一七号・営業税雑種税規則では課税対象の列記のみで金額規定は無くなり、府県会の決議を経て内務・大蔵省の許可を受ければ他に税目を設けることができた。明治二三年に公布された地方制度の基本法である府県制では府県税の内容は規定されず、雑種税は戦間期でも大枠は前述の太政官布告に基づいていたため、府県により様々な税目が設けられていた。なお、明治二九年営業税法公布による営業税国税化の際に、それまでは国税も課されていた車税や舟税は、地方財源として雑種税のみが課されることとされた。[*11]

明治一三年の規則で例示された雑種税の税目は、料理屋・待合茶屋・遊船宿・芝居茶屋・飲食店の類、湯屋、理髪人、傭人受宿、遊芸師匠・遊芸稼人・相撲・俳優・幇間・芸妓、市場、演劇その他興行遊覧所の類、遊技場（玉突・大弓・揚弓・射的・吹矢など）、人寄席、水車、乗馬、屠畜、漁業・採藻、そして当時は国税に船税と車税が存在したためその額を超過しない範囲での船と車への課税である。これらは名称が同じでも各地それぞれで、全体像は今後の検討課題とせざるを得ない。可能な限りで第一次大戦を経た雑種税の状況を捉えるため、内務省が各道府県の雑種税の税目ごと収入額をまとめた『道府県雑種税一覧』を参照する。管見の限り現存する最も古い物は東京都公文書館が所蔵する明治四二年版[*12]があげられ、第一次大戦期以降になると現存する年次が多い。さらに、京都帝国大学の財政

（税法）学者である神戸正雄が、管見の限り現存を確認できない大正二年『道府県雑種税一覧』を典拠とし、第一次大戦直前の雑種税を同時代的に分析した論文を発表している。論文の結論は、地方ごとの実情もあるが全国的基準も必要ではないかという提言にとどまるが、大正二年の数値を用いた量的な分析を参照できる。これに、先述の明治四二年版や、本章が取り上げる大正七年の『道府県雑種税一覧』を組み合わせ、明治末から第一次大戦を挟んでの雑種税の状況を考察する。[*13]

神戸論文が行った整理は主として以下の二点である。第一に、税目ごとの課税額が、全国総計で一〇〇万円以上・一〇万円以上一〇〇万円未満・一〇万円未満のもの、という金額に注目した整理、第二に、全道府県が課している・四〇以上の道府県が課している・二～五道府県が課している・一道府県のみ課しているもの、という採用している道府県の数に注目した整理である。この点を明治四二・大正七年の情報も合わせて整理していこう。なお、沖縄県で府県制が施行されるのはちょうど明治四二年であるため、この年の『道府県雑種税一覧』は沖縄県を含まず四六道府県の記載のみである。

まず、各年の雑種税の税目を全国で合計すると、明治四二年と大正二年が八五種、大正七年が一〇六種であった。神戸論文が言及している限りで明治四二年と大正二年の対比を試みると、少なくとも九種は明治四二年には課されていなかった税目が新出し、いずれも一府県のみで課税されているものであった。全体として両年で大きな変化はなく、税目の入れ替わりがわずかに生じている程度だったと言える。明治四二年に課されていた税目のうち七〇種は第一次大戦を挟んだ大正七年でも課税されている点からも、日本全国で完全に課税が取り止められる税目はわずかであったことが裏付けられる。一方、明治四二年には存在せず大正七年には課税されている、つまり後年に新設された税目は三五種にのぼる。明治四二年と大正二年の税目の入れ替わりは大きくないことを踏まえても、第一次大戦期に新たな税目の設定がかなり進んだことが推測できるだろう。

各年の全国収入額合計は明治四二年から大正二・七年へ順に約九〇〇万円・約一一〇〇万円・約一六〇〇万円と、とりわけ第一次大戦期に大幅な増加を見せる。[*14] しかしこのうち一つの税目で一〇〇万円を超えるのは、明治四二年・大正二年は荷車などに課される車税と、遊興税の性質を持つ芸妓税のみで、両年ともこの二種で雑種税収入額全体の半額に達する。大正七年も一〇〇万円を超える税収はこの二種と自転車税のみで、同様にこれらで全体の半額を超える収入額に達する。対して、収入額一〇万円未満の零細な税目は、明治四二年が七〇種、大正二年が六八種、大正七年が八七種で、いずれの年も税目総数の八割を占める。これらの税目の収入金額の合計が雑種税全体に占める割合は、明治四二年から順に約一割一分・九分・八分と漸減傾向にある。中には全国で一〇〇円に満たない零細な税目も存在する。収入額が多い中心的な税目はごく少数にとどまり、多くは零細な税目で、第一次大戦を挟んで多様化が進行したことがうかがえる。

導入している道府県の数については、全道府県で課されている税目は明治四二年から順に九種・一〇種・八種である。明治四二年は料理・湯屋・理髪人・遊芸稼人・俳優・遊技場・船・車・狩猟で、大正二年はこれに興行を加えたのみで大きな変化はない。これらは狩猟税と、当初は国税を超過しないという制限があった船税・車税を除き、明治前期の営業税雑種税規則に記載がある税目である。対して、大正七年は上記から遊芸稼人・俳優・遊技場を除き、法人建物が加わった八種で、[*15] 前三者が全道府県での課税ではなくなったのは、いくつかの県で芸能・遊興関係の税目が再編された可能性もある。法人建物税が全ての地域で導入された点は、やはり経済発展を反映し、税源として期待されたことが推測できる。四〇以上の道府県で導入されている税目は明治四二年から順に一二種・一一種・一六種で、雑種税が多様とはいえ一定の共通性は担保されていることがうかがえる。

他方で、二〜五道府県のみの税目は二五種・一八種・二五種に、一道府県のみの税目は一六種・二〇種・三三種にのぼり、地域性への対応が示唆される。特に、大正七年において一道府県しか導入していない税目が急増していることとは、各地で多様な課税が試みられていたことを示すだろう。ただし、金額の検討も合わせると、新たに設けられた多様な税目は収入額が大きいものではなかったと考えられ、必ずしも大きな財源を得ることを主目的にしたとは言えないケースも含まれることが示唆される。この点からも、雑種税をめぐる議論から当時の課税に対する考え方をうかがえるのではないかと考えられるのである。

次節では、雑種税のうち大正七・八年の秋田県通常県会における動力機械税・電柱税を事例として、工業課税をめぐる議論を分析する。先だって『道府県雑種税一覧』で全国的な状況を把握すると、電柱税は明治四二年には栃木・岐阜両県でそれぞれ一〇〇〇円弱の課税がなされている。都市化・工業化が進行した県とは言い難い地域で明治末に課税がある点は興味深いが、詳らかにはし得ない。神戸論文の整理には登場しないため大正二年度は少なくとも六道府県以上で課税され、税額は総計一〇万円未満であることが推定できる。大正七年度には二三府県で採用され、税額は総計で約一五万円であった。一万円以上収入したのは神奈川・群馬・栃木・福島・福岡で、拡大傾向にあった税目だと考えられる。一方で、より電力・電灯が普及しているはずの東京や大阪では課税が行われておらず、本章で考察することはできないが、税目選択をめぐる各道府県の判断は興味深い論点である。課税対象物の普及の進行度と、徴税能力とのバランスも関係するだろうか。

動力機械税については、明治四二年時点では類似性を持つ税目として器具器械税があげられる。ただし、二一県が課税しているが、群馬と栃木のみ「動力車」、兵庫のみ「馬力」と注記があり、ほとんどの例では在来的な道具への課税と推測される。山形と島根で課税されている製糸機械税も、動力を用いた近代産業の設備への課税とは言い難いだろう。一方、大正七年度になると、動力機械税の名称で包括的に課税しているのは四県に留まるが、石油発動機税や蒸気器械臼税、あるいは瓦斯管税や発電用水車税など、工業利用される個別の装置についての課税は様々な例が全国に見られるようになっている。第一次大戦を挟んで、工業課税の進展・多様化はある程度広がっており、秋田県もそうした傾向の中で電柱税と動力税を新設したと考えられる。

2　工業課税と経済発展

(一)　雑種税による工業課税の端緒

大正七年一一月末から始まる秋田県通常県会[*16]で翌八年度予算が審議されるが、物価高騰を反映して全体として膨張し、雑種税は増税と税目新設で前年度予算から約五万円増の約二〇万円が計上された。雑種税の税目は三九種で、このうち明治一三年の営業税雑種税規則には無い税目は二〇種であった。金額は、最も大きいもので車税の約四万円、最も小さいもので相撲税の二円で、平均すると約五〇〇〇円であるのに対して中央値は約二〇〇〇円とかなり少額であることから、零細な税目が多数存在するという傾向はこの事例にも該当すると言える。この年の雑種税では、動力機械税・電柱税・建物建築税が新たに予算計上された。これ以前から、たとえば水車税のような在来的な動力に関わる税目や、車税、船税や倉庫税などの物流に関する道具や施設に課税する税目は存在したが、特に動力機械税・電柱税は明確に近代工業に課される税目だと言えるだろう。

動力機械税は約五〇〇〇円が計上された。一年間に搗臼三〇銭・挽臼二〇銭・精米機三円・製材機七円・鉄工機械三円・発電機械二〇円・その他一円五〇銭を課すもので、前半の項目は在来産業的なものも見られてあまり高額ではないが、後半の項目は一つの税として雑種税ではかなり高額である。電柱税は約三〇〇〇円が計上され、電柱一本ごとに高圧四〇銭・低圧二〇銭・電話一〇銭と種類に分けて課税された。

翌大正八年末の通常県会で審議される九年度予算では、雑種税は約三〇万円に達する。県の説明では、物価騰貴や負担状況を参酌して基本的に約三割増としたが、動力機械税は内務省が前年に一年度限りと通牒していたため廃止し、電柱税の税額は上げていないとしている。

以上を踏まえ、本節では大正七・八年の秋田県会における工業課税をめぐる議論を分析する。質疑に登場する議員の経歴は脚注を参照されたい。秋田県公文書館が所蔵する県会議事録からの引用は、県会の日付のみを記して出典注は割愛する。

まず大正七年の通常県会では、山本郡能代港町（現在の能代市）の『羽越新聞』社長・島田豊三郎（憲政会）[*17]による電柱税に関しての質問から、秋田県の状況と税務についての実際的な課題がうかがえる。

（電柱税が課される企業について）六分以内ノ配当ヲスルモノニハ課税シナイトアルガ……先頃魁新聞紙上ニモ見エテ居リマシタガ①秋田県ノ電灯会社電気会社ト云フモノハ昨今勃興シテ来タ所ノ新事業デアッテ、マダ今日ハ石炭ノ高イ事カラ労働賃ノ高イ事カラシテ十分ノ利益ヲ挙ゲテ居ルモノガナイ、僅ニ利益ヲ見テ居ルノハ増田ノ水電ト能代ノ秋田木材ノ事業中ノ一ツデアル電気部デアル、併ナガラ此秋田木材ノ電気部ノ如キハ他ノ製材業ト共通ノ計算ノ下ニ事実ニ於テハ営業シテ居ル、唯之ヲ計算スルニ当ッテ電気部ノ益金ト云フモノハ仮リニ出スコトハ出来ルケレドモ、②之ヲ会社ノ手加減ニ依テ如何様ニモ其利益ト云フモノハ他ノ方面ノ事業ト按排スルコトガ出来ルデアッテ、若シ之ヲ脱税セントスレバ脱税スルコトモ亦決シテ難クナイ……（大正七年一一月二八日、引用史料中の傍線は筆者による。以下同じ）

電柱税は株式に対し六％以上の配当を出していない企業は免税対象であることに関連して、傍線部①ではそもそも秋田県の電力業は未熟で利益が上がっている企業が少ないと言及された。課税対象になり得るのか、との含意で問われていると言えるだろう。さらに、数少ない収益の上がっている電力業者には製材会社の一部事業もあることが述べられ、傍線部②では利益の状況については企業側の手心で調整できてしまい、脱税が防げるのか、予定の税額を得られるのかと問われた。

対して県側は、秋田電気・大館電気・増田水力・鹿角電気・稲庭電気・秋田木材が六%以上の配当をしており、予算額は課税できると見込んでいること、決算の不正は税務署がチェックしているため弊害は無いと考えていることを答えた。実務的な応答だが、県内の電力普及度という発展状況や、十全に課税ができるかどうか、という論点が見られる。前者に関連し、「東北六県ノ中電気業ノ普及ノ統計」によると秋田県が最下位であることを踏まえた質問を北秋田郡鷹巣町（現在の北秋田市）の成田直一郎（政友会）[*18]が行っている。

……①秋田県ノ電気業ニ対シマシテ此電柱税ヲ新設スルト云フノハ、将ニ発達セントスル所ノ電気業ヲ阻害スルト云フ憂ガアルト私ハ信ズルノデアリマス、然ルニ僅々三千円足ラズノ新設税ヲ設ケルト云フノハ、当局ニ於テモ無論県ノ財政上ノ関係万已ムヲ得ズ之ヲ新設シタモノトハ信ジマスルガ、此六県ノ中ノ最下位ニアル所ノ本県ノ電力業ニ対シテハ余リニ無理ナルモノト私ハ思ツテ居リマスガ、当局ハ其辺ニ対シテハ六県ノ電気業ノ普及ノ状況ヲ御調ベガアルナラバ、ソレヲ聴カシテ貰ヒタイノデアリマス、尚ホ又②此案ヲ見マスルト高圧一本ニ付テ四十銭、低圧ハ二十銭トナッテ居リ、発電機ノ方ハ一台ニ付二十円、其他ノ機械ニ付テハ一円五十銭トナッテ居リマスガ、此電柱税ノコトニ対シマシテハ此以外ニ県道使用料ヲ一本ニ付テ二十銭取ラレル筈ニナッテ居リマスカラ、彼是レ総合致シマスト非常ニ重イ税金ニナルト私共ハ信ジテ居ルノデアリマス……（同前）

東北六県で最も電力の普及が遅れている秋田県で電柱税を設けては発達を阻害しないかと傍線部①で問題にされている。さらに傍線部②のように、電力業には他に動力機械税の一つである発電機の二〇円などが課されることに加え、県道使用料も電柱一本につき二〇銭が課されており、電柱税と合計すると負担が重いのではないかと各種の賦課を総合した懸念が投げかけられている。しかし県側は、「柱ニ投スル資本ノ割カラ見マシテモ此率ハ適当デアルト私共ハ信ジマス、又柱一本当リノ利益カラ見マシテモ余リ不当デナイト信ジマス」と利益率に対して適切であると答弁した上で、現在の電灯数を踏まえても事業に影響する税額ではないとした。

こうした答弁の素地と考えられるのが、税目ごとに調査資料が綴じられた『予算下調書』である。動力機械税についての下調べを参照すると、機械の種類ごとに製品の金額と日数を掛けて算出した収入金や、国税・町村税も含めた公課金と修繕費・燃料費・人件費などの経費を示し、課税後に利益がどれほど残るのかも試算している。机上の計算に過ぎないとも考えられるが、「(イ)経費ハ収入ヲ得ルニ必要ナルモノ、ミヲ計上セリ、動力費ハ最モ不経済ナル石油発動機ヲ掲ケタリ、サクシヨン瓦斯ニ依ルトキハ其経費約二割ヲ減シ電力ニ依ルトキハ半減シ得(ロ)本県ノ製材業ハ不用木材屑ヲ燃料トスル為メ燃料費ヲ要セス(ハ)自家用電灯ハ大企業家ノ動力ノ余裕ヲ以テ点灯スルモノナルヲ以テ前記収益調ハ推算ナク」[*19]と「備考」に記され、課税対象者の状況を細かく検討していたと考えられる。

電柱税でも「説明」として各種電柱の一本当たり投資額や電力会社の電柱一本当たりの収益金が示され、荷車に対する税額が二、三〇円であることと比して安いこと、他県の税率と比較して高くないことが記載されている。さらに、どの税目も共通の様式だが、各郡から報告された課税対象の数が一覧で示され、予算が積算されている。納税者の収益を圧迫しないことにかなり注意を払って税率を定めていることがうかがえるとともに、他県の事例を示している税目も多く、慎重な準備の上に立っていることがわかる。

その後、高等女学校設置をめぐる知事との対立が背景とされるが、会期最終日に多数派の憲政会が大幅な修正動議を提出したため大正八年度予算は審議未了となり、原案執行となった。[*20]本項で取り上げた税目のうち、動力機械税は内務省から一年度限りの許可しか出されず、翌年の県会に提出された予算案に含まれなかったため、議論が広がっていった。

(二) 工業課税の是非をめぐる議論

前項の冒頭で説明したように、大正九年度予算で雑種税は基本的に引き上げられたが、電柱税の課税額は据え置かれ、動力機械税はそもそも一年限りとして内務省から許可を受けていたため、廃止された。これを審議する大正八年末の通常県会では、課税全体の公平性や工業に対して課税することの是非が論点として浮上している。

まず、平賀郡横手町（現在の横手市）の弁護士・会社役員の川上勝淑（憲政会）[*21]の質問を取り上げる。まず川上は大正八年一二月一八日の県会において、動力機械税が予算に無い理由を尋ねつつ、「一体私共ノ考デハ今日ノ税ガ弱者ニ酷ニシテ強者ニハ弱イ、力ノアル者ニハ成ルベク税ヲ薄クシテ、苦情モ言ヘナイ、弱イ者カラハ弱イ者窘メニ税ヲ課スルト云フヤウナ実際ノ有様デアルト思フノデス」と現在の税には経済力が低い者ほど負担が重い逆進性があるのではないかと議論を展開した。その上で、現在の時流は財産を有する者や資本家に十分な課税を行い、「弱者、即チ労働者方面ノ課税ヲ緩クスベキ世間ノ今日ノ輿論ニモナッテ居ルヤウデアル」と、経済的な弱者として労働者をあげ、彼らへの税を軽くすべきという意見が強まっていると述べている。あくまでも「輿論」という言い回しはしているが、税負担をめぐる公平性を論じており、続けて動力機械税はこの観点から適切な税目であるのになぜ内務省は認めなかったのか、と展開していく。

……動力機械税ト申シマスレバ①最モ有力ナル資本家ニ課税スベキ部類ニ属スルモノデアリマス、大工場ヲ持ツテ動力ヲ使用シテ、サウシテ物品ヲ製造スル、兎ニ角大資本家ノ負担ニ属スベキ性質ノ税デアリマスルノニ、斯ノ如キ課税ハ政府ハ許サス、②工業ノ発達ヲ阻碍スルトカ何トカ云フ理由ヲ或ハ付ケテ居ルカモ知レマセヌガ、併ナガラ斯ノ如キ有力ナル大工場ヲ有ツタ者ニ課税ヲ致シマシテモ、コレガ為ニ工業ノ発展ヲ阻碍スルトカト云フヤウナコトハ一片ノ理屈デ、実際ノ問題デハナイト思フノデゴザイマス、併シコレハ私ノ想像デアリマスルカラ、ドウ云フ理由ニ於テ政府ハ此動力機械税ト云フモノヲ止メマシタカ、其止メタ理由ヲ承リタイト思ヒマス……（大正八年一二月一八日）

傍線部①では、動力機械税は大工場で機械を稼働させて製造業を営む、経済力を有する資本家に課税される税目という認識を述べている。現在の税が逆進的だと論じていたことも背景に、動力機械税をその解消につながる富裕層への課税と位置付けているのである。その上で、動力機械税は資力を有する者への課税としてピッタリであるのに内務省が許可しなかった理由として、傍線部②のように工業の発達の阻害という懸念を推測するが、有力な大工場に課税したとしても実際には障害にならないのではないかと疑義を呈している。

これに対して県当局は、大正八年度分は許可されて実際に賦課徴収はしたのだが、しかしその際に「明年ノ分ニ対シテ仮令許可申請ヲ致シテモソレヲ許可シナイト云フ通牒ガアリマシタノデ、ソレデ明年ハ徴収シナイ次第デアリマス」と内務省側は一年限りの課税として動力機械税を認めていたことを明かした。なぜ動力機械税は大正九年度に許可されなかったのかという川上の質問に対し、特段の理由は明示されなかったので推測するしかないがと断りつつ、「矢張リ日本ノ工業ガマダ世界ノ諸工業ニ比シテ幼稚ノ域ニアルカラ、此動力ト云フモノヲ十分保護スル、サウシテ益々工業ノ発達ヲ図ラナケレバナラヌト云フ趣旨ニ出テ居ルノデハアルマイカト我々モ推察致シテ居ルノデアリマス」と日本の工業が未熟で、保護して発達を図らなければならないという意図ではないかと答えている。

以上から、第一次大戦後に本格的に登場した工業課税に関し、再分配による公平性を求める視点で歓迎する意見と同時に、工業課税と工業保護が衝突するものと捉える意見が、工業の発展度で言えば後進的な地域にあたる秋田県においても現れていたことがわかる。

ただし、この時の秋田県会は租税の社会政策的な側面を重視する意見ばかりではなかった。川上と同じく憲政会で南秋田郡土崎港町（現在の秋田市）の酒造業・刈田義門[*22]は、県の回答を踏まえて「コレハ要スルニ我国ノ工業ガ未ダ外国ト比較シテ発達シテ居ラナイ、之ヲ発達セシムル上ニ於テ、発達ノ上ニ於テ宜シカラヌコトト自分等モ思ツテ居ツタ、幸ニモ上局官庁ガ之ヲ認可ヲセズ、本年ハ之ヲ除クト云フコトニナツタカラシテ、誠ニ自分ノ満足スル所デアリマス」と、工業保護の観点に基づく動力機械税の取り止めに賛成の意を示した。さらに刈田は県の説明に同調するにとどまらなかった。工業の発達のためという理由で大正九年度に動力機械税が内務省から許可されず、県もそれに従うのであれば、水車税の課税を続けることは矛盾しないのだろうか、と議論を展開したのである。

……成ル程水車税ハ従来カラアツタノデアル、多年ノ沿革ガアル、斯ウ言ハルルデアリマセウ、又外ノ動力ノ如ク大金ヲ払ツテ居ルモノデナイカラシテ、水ヲ只使ツテ居ルノデアルカラト云フヤウナ御説明モアルカモ知ラヌガ、何レ工業ヲ発達セシムルト云フ理由デアルナラバ、第二十三項ノ水車税モ私ハ矛盾シテ居ルモノノヤウニ考ヘル、此点ニ付キ当局ノ御考ヲ承ツテ置キタイ（同前）

営業税雑種税規則から存在する水車税について、燃料や電力などを要さないという違いは踏まえつつも、それでも工業保護という観点からすれば動力機械税と同じく課税する説明がつかないのではないかと迫っている。

対して県当局は、第一に雑種税の制度的な側面から答弁した。まず動力機械税は「県トシテハ特別税デアリマス」つまり、内務省の許可を要する位置づけであるのに対し、水車税は「既ニ明治十三年ノ太政官布告デ県ノ徴収スベキ雑種税トシテ指定サレテ居リマスノデ……水車税ハ特別ノ事情ガアレバ廃シテモ宜シイケレドモ、特別ノ事情ノナイ限リハ廃止スル必要ガナカラウ」と、営業税雑種税規則に水車税が例示されていることから、よほどの理由が無ければ強いて廃止するには及ばず「ソレガ為ニ各府県トモ水車税ハ従来通リアルノデアリマス」と旧来からの制度的な行き掛かりを理由としている。ただし、前節で参照した『道府県雑種税一覧』によると、すでに明治四二年時点で水車税は四三府県の課税にとどまっており、営業税雑種税規則に列記された税目は絶対に課税しなければならないわけではなく、実際には取捨選択の運用ができるものであった。

第二に、県としては「国家ノ見地カラ見テ保護スベキ事業デアツテモ、県トシテハサウ国家位重キヲ置ク必要ガナイ場合モアル、動力機械税ノ如キ県トシテ考ヘテ見テ、是ハ果シテ課税ヲスルヤ否ヤト云フコトハマダ疑問ガ存在スルノデアリマス」と動力機械へ課税すべきかどうか明確な判断はできていないが、「唯国家ノ方針トシテ之ヲ許可シナイト言ハレレバ課税スル訳ニ行カヌ」と国が許可を出さない方針であるのなら強いて課税を続けなかったという消極的な姿勢に留めている。先の川上への答弁と合わせ、国は明示していないが動力機械を保護すべきという方針だと県は受け取っているようである。

以上を踏まえると、工業発展の奨励と資力に応じた適切な課税が議論のポイントになり、前者をやや優先させた判断が見られると考えられる。こうした論点は、同時期に見られる自動車への課税をめぐる議論からもうかがえる。大正七年一一月二八日の通常県会で、由利郡金浦町（現在のにかほ市）の北能喜市郎（政友会）[*23]は「車税ニ這入ルベキ自動車ト云フモノハ見エマセヌヤウデアリマスガ、是ハ近頃出来タモノデモアリ又数モ少ナイノデアルケレドモ、他ノ車トノ権衡上取ルノガ相当デアラウト思ヒマスガ」と車税が課税される荷車などと、課税対象となっていない自動車との公平性に言及し、自動車に課税しない理由を尋ねた。対して県は、従来課税しない経緯があったと同時に、自動車は「這入リマシタ時ニ於キマシテハ尚ホ充分奨励スベキモノデアルト認メテ居リマスノト、其状態ガ今以テ持続シテ居リマスルノデ経営モナカ〳〵困難ト云フヤウナ事ヲ聞イテ居リマス」と、日本に入ってきた当時はまだ奨励すべき製品であり、現在でもその状況は続いていて経営は困難であるという認識を示した。「目下ノ所デハ此方デ調査シタ所ニ依リマスト自動車ノ数ハ丁度六台県内ニアルノデアリマス」と、秋田県での自動車の普及は全く進んでいない状況だと把握されている。

翌年の通常県会でも、沼田信一（憲政会）[*24]が「車税ニ於キマシテ自動車ハ見エヌノデアリマス」と、同様に自動車が車税の課税対象でないことを問題視した。

此自動車ハ……会社トカ、富豪トカ云フヤウナ、大資本ヲ有シテ居ルモノガ所持スベキ品物デアル、然ルニ一面ニハドンナ小サイ荷車カラモ取ツテ居ル、人力車カラモ取ツテ居ルト云フヤウナコトデアリマスノデ、即チ強者ニハ恩恵ヲ施シ、弱者ハ虐メル、斯ウ云フヤウナ結論ニナルニ拘ラズ、斯ウ云フヤウナ自動車ノ如キハ千円以上モ出サナケレバ相当ノ物ガ買ヘヌト云フヤウナ今日、荷車等ノ如キハ二円ノモノモアリ、五円ノモノモアルト云フヤウナ、二円、三円ノモノニハ賦課ヲ為シテ、サウシテ課税ヲシツツアルニ拘ラズ、斯ノ如キ大資本家ノ有スベキ所ノモノニ対シテハ課税ヲ免除スルト云フヤウナコトハ多少転倒シテ居リハシナイカ……（大正八年一二月一八日）

高価な自動車の所有者は富裕層だと想定されることから、零細な荷車にも課税しているにもかかわらず自動車税を設けないのは課税の公平を損なっているのではないか、という提起である。動力機械税の廃止を批判した川上の論と通底すると言えるだろう。

対して県側は、「自動車ハ我国ト致シマシテモ目下奨励時代デアリマシテ、国家ハ既ニ自動車建造ニ対シテ補助ヲ与ヘテ居ル、又秋田県ノ実状カラ見マスト自動車ノ数ハ非常ニ少ナイノデアル、当局ノ考トシテハモウ少シ県内各地ニ自動車ガアツテ欲シイト思フノデアリマス」と、自動車製造業への保護を繰り返し、さらに自動車の「租税力」は認めつつも「国ナリ県ナリノ実状カラ見テ、又之ニ相当ノ課税ヲシタ所デ其収入ハ非常ニ僅少デアル」と収入が見込めないことからも、自動車税を新設する必要はないと考えたと答えている。

以上のやり取りからは、資力に応じた適切な課税を行うために適合的な税目だという主張は、工業発展の奨励を優先して退けられていたと言える。しかし、県会議員たちの質疑に見られるように、租税の社会政策的な側面への意識は高まっていた。この観点を念頭に置きつつ、節を改め両年度における他の税目についての議論に目を向けよう。

3　課税の公平性と社会政策的側面の模索

税の公平性が議論される際には、いくつかの次元の問題が絡み合うことになる。第一には、前節の議論からもうかがえたような、担税力・資力に見合った税負担がなされているかという社会政策的な観点も含んだ問題である。加えて第二に、取るべき税が取れているかという徴税技術や脱税の問題があげられる。[*25]

課税するべき対象から十分な徴収ができていないという批判はしばしば見られ、奢侈的なものはやり玉にあがりやすい。先に見たように、芸妓税は全国総計で一〇〇万円を超える数少ない税目の一つだが、山本郡金岡村（現在の三種町）の信太儀右衛門（憲政会）[*26]は大正八年一二月一八日の通常県会において、財政膨張に際して適切な対象・税率でないと「確ニ社会政策ノ一大欠陥トシテ、所謂為政者ハ国民ノ恐怖ノ巷ニナルトゴフコトハ随分アル」として、「近来経済界ノ良好」のため繁盛している飲食店・料理店や関連する芸妓・酌婦に対し、金沢市の例を踏まえて均一に遊興税を設けるのはどうかと提起している。県は研究中のことで計上するとは言明できないと慎重な答弁をしたが、ここでも適切な対象から適切な徴税を行うことが社会政策としての租税であるという意識がうかがえる。

しかし、現実に徴税をいかに実現するのか、という行政実務上の問題も重大であったことを、飼い犬へ課税する畜犬税についての質疑から把握しておこう。『道府県雑種税一覧』によると、明治四二年時点では飼犬税の名称で二九府県が合計約五万円を、大正七年時点では四二道府県が合計約一三万円を徴収している、広い地域で見られる零細な税目である。

畜犬税は大正八年度予算の税額は一頭につき猟犬一円・その他雑犬五〇銭で、大正八年県令第一〇号県税賦課規則には「狩猟者ノ飼養又ハ携帯スルモノヲ猟犬トス」とある。しかし、大正七年一一月二八日県会の審議過程では、島田豊三郎は「秋田県ニ於テ鉄砲鑑札ヲ受ケテ居ル人ノ数ハ……殆ト二千人ニ上ツテ居ル、而シテ秋田県内ノ猟犬ノ鑑札ヲ受ケテ税金ヲ払ツテ居ルモノハ僅ニ二頭テアル、大正七年度ニ於三頭ト云フコトニ我々驚イタガ今日ニ於テハ僅ニ秋田県内ノ猟犬ト云フモノハ二匹シカナイ」と猟犬が猟銃の所有者と比して極端に少ないことを指摘した。つまり、畜犬税は税率が高い区分からほとんど徴税できていなかったのである。ここから島田は課税全般の逆進性へ議論を敷衍する。

まず、大正八年度予算における全般的な税率の状況に対し、「極ク貧窮ナル暮シヲシテ居ル者ノ生活」に対して「実ニ苛細」と評する。たとえば、理髪人税の課税標準はそれまで従業員数が増えるごとの加算のみであったのに対し、鏡一枚につき地域によって三〇~五〇銭を加算する規定が新設されたことなどを「丁度昔ノ小説ナンカニアル佐倉宗五郎ナドノ時代ニ天秤棒一本カラ幾ラ、鍬一挺カラ幾ラ、鋤一挺カラ幾ラト云フヤウニ取ツテ居」る状況だと批判し、その一方で畜犬税のうち猟犬をまったく捕捉できていない状況は「狩猟ノ甲種乙種ト云フヤウナ多額ノ税金ヲ納メテ娯楽ノ為ニシテ居ル人ノ畜犬ヲ斯ノ如ク少数ニ見積ツタト云フコトハ、知事サンモ昨日富者ニ軽ク貧者ニ重ヒト言ツタガ、県庁自身ガサウ云フヤウナコトヲ見本ニ示サレルノデナイカト私ハ思フ」と狩猟をする余裕がある人が税を逃れている状況が租税の逆進性を示すのではないかとしている。

対して県側は畜犬税の現状を認め、県税検査員や郡役所が「猟犬ヲ有ツテ居ル人ニ付キマシテ、ソレハ猟犬デアリマセウト言ツテヤリマシテモ、ナニ是ハ雑犬ナリト称シマシテドウシテモ課税ニ応ゼヌヤウナ関係ガアリマス」と簡単に言い逃れて猟犬としての課税を避けられてしまうので、対応として「要スルニ銃猟者カ養フモノデアルトカ、或ハ携帯……兎ニ角引連レテ行キマスモノナラバ悉ク之ヲ猟犬ト認メルヤウニ賦課規則ヲ設ケマシタ」と猟犬の認定をシンプルにしたので、実収があがるはずだとの期待を述べている。

しかし、脱税対策には大きな限界があった。北秋田郡釈迦内村（現在の大館市）の泉清（憲政会）[*27]から、例年議論が「囂々トシテ」いる営業税・雑種税の脱税に対し、県の方で方針検討や調査が無かったのかと、広く一般的に脱税対策が問いただされたが、県当局の答弁からは厳しい現状が垣間見える。

……①県税検査員ヲ以テ主トシテ此事務ニ当ラセテ居リマス、ソレト共ニ一面郡役所ニモ御頼ミ致シマシテ、ソレ〳〵脱税ノナイヤウニ防ギツ、アリマスケレドモ、奈何セン県税検査員ハ五人デアリマスルガ故ニ比較的万遍ナク回リ得ルト云フコトハ断言致シ兼ネルノデアリマス、今後ニ於キマシテ来年度ニ於キマシテハ唯今ノ考ト致シマシタナラバ、②郡役所ト県税検査員、即チ郡ニ於ケル税務ノ主任、県ニ於ケル県税検査員、或ハ庶務、会計ト云フヤウナモノ、一ツノ会議ヲ開キマシテ、サウシテ其町村々々ノ実状ニ応ジマシテ斯カル税ハ凡ソドノ位アルモノデアルト云フヤウナ見込ヲ付ケマシテ、ソレニ依リマシテ税ヲ徴収スルト云フコトニ致シマシタナラバ、今ヨリハ少シク脱税ノ方モ防ギ得ルカト思ツテ居リマス……③人員ヲ非常ニ増スト云フヤウニナリマスレバ、是レ又特段ニ脱税ヲ防止スルコトガ出来ヤウト思ヒマスケレドモ、目下ノ場合ニ於キマシテハ、マダ人員ヲモウ五人モ増シ十人ニモ増スト云フヤウナ経済状態ニ参リマセヌノデ、遺憾ナガラ五人ノ定員ニ止メテ置ク……（大正七年一一月二八日）

傍線部①のように、脱税対策にあたる県税検査員は郡役所と連携して活動しているが、全県でわずか五名のみで、県内をくまなく回れているとは言い難い状況であった。さらに傍線部②のように、対策として県税検査員と庶務・会計の担当者や、郡役所における税務の主任が連携した会議を企画し、町村の実状に応じて税収の見込みや実際の徴税にあたることで脱税を防ぎうるのではないかという考えを述べているが、やはり傍線部③のように根本対策として県税検査員を増員することは財政上困難だとし、限界がうかがえる。ただし、常にこのような税務行政の不徹底が共有されている状況は、税率の変更が無くてもしばしば脱税防止の励行による増収を見込んだ予算編成が行われる背景と考えられるだろう。

以上のような脱税の問題が絡まなくとも、租税が逆進性を持つ要因として、そもそもの課税対象の選択に対する批判が多く見られるが、ここにも様々な政策的な取捨選択が関わる。前節でも経済的に弱い立場の労働者に税が重い現状を鑑み、富裕層である資本家への課税となる動力機械税を課すべきと論じていた川上勝淑は、県の課税方針を問いただし、貧富の格差に応じた課税を論じる文脈で、次のように定期市場への課税を批判している。

……定期市場ノ如キ、ドウシテモ吾人ノ生活ト密着ノ関係ヲ有ツテ弱者ノ利用スル所ノモノニハ成ルベク税〔雑種税の一つの市場税：筆者〕ヲ軽クシテ、コレハ消費税デアリマスカラ、其税ヲ払フモノハ直チニ物品ノ価格ニ影響ヲ来スノデアル、斯様ナ一般貧者ニ属スル、又日常生活ニ属スルヤウナ方面ニハ非常ニ税ヲ軽ク致シマシテ、サウシテ資本家側ニ属スル有力ナル所ノ者ニ課税ヲ重クスルト云フ大体ノ方針ヲ県当局ガ取ツテ居ラルルノカドウカ……（大正八年一二月一八日）

定期市場のような日常生活に密接な関係を持っていて経済的弱者も利用する場に対してはなるべく税を軽くし、一方で経済力のある者に対しては税を重くするという方針を取っているのか、という問いかけであった。課税が行われるとこれが価格転嫁される点に注目し、利用者の階層を念頭に、逆進的な税制とならないよう主張した意見だと言える。これに対して県側は「御精神ニハ我々モ同感デアリマス」としつつも、従来の慣行から急激に税目を改廃することは考え物だと答えた。前節で触れた水車税についての答弁と同様に、従来から課税されている税目の廃止には非常に慎重な姿勢が見られる。

課税対象を利用する者の経済力に注目する点は、前節で触れた自動車への課税の議論と通底している。同日の議論ではさらに、自動車への課税について質問していた沼田信一が同じ文脈で市場への課税の問題にも言及している。市場で物を買う側の経済格差はそこまでないとしつつ、売る側には市場には行商人など規模が小さい売り手が多く、公設市場には大きい資本家が集まるが、後者を奨励して免税する一方で前者には市場税がかかるのは「強者ニハ恩典ヲ施シ、弱者ニハ重キヲ責ムル、斯ウ云フヤウナ結果ニナルノデアル……今日社会問題トシテ喧マシク論ゼラレテ居ルコトモ矛盾シテ来ルト云フヤウナ嫌ヒガアルト本員ハ考ヘルノデアリマスガ、県当局ハ未ダ其所ニ考ガ及バナイノデアリマスカ」と、市場で販売を行う側に対しても逆進性があるのではないかと論じた。川上の質疑は貧しい者へ価格転嫁されかねない市場税の逆進性を問題視したのに対し、沼田はさらに別の社会政策である公設市場と一般の市場との課税の有無から、売り手側の貧富の差に照らして市場税の存在は公平かどうかを問題視したと言える。

これに対して県は、公設市場は物価高騰の下での都市部の俸給生活者のための社会政策として「目的ハ買フ人ノ為ニ設ケタ」のであって、沼田が論じた理由によって市場税を廃止する必要は無いとし、さらに次のように反論する。

……市場ハ自由競争ニ依ツテ一ノ商売ヲシテ居ルノデアル、其自由競争ニ依ツテ商売ヲスルモノハ矢張リ他ノ一般県民ノ為ス所ノ総テノ行為税、或物件税ト同様ナル負担ヲスルト云フコトハ、是ハ最モ公平ヲ得タ途デアリマシテ、又〔公設市場は：筆者〕市街地ニ於ケル中産階級ヲ保護スルト云フ一ツノ社会政策、此保護ヲスルト云フコトハ是ハ又県ノ執ルベキ途デアルマイカト思フノデアリマス……（同前）

傍線部で県が論じているのは、自由主義経済において経済活動する者へ課税すること自体の公平性である。いいかえれば、政治権力が広く人々の様々な行為や物件へ課税している中で、課税をしないということは特定の者への保護を意味し、「自由競争」の下でそれは不当であると指摘しているのである。そのうえで、公設市場という社会政策自体も都市部の消費者を保護するという点から、それ自体は県が行うべき施策として位置づけ、社会政策の多様性や差異を論じていると言える。

ここでも一面では従来からの課税を取り止めることに否定的で、急激な変化を避けようとする姿勢は見えるものの、保護を試みることと公平性との衝突を認識し、議員側のラディカルな主張に漸進的な主張を対置していると言えるだろう。雑種税をめぐる議論から見て取れたのは、社会が変化していく時期における主張のせめぎ合いと、現実の徴税の局面の困難も知る行政当局側が漸進的な方向へとブレーキをかけていく姿であった。

おわりに

本章は従来あまり踏み込んだ分析がなされてこなかった雑種税を具体例に、第一次大戦後の秋田県会における議論を分析することで、そこから抽出される時代に合わせた租税に関する考え方や社会政策的な志向を考察した。

雑種税は多様な税目を持ち、第一次大戦を経て工業への課税も見られた。これをめぐってはいくつかの観点からの意見対立が見られた。工業の発展を優先するのか、工業を営む者がしばしば資力が豊富であることから富者への適切な課税を優先するのか、県会では議論がかわされていた。県は国の方針に従いつつ工業の奨励を優先する傾向が強く、県会議員の中にも工業保護の方向性に同調し、さらなる徹底すら主張する者も居た。

ただし一方で、租税の逆進性への批判・是正を社会政策の一環として主張する意見もあり、課税の公平をどう実現するかは地方においても大きな課題であったことがわかる。本論では取り上げなかったが、県会での議論や『予算下調』を見ると、県税だけではなく、使用料や国税、町村税なども考慮に入れ、総合的に納税者の負担を検討していることがうかがえ、人々の負担増は共通認識の課題であった。そこでの議論は単純な経済格差の観点からの租税の逆進性の問題にとどまらない。脱税を防ぎきれない税務行政の貧弱さという実務的な次元から、ある税目を廃止することは自由競争の社会の中で経済活動を営み課税を受ける納税者一般に対して不公平になるという原則論的な次元まで、様々な問題が含まれており、一朝一夕の解決は困難な中で様々な意見が飛び交っていた。

特に、秋田県の当局者が答弁の中で「自由競争」という原則を示しながら課税について論じていた点は興味深い。代表的には牧原憲夫が議論を展開し、また民衆史研究が対照的な立場を照射したように、明治政府は早い時期に自由主義経済の原則を堅持する方針に立っていた。[28]本章が取り上げてきた議論からも、まだ第一次大戦直後も基本線はこの姿勢であったと言えるだろう。一方で、県会議員たちが時にラディカルに主張したのは、自由に経済活動を展開した結果による貧富の格差などを弊害とし、是正を求める社会政策であったと対比できる。そうした中で県は漸進的で、急激な変化は避ける姿勢を見せていた。

しばしば答弁の中で、法令上で税目として示されているから強いて廃止はしない、と述べられたように既存の制度からの縛りも強いものであった。あるいは、既存の制度を盾とした消極論に対し、まだ改革要求は引き下がってしまう時期であったとも言えるだろうか。はじめにまとめたように、国による地方税の根本的改革は遅れていたため、県会での議論に見られたように様々な主張が噴出していたにもかかわらず、社会変化への対応は遅れてしまったことが予想される。

本章は第一次大戦直後の時期を取り上げ、一九二〇年代に過熱する地方税制改革の前史とも言える状況が見出された。ただし、額としてもこれで逆進性を解決するというよりも、理念にとどまる時期であったと考えることもできるだろう。逆に言えば、まだ社会政策を切迫して必要とは感じていない時期とも考えられるだろうか。また、他府県の状況はまだあくまでも「参考」としての位置づけであった。再分配の切迫性や、他府県との「平等」という意識が浮上してくることがあってはじめて、国に対応が求められ、国家全体の課題として改革が議論されるようになるのではないだろうか。

註

＊1　たとえば徴税の局面を捉えた牛米努『近代日本の課税と徴収』（有志舎、二〇一七年一一月）や、「平等」という観念からの規定に注目して税制改革をめぐる議論を取り上げた佐藤健太郎『「平等」理念と政治』（吉田書店、二〇一四年八月）があげられる。

＊2　荻山正浩・佐藤健太郎「序論」同編著『公正の遍歴』吉田書店、二〇二二年八月参照。

＊3　「日本の地方自治における「近代地方自治制」から「現代地方自治制」への転換」および「「平等志向型」国家の租税構造」『自治と分権の歴史的文脈』青木書店、二〇一〇年七月参照。

＊4　『日本における地方行財政の展開』御茶の水書房、一九八九年二月、七六～八五頁参照。

＊5　藤田武夫『日本地方財政発展史』河出書房、一九四九年一二月および高寄昇三『明治地方財政史　第二巻』勁草書房、二〇〇二年一月、同『明治地方財政史　第四巻』勁草書房、二〇〇四年五月、同『大正地方財政史　上巻』公人の友社、二〇〇八年一月参照。

＊6　秋田県議会秋田県政史編纂委員会編『秋田県政史　下巻』秋田県議会、一九五六年三月、五九二頁。事例研究として池上和夫「山梨県営業税雑種税の特異性」（『山梨県史研究』第九号、二〇〇一年三月）があげられる。

＊7　以下、税額などについては各年の『秋田県統計書』および東洋経済新報社編『明治大正財政詳覧』同、一九二六年五月参照。

＊8　水本忠武『戸数割税の成立と展開』御茶の水書房、一九九八年二月参照。

＊9　崎島達矢『都市の明治維新』山川出版社、二〇二三年一〇月参照。

＊10　渡邉直子「「地方税」の創出」高村直助編『道と川の近代』山川出版社、一九九六年一〇月参照。

＊11　以上の法令については各年の『法令全書』を参照。

＊12　東京都公文書館所蔵『第1種　各種会議・冊の〈内務部庶務課〉明治40年─明治42年』603.A3.08に所収の地方官会議の配布物に含まれている。ほかに、秋田県公文書館が所蔵する大正四年（一九一五）版など（秋田県公文書館所蔵930103-12730）。

＊13　神戸正雄は各国の租税理論や実施状況から日本への適用を考察するとともに、社会政策学会に属し、実践への関心から社会問題全般に「折衷主義」的姿勢をとっていたという（前掲佐藤健太郎、第一章を参照）。以下、明治四二年と大正七年については各年の『道府県雑種税一覧』、大正二年については神戸正雄「雑種税ノ分析及其整理」『経済論叢』第二巻第四号、一九一六年四月を参照し、出典は割愛する。

＊14　前掲『明治大正財政詳覧』参照。

＊15　興行税は演劇税に含めている県の注記があるため、合せて全道府県の税目とした。

＊16　以下、予算案や県会での発言については、特に断らない限り秋田県公文書館所蔵の各年の『秋田県会議事録』を参照し、出典は割愛する。

＊17　憲政会秋田県支部発足時の山本郡評議員の一人。大正四年の情報では地租四二円、所得税・営業税五四円を納税（秋田県振興会調査部編『秋田県公民録』秋田県振興会、一九一五年四月、『憲政』第一巻第九号、一九一六年一二月、日本電報通信社編『新聞総覧

大正二年版』日本電報通信社、一九一三年六月など参照)。

＊18 陸軍騎兵中尉。大正四年の情報では地租七六円、所得税一一円を納税。大正九年の第一四回衆議院議員選挙に秋田四区から初当選(当選一回)。県産牛馬組合会議員、鷹巣町長、秋田電業・秋田火山灰取締役などを務める(衆議院・参議院編『議会制度百年史　衆議院議員名鑑』衆議院、一九九〇年一一月、前掲『秋田県公民録』など参照)。

＊19 『大正八年度予算下調書　歳入　共八冊ノ二』秋田県立文書館所蔵 930103-09015。

＊20 前掲『秋田県政史　下巻』五九四〜六〇〇頁参照。

＊21 弁護士、増田水電・勤倹株式会社などの監査役。明治三九年の犬養毅の演説会に同行し、大正五年一一月の憲政会秋田県支部発会式では開会の辞を述べ、支部幹事の一人であった。大正六年には大日本鉱業の製錬所設置に対し、鉱害を懸念して反対運動に加わるなどの活動が見られる(『憲政本党党報』第四号、一九〇六年一〇月、前掲『秋田県政史　下巻』五七八〜五八二頁・『秋田県公民録』・『憲政』第一巻第九号など参照)。

＊22 明治四一年の日本石油会社の進出に際して地元有志として鉱区などに関し受け入れ、秋田石油調査会の理事・評議員にも名を連ねる。大正四年の情報では地租三円、所得税二八円を納税。憲政会秋田県支部発足時の南秋田郡評議員の一人であった(竹内伊四郎編『大日本紳士名鑑』明治出版社、一九一六年七月、泉谷兵吉『秋田石油案内』秋田鉱業時報社、一九一八年一一月、前掲『秋田県公民録』・『憲政』第一巻第九号など参照)。

＊23 金浦町長を八期務め、明治四三年郡会議員・大正四年県会議員。その間漁業組合・秋田県水産会、仁賀保銀行・水力電気組合を組織し幹部を務める。地租一一円を納税(秋田県総務部秘書広報課編『秋田の先覚　第三』秋田県、一九七〇年三月、前掲『秋田県公民録』参照。党派については前掲『秋田県政史　下巻』五九五頁の大正七年通常県会での参事員選挙結果の表記を参照)。

＊24 北秋田郡大館町長。明治三九年の犬養の東北遊説の際、大館演説会後の懇親会で開宴の挨拶をしている。憲政会秋田県支部発足時の北秋田郡評議員の一人(『憲政本党党報』第五号、一九〇六年一一月、前掲『秋田県公民録』・『憲政』第一巻第九号など参照)。

＊25 前掲牛米『近代日本の課税と徴収』は執行の局面やそこで納得を得るための様々な取り組みも取り上げ、税務行政の重要なポイントを示している。

＊26 大正四年の情報では地租九七八円、所得税二〇六円を納税。大正一三年の第一五回衆議院議員選挙以降五回当選。金岡村農会長、『秋田魁新報』監査役などを務めた。憲政会秋田県支部発足時の山本郡評議員の一人(前掲『秋田県公民録』・『憲政』第一巻第九号・『議会制度百年史』など参照)。

＊27　地域と党派は前掲『秋田県公民録』・『秋田県政史　下巻』五九六〜五九七頁など参照。
＊28　牧原憲夫『明治七年の大論争』（日本経済評論社、一九九〇年八月）および同『文明国を目指して』（小学館、二〇〇八年一二月）によると、明治政府による西洋近代的な基準へのシフトは民権派も共有できるもので、対して稲田雅洋『日本近代社会成立期の民衆運動』（筑摩書房、一九九〇年一二月）、鶴巻孝雄『近代化と伝統的民衆世界』（東京大学出版会、一九九二年五月）によると民衆運動は規制や平等を求める思想を有したという。

九　古関裕而の社歌と企業ソング

刑部芳則

はじめに

作曲家の古関裕而は、大衆に人気の歌謡曲をはじめ、社歌、校歌、自治体歌、団体歌、映画や舞台音楽など作品の幅が広い。生涯に約五〇〇〇曲を作曲したが、そのなかには昭和一二年（一九三七）一二月発売の「納税愛国の歌」、同一六年（一九四一）九月発売の「納税奉公の歌」、同五〇年（一九七五）九月制作の「青色申告会会歌」と、租税に関する楽曲も含まれている。管見の限り租税の楽曲を三曲も作曲したのは古関しかいない。[*1] 非常に珍しいことであり、なぜ古関は租税に関する楽曲を三曲も作曲することになったのかという疑問が浮上してくる。これが近代租税史研究会の論集に際して、古関を題材とする理由の一つである。

「納税愛国の歌」「納税奉公の歌」と、「青色申告会会歌」とでは、作られた時代背景は全く異なるが、大衆受けする作曲家の音楽の力を使って、国民の納税意識を喚起させようとした点では一緒である。「納税愛国の歌」「納税奉公の歌」は国策のイベントソングであり、「青色申告会会歌」は団体歌であるから、本論で検討対象とする社歌や企業ソングとはジャンルが違う。

しかし、国家の財源となる納税に関する歌と、国家の経済を支える会社の社歌や企業ソングとは、それらの楽曲が生み出される時代背景が共通している。社歌は家族経営の個人商店よりも、大規模な企業へと成長して多数の社員を束ねる帰属意識として求められる傾向にある。[*2]また社歌を職業作詞家や作曲家に依頼するには高額な費用がかかるため、ある程度の大きな企業でないと難しい。つまり、社歌が増加した時代を検討することは、その当時の日本の社会背景を考える一つの手段となりうるのである。

社歌については、弓狩匡純氏と寺岡寛氏の研究成果があるが、どちらも一人の作曲家の社歌に絞って考察していない。また両氏とも東証一部上場のような有名大企業に限られており、中小企業の社歌については検討対象から外れている。中小企業では社歌を必要としなかったのか、または必要としても作る力がなかったのか。この点は社歌の歴史を検討する上で、社歌が量産化された時期を含めて看過できない。

筆者が調査したところ古関の社歌や企業ソングは約四〇〇曲におよぶ。レコード会社に所属する歌謡曲の作曲家で、これほどの社歌や企業ソングを残したのは古関くらいだろう。つまり古関の社歌を分析対象とすることは、昭和の社歌の歴史研究そのものと言って過言ではない。その検討結果からは、東証一部上場のような有名大企業だけではなく、中小企業で社歌が少なからず制定されていた事実がわかる。

本論では、昭和一〇年代から五〇年代までの古関の社歌や企業ソングを対象とし、それらが作られた経緯や特徴について分析する。[*3]また古関への作曲依頼が多い理由について、それは単に戦後の好景気によって企業が急成長して社歌を求めただけでなく、作曲家としての古関の存在感と、企業を成長させた経営陣たちの古関に対する思いが影響していたことを実証する。

1　社歌黎明期の特徴

社歌の発生については、昭和初年の経済不況と労働争議を受けて、社内の一体化を図るためだという指摘がある。[*4] しかし、世界恐慌や満州事変の影響を受けたならば、昭和六年（一九三一）から一〇年までの間に急激に社歌の数が増えなければおかしい。昭和六年刊行の『第五十回日本帝国統計年鑑』によれば、会社総数は四万六六九二社ある。このなかで社歌の制定に動き出した会社は限られていた。大正六年（一九一七）に南満州鉄道株式会社で募集した「満鉄の歌」は社歌のなかでも古いといわれているが、それ以降に社歌を増加させる存在とはならなかった。大正時代の企業ソングとしてもう一曲重要なのが、大正一〇年（一九二一）に長野県の山丸組製紙工場の労働歌として作られた「須坂小唄」（作詞：北原白秋、作曲：中山晋平）である。これは工場歌よりも新民謡ブームを作る素因といえる。[*5]

社歌が生まれた流れとして、筆者は明治時代からの唱歌、軍歌、校歌、民謡、大正時代の童謡という西洋音楽の影響に加えて、昭和期にレコード産業が勃興することが大きかったと考えている。レコード会社専属の作曲家古賀政男、古関裕而、服部良一たちは、大正時代まではなかった和洋折衷の新しい大衆音楽を生み出した。彼らが作る流行歌は人気の主力商品となった。大衆は流行歌を中心とした音楽を安寧と娯楽として求めるようになる。昭和一〇年代に流行歌の隆盛とともに、レコード会社に社歌の依頼が散見されるようになるのも偶然の一致ではない。流行歌を中心とした音楽への欲求が、軍歌、校歌、民謡、童謡、社歌などにも広がったと考えるべきである。

日本コロムビアレコード株式会社所蔵の「レコード吹込台帳」を調査したところ、古関裕而が最初に社歌を作曲したのは、昭和九年（一九三四）一一月一二日に録音した「市田喜店歌」である。これに続いて、昭和一一年（一九三六）四月三〇日録音の「ガット行進曲」、五月二七日録音の「樺太民謡」、七月三一日録音の「東京電気株式会社社歌」、一一月一〇日発売の「延岡工場歌」、同一二年の「旭屋店歌」、四月七日録音の「函館日日新聞社歌」を作曲している。

このうち「樺太民謡」は、王子製紙株式会社の依頼によって製作された。これは前述の「須坂小唄」が有名となったため、それに似た新民謡調の労働歌が求められたと考えられる。同じ工場歌でも「延岡工場歌」は明るいマーチ風の楽曲で、後の古関の社歌の作風に通じるものがある。「延岡工場歌」は、コロムビア福岡支店を介して二〇〇枚の特別製造として受注したのだが、新民謡として一般発売もされている。[*6]

戦前と戦中に作られた古関の社歌は、昭和一四年（一九三九）一二月一一日録音の「満洲飛行機製造株式会社社歌」、同一五年（一九四〇）二月二日録音の「満洲放送行進曲」、同一六年三月録音の「華中鉄道社歌」、同年一一月録音の「日満商事株式会社社歌」、同一七年（一九四二）五月九日録音の「華北電信電話株式会社の歌」など、植民地支配地の国策会社と見られるものが多い。これらの会社の重役と古関との接点は考えにくい。会社が社歌のレコード制作を企画した際にコロムビアを選択し、依頼を受けたコロムビアが古関を指名したと考えるのが自然である。

戦時中に社歌や工場歌が作られた背景には、音楽を通した厚生運動が影響していたと考えられる。厚生運動とは、仕事の余暇の生活時間に健全な娯楽を普及させようとしたレクリエーション運動のことである。戦時下の職場や工場などでは、音楽を使った慰安会や、社員や従業員で合唱したりするところが少なくなかった。[*7]そうした意味で考えると、社歌や企業ソングは、作業に従事する社員の一体化を図るのに最適であったといえる。昭和一七年二月二〇日録音の「旭硝子鶴見工場歌」、同一八年（一九四三）一二月九日録音の「日本通運株式会社　勤労の歌」、同一九年（一九四四）五月録音の「東京芝浦電機」、同二〇年（一九四五）二月二七日録音の「日本銀交工株式会社川崎工場歌」、「川崎工場寮歌」などは厚生運動の影響から生まれたと考えられる。

そうした動きは、古関が専属したコロムビアも例外ではなかった。『コロムビア時報』では昭和一六年五月から音楽を通した厚生運動の重要性を訴える記事が増えている。[*8]コロムビアの広告課では『厚生音楽研究』というパンフレットを発行し、これを全国約五〇〇〇の工場や鉱山、大日本産業報国会に発送し、「厚生運動とそれに対するレコード音楽の利用の必要なる点」を説明したという。[*9] 昭和一六年六月二四日に録音された「コロムビア産業報国会歌」は、「コロムビア産業報国会では従来の社歌が、殆んど知らぬ人の方が多い位に一般的でない事を遺憾とし、この時局下従業員全部の声を合せて唱和出来る歌」を目的として作られた。[*10]

この目的は昭和一七年八月にコロムビアを日蓄工業株式会社（日蓄）と改称後に創設された真岡日蓄工場へも波及した。昭和一八年一二月二二日に録音された古関作曲の「真岡日蓄工場歌」と「真岡日蓄勤労歌」は、翌一九年三月二五日に「日蓄栃木工場歌」と「日蓄勤労歌」として制定された。三月二五日の発表会に登壇した富永事務課長は、「町の全員に唄はれる事によつて工場員の志気を昂揚激励して頂き度いと希望し、又従業員に対しては国家乗るの反るかのこの時、国の期待する産業に重責を荷負ふ我等は唯敵必滅の熱誠をこめて職務に邁進、本日制定の両歌を町民共々に我等の進軍歌として高唱し度い」と述べている。[*11]

厚生運動の影響により社歌や企業ソングの需要が出てきた頃から、古関のそうした作品の作曲数が増え始めている。その理由には、昭和一二年八月二六日発売の「露営の歌」が五六万枚以上、同一八年九月一〇日発売の「若鷲の歌」が二三万枚以上の大ヒットとなり、コロムビアも「軍歌の覇王」と宣伝するほど古関が戦時歌謡の名手として知られるようになったからだろう。社歌や企業ソングには、単なる歌謡曲の作曲方法では向かない。クラシックの力強い古関の作曲技法が生かされる時代が到来したのである。

古関裕而の戦前の社歌数は三一社四一曲（昭和二〇年代に東証一部上場六社八曲）である。上記の他に主な社歌として、昭和一八年一〇月二八日録音の「東京急行電鉄社歌」、不明「東武鉄道株式会社社歌」などが挙げられる。ここで確認しておきたいのは、なぜ戦後に比べて戦前に古関の社歌や企業ソングが少ないかである。そこには次の三つのことが考えられる。

一つ目として戦前はレコードの価格が高かったことである。コロムビアのSP盤一枚は一円五〇銭（約六〇〇〇円）なのに対し、昭和四〇年代のEP盤一枚は四〇〇円であり、約一五倍も違う。昭和四六年に古関が作曲した社歌のレコード化には約二〇〇万円かかっているから、その価格で換算すると戦前は約三〇〇〇万円かかることとなる。これだけの費用を出せる企業は限られている。

レコード化せず、作曲だけ古関に依頼して楽譜だけを入手する手段もある。この場合であれば、第一の理由を克服することができる。そこで二つ目として社歌を積極的に作る土壌に欠けていたことが考えられる。レコード産業によって流行歌の人気が隆盛するのは昭和一〇年前後であり[*12]、そうした大衆音楽の力を利用しようとしたところに戦時下に突入してしまった。本章でも述べたように、ようやくこの時期から企業内で厚生音楽として工場歌などが活用されるようになった。

そして三つ目はコロムビアにクラシックの大家である山田耕筰が重役待遇でいたことである。クラシックの格調の高い楽曲を作って欲しいと考えれば、多くの企業が山田の作曲を望んだだろう。またレコード製造費用を出せるとなれば、コロムビアも作曲料の高い山田を第一に推薦したと考えられる。実際、山田が戦前にレコード化した社歌は少なくない[*13]。

日本通運株式会社では、昭和一五年に山田耕筰作曲の「小運送の歌」を社歌として選定した。山田は「日本古来の民謡調を取り入れたもので新体制の歌としてはこれが最初のもの」と自信を持っていたが、三年間という短命に終わった。昭和一八年一二月一日には小運送業者が「労力と資材の窮迫に耐えて責務の遂行」することを目的とした信時潔作曲の社歌へと変更された。このとき「勤労の歓喜を歌い士気を鼓舞する一助として」作られたのが、古関作曲の「小運送勤労の歌」であった[*14]。クラシックの山田や信時に比べると優先順位が低かったことがうかがえる。

古関は作曲家としてデビューした直後の昭和六年に早稲田大学の応援歌「紺碧の空」を作曲している。この直前に早稲田大学の応援部で誰に作曲を依頼するかを模索していたとき、同大学教授で作詞家の西條八十は山田耕筰など一流の作曲家に依頼するには高額な費用が必要であると語っていた。[*15] このように考えると、古関は山田に比べると作曲料は安かったに違いない。しかし、一つ目の理由からレコード製造を依頼してくる企業は少なかったことと、山田の存在感から、古関が作曲した社歌や企業ソングには限りがあったのである。

2　戦後復興と新しい社歌

昭和二〇年八月一五日にアジア・太平洋戦争が終わったからといって、特別製造のSP盤の制作費が安くなったわけではない。しかし、国策優先でレコードの原料となるシュラックが配給制限されるなどの戦時経済に比べれば、連合国からの輸入が解禁されたこともあり、レコードの供給量は各段に上がった。古関裕而の昭和二〇年代の社歌数は三六社五三曲（昭和二〇年代に東証一部上場一一社一七曲、同三〇年代に東証一部上場一社二曲）である。主な作品としては、昭和二八年（一九五三）一一月二九日制定の「西武鉄道社歌」、同二九年（一九五四）四月七日録音の「吉田工業株式会社社歌」、同年九月二七日録音の「朝日新聞宣伝歌「町から村へ」」などが挙げられる。

戦後の古関の社歌は、昭和二一年（一九四六）一一月二日に制定された「竹田総合病院院歌」から始まる。福島県会津若松市にある病院で、福島出身の詩人土井晩翠が作詞をしているから、福島県人つながりで古関に作曲依頼が来たものと考えられる。戦後には福島関係の会社の社歌が散見されるようになる。[*16]

戦争が終わったと感じされる歌詞は、昭和二三年（一九四八）一一月二〇日に録音された「不二家社歌」にあらわれている。不二家を象徴する「FR、FR」と連呼し、「平和のあゆみ」「希望かがやく」とある。[*17] これは新生日本とともに再出発しようとする意識の表れであった。それは松下電器が戦後五周年を期に制作を企画した「新生の歌」からも理解できる。松下電器には昭和二一年六月に制定された平井保喜作曲の新社歌があったが、それとは別に昭和二六年（一九五一）二月一五日を締め切りとして歌詞を社内募集した。

「新生の歌」である「松下電器行進曲」には、「世界に雄飛せんとする松下電器の繁栄への発足を祝福した、希望にあふれ元気溌剌とした、職場で誰でも唱える上品なもの」が求められた。そして歌詞の募集要領には「社歌」の内容を参考にして下さい」と明記されている。[*18] 応募作品八六編のなかから、二月二三日の第一次審査で一七編に絞られ、二六日には関西詩壇で活躍する小野十三郎、安西冬衛、杉山平一の審査により、灯器工場で勤務する山田博夫の作品が選ばれた。[*19] 三月一五日に歌詞が発表されると、作曲家の選定に入ったようだ。なぜ古関が選ばれたのかははっきりしない。古関は、六月六日付の松下電器宛ての書翰で「本日ピアノ洋奏譜が出来ましたので、お送り申しあげます」、「永く御愛唱下さい」と伝えている。[*20] 松下電器の行進曲「月日とともに」は、昭和二六年六月に制定された。

戦後復興のなかで起業した新しい会社でも、従業員の結束を図るため、社歌や行進曲を望むようになる。日本製鋼所では、昭和二八年六月に社歌の歌詞を社内募集した。[*21] 三四編の作品のなかから、角田一郎が書いた「七五調五行五説」の「硬調」が選ばれた。昭和二九年初春に庶務課長と庶務課職員が古関邸を訪問して作曲を依頼した。庶務課職員は、この日のことを「東京には稀な雪の深い日だったこと、婚前はソプラノ歌手だった夫人の美声、日本に二台しかなかったハモンドオルガンの音色、あまり食べたことのなかったような重の味が思い出される」と書いている。[*22] 結婚後もソプラノ歌手を志望していた夫人というのが正確だが、古関の妻金子の美声が耳に残ったのだろう。古関はハモンドオルガンを弾いて接待し、鰻を一緒に食べながら話を聞き、作曲の依頼を快諾したと思われる。三月に「テープレコーダー」に録音して社会放送で流されたが、レコード化は行われなかった。[*23]

昭和二〇年代になってあらわれる特色として、各企業野球団の応援歌および団歌を作っていることである。ここには戦後に職業人野球が盛り上がったことと、古関が昭和六年の「都市対抗野球行進歌」に続き、同二四年（一九四九）

には第二〇回記念として「都市対抗野球を讃える歌」を作曲していたことが大きいだろう。昭和二七年（一九五二）一月一七日に「埼玉銀行応援歌」、同年五月一四日と一九日に「大昭和製紙株式会社應援歌「おお大昭和」」と「同「待ってたホイ」」、翌二八年二月二〇日に「大生相互野球団歌」が録音されている。

こうした流れは昭和三〇年代にも継続する。昭和三一年（一九五六）六月二九日に「日石カルテックス応援歌「力と希望」」「行進曲日石カルテックス応援歌」、同三三年（一九五八）八月一九日に「住友金属応援歌「栄光の陽」」、同年九月一二日に「片岡電気応援歌（アルプス電気応援歌）」、同三八年（一九六三）四月二六日に「日野自動車応援歌」、同年九月一七日に「日本相互銀行応援歌」が録音された。また録音はされなかったが、昭和三七年（一九六二）に「日本楽器野球応援歌」も作曲している。

古関がどのような思いで職業人野球団の応援歌を作曲していたか。そのことが昭和三一年八月の「松下電器応援歌「打てよ砕け」」からうかがえる。この作曲について古関は「藤浦（筆者註：洸）さんから、がっちりした詩にするからと連絡をもらっていましたから、作詞の完成前から、いろいろイメージを画いていました。作詞はやはり思った通り堂々としたもので、作曲するのにも、とても作りよかったと思っています。苦心したところといえば、「打てよ砕け……」で前段後段にきって歌えるようにしたところですね。この歌は、どうぞ元気いっぱいに歌っていただきたいと思います。節を聞かせるようなものではありませんから……皆さんの若さをそっくりそのまま盛りあげて歌っていただければ結構です……」と述べている。[*24]

社員が明るく元気に歌えるように、そして堂々とした格調の高い楽曲にすることを意識していることがわかる。この点は古関が作り出す社歌や企業ソングに共通しているといえる。

3　高度経済成長と社歌の増加

昭和二九年一二月から同三二年（一九五七）六月まで続いた神武景気は、日本有史以来の好景気となった。昭和三一年版の『経済白書』に「もはや戦後ではない」という記述が載ったことはよく知られている。昭和三三年六月にかけて「なべ底不況」が起きるものの、同三三年七月から三六年（一九六一）一二月までの「岩戸景気」、同三七年一一月から三九年（一九六四）一〇月までの「オリンピック景気」と、日本は高度経済成長を迎える。

この時期に古関の社歌の黄金期が始まる。古関の昭和三〇年代の社歌数は八七社一三〇曲（昭和二〇年代に東証一部上場二二社四三曲、同三〇年代に東証一部上場二社二曲）である。主な社歌には、昭和三一年三月発表の「産業経済新聞社歌」、同年六月二七日録音の「東洋紡の歌『燃えたつ意気』」、同三二年一〇月制定の「山一証券株式会社社歌」、同三三年九月一八日録音の「東京電気化学工業株式会社社歌」、同三四年（一九五九）五月一八日録音の「万代屋社歌」、同年一〇月制定の「城南信用金庫の歌」、同三五年（一九六〇）二月の「王子製紙工業株式会社　春日井工場歌」、同三五年頃の「味の素社歌」、同三六年八月二四日録音の「日本火災海上保険株式会社社歌」、同三七年二月制定の「株式会社丸井社歌」、同年一〇月制定の「東宝株式会社社歌」、同年一二月一日制定の「全日空社歌『伸びゆく翼』」、同三八年一月二六日録音の「賀茂鶴酒造株式会社社歌『世界に伸びゆく』」、同年四月二六日録音の「日野自動車社歌」、同年七月制定の「日本新薬社歌」などが挙げられる。

この時期から社歌が増えるのには、第一に東証上場になる企業のように会社が急成長し、増加した従業員の結束が必要になったこと、第二に昭和三四年を境にしてレコードがＳＰ盤からＥＰ盤およびシートへと技術革新し、従来よりも安価に製造できるようになったこと、第三に創業周年記念として社歌を作ろうとの機運が出たこと、第四に古関が戦中・戦後に大ヒット曲を生み作曲家の大家として知名度をあげ、また多くの社歌や企業ソングを手掛けて実績を示していたことが考えられる。この四点が昭和三〇年代を迎えた頃に重なったことが大きいだろう。

第三の理由について単なる周年行事ではなかったと考えられるのは、九州産業交通株式会社と大同毛織株式会社から確認できる。昭和三三年八月に制定された「九州産業交通社歌」は、同社の創立一五周年記念として作られた。社歌には「躍進途上にある当社の隆盛と、将来への希望とを謳歌し、当社の使命をさらに認識する」という目的意識が込められた。[*25] 大同毛織株式会社は、昭和三五年に創業八〇年を迎えた。従業員は二四二〇人、毎年の売上高は二〇〇〇万円を超えるようになっていた。[*26] 昭和三四年一二月の「大同毛織株式会社社歌」は、こうした資本力と従業員増加から生まれたと考えられる。

昭和三二年に新会社創立一〇周年を迎えた日本生命は、前述の社歌から新たに古関作曲の「日本生命の歌（光と栄われにあれ）」を新社歌として制定した。[*27] しかし、面白いのは、同三二年四月四日に発表された安田生命社歌「勝利の歌」も作曲していることである。安田生命は同年に総資産一〇〇億円を記録し、[*28] この躍進を背に作られたことは間違いない。同じように昭和二八年四月一〇日に録音された「三菱造船株式会社社歌」を作曲した後、同三〇年九月二八日に録音された「三井造船社歌」も作曲している。古関はどちらか一方に肩を持つのではなく、依頼を受ければライバル会社双方の社歌を手掛けたのである。

昭和三五年には戦前に宮内省御用達であった老舗「株式会社高島屋社歌」を作曲している。これは株式会社設立四〇周年記念として作られ、昭和三五年一〇月一日に制定された。歌詞の一番では「社業の業績をたたえ、伝統への誇りを伝え」、二番では「真心の奉仕に生きる、現在の繁栄と理想を描き」、三番では「あらゆる人の和と力、信頼と希望に満ちた姿」と、過去・現在・未来を描いた。古関は「男女の声量がほぼ同じ程度になる高島屋の社員構成を考慮して、各節とも中節部を男女二部合唱できるよう工夫して作曲」している。[*29] 昭和四七年一〇月に創業三〇〇年記念として制作された、宮内省御用達であった老舗の「三越新社歌「若い生命」」も作曲した。百貨店でもライバル双方の社歌を手掛けている。

関西電力の社歌が生まれた経緯からは、社歌の作曲を依頼するのなら古関がいいだろうという会社側の意向がよくわかる。関西電力では昭和三六年五月の創立一〇周年に向けて社歌を制定することとなった。重役が他社の社歌を調査し、それぞれが気に入ったものを持ち寄ったところ、古関の作品がほとんどであったという。[*30] その結果、昭和三五年一二月に作詞を関西在住の詩人竹中郁、作曲を古関に依頼することが決定した。勇壮な戦時歌謡をヒットさせた古関の楽曲は、戦中派の重役たちの好みであった。作曲依頼を受けた古関は、次のように書き残している。

作曲をおひきうけしたとき、いったいどんな形の曲にしようかと頭をなやました。幸い、雪の黒四建設現場をはじめ、京都の蹴上発電所、枚方変電所、大阪発電所などを拝見する機会を与えられ、おかげで電気事業の偉大さと、発電から需要家へのサービスにいたる多方面、多角的な事業の内容を知ることができた。黒部から大阪にむかう列車のなかで、はじめて竹中先生の詩を拝見し、そのすばらしさにうれしくなった。「呼ぼうよ　雲を　山ふところへ」なんというよい詩！それはわたくしに、見てきたばかりの黒部の谷、白銀に輝く立山の雄姿を、ふたたび思いおこさせた。その後各地を見てまわって、ますますわたくしの楽想はふくれあがっていった。数日の見学旅行を終え、東京へ帰る車中、とめようとしてもほとばしりでる旋律を、わたくしは五線紙のうえに書きとめた。それがこの曲の原形である。わたくしにとって近来になく自信のある好きな曲ができあがった。きっと黒部の山霊が、大阪火力の火神がわたくしに旋律をあたえたのだと思っている。どうか、明るく、力強く親しさをこめて、大きな声で歌っていただきたい。これが作曲者のねがいである。[*31]

建設途中であった黒部ダムをはじめ、関西電力の主要な施設を見学して回った。そうした景色と、竹中郁の歌詞とが重なり、東京に帰る列車のなかでメロディーが湧いてきたのであった。こうして関西電力の歌「呼ぼうよ雲を」は誕生した。

静岡県富士市に本社を置く五條製紙株式会社は、昭和三九年（一九六四）の創立一五周年記念として社歌を制作した。その目的は「会社が充実発展し、従業員が年々増加するに従って、企業意識や和が必要となってくる。この和を育む格好のものは、皆んなで歌う皆んなの歌が必要であった」という。[*32] コロムビアレコードを通して前年に「高校三年生」を大ヒットさせた丘灯至夫に作詞を依頼した。丘は五条製紙を訪問し、会社の歴史や社風を理解した。丘は七五調の「千古の雪の富士の峰」と、五七調の「万年の雪積む富士の」という二種類の歌詞を作った。

社内会議を経て前者の七五調のものが選ばれた。歌詞が決まった段階で作曲を古関に依頼した。五条製紙は「その人柄からくる気品ある繊細な感覚が一日の来社で当社のイメージをよく表現し、力強くスケールの大きな、しかも親しみやすい旋律によって五條製紙の光彩を格調高く表現しつくされた」と評価している。[*33] 昭和三九年六月五日に富士屋ホテルで発表会が開催された。古関と丘が出席し、歌手の神戸一郎、三鷹淳、真理ヨシコによって発表および歌唱指導が行われた。

4　社歌の黄金期

日本経済はオリンピック東京大会の閉幕後も好景気は終わらなかった。昭和四〇年（一九六五）一一月から四五年（一九七〇）七月まで「いざなぎ景気」、同四七年（一九七二）六月から四八年（一九七三）一一月まで「列島改造ブーム」と高度経済成長は続いた。昭和三〇年代に引き続き、古関の社歌づくりは減らなかった。

古関の昭和四〇年代の社歌数は七七社九一曲（昭和二〇年代に東証一部上場九社一二曲、同三〇年代に東証一部上場三社二曲）である。主な社歌として、昭和四〇年二月二四日作曲の「名古屋トヨペット株式会社社歌」、同四一年

（一九六六）四月一三日録音の「三菱鉛筆社歌」、六月制定の「鈴木自動車工業株式会社社歌」、同四二年（一九六七）一月制定の「象印マホービン会社社歌」、同四三年（一九六八）四月制定の「小松製作所社歌」、同年三月四日作曲の「持田製薬の歌」、同四四年（一九六九）五月八日完成の「木村屋社歌」、同四七年一月二〇日完成の「石丸電気社歌」などが挙げられる。

昭和四〇年代にはモノラルからステレオ録音へと技術が向上したため、古関の社歌の芸術性は質量ともに最高潮を迎える。その録音の過渡期の作品が、昭和四〇年三月八日に録音された「東京龍野製作所社歌」（歌：三鷹淳）である。東京都港区に本社を置くタツノは、大正八年（一九一九）に日本で最初のガソリン計量器の製作に成功し、現在までそれを主力商品としている。昭和三九年一二月二二日付の横浜工場宛ての書翰で古関は「曲調として勇壮活発なもので良いのか、或る程度柔かさ（使用する楽器に対して）があって良ろしいか、社長様の御希望を伺って置いて頂き度く存じます。一度録音しまして、又吹込直しをする様になると、費用と時間が掛ります」と確認を取っていた。[*34] 古関は社歌を作るたびに、会社側の希望を聞いていたのかもしれない。

昭和四〇年四月五日の社歌制定および発表会に出席した古関は、「最初作曲したものが社長のお気に召さず、もっと勇壮、軽快、マーチ風なものにとのお望みで作曲し直したのだが、本日社長にはじめてお目にかかりお若く元気なのに驚き、成程社長さんの作曲についてのご希望がそこにあったのだということがわかった」と祝辞を述べている。[*35]

新しい音楽の時代の到来を自覚し、従来とは違った作曲方法に挑戦しようとしていたことがうかがえる。しかし、一方で従来の作曲方法と無意識のうちに重なってしまうこともあった。それが相模鉄道株式会社の社歌である。同社では昭和四二年に創立五〇周年記念事業として社是と社歌を設けることとなった。その理由は、従業員が二〇〇〇人を超えたため、各自が仕事を進めていく上で、中心となる信条が必要になったからである。相模鉄道株式会社では作詞を藤浦洸、作曲を古関に依頼した。昭和四二年九月一八日に「相模鉄道社歌」は制定され、文教会館で発表会が挙行された。[*36]

この社歌のサビの部分の「相鉄、相鉄、おおわれら」と、昭和三五年一月制定の「パイオニアわれら」のサビの部分の「パイオニア、パイオニア、お、われら」は非常に似ていた。両方の社歌を歌った三鷹淳は、古関にサビの部分が「パイオニアわれら」と似ていませんかと指摘したという。[*37]古関は、同じ作曲者が書いているので「似たところが出てくるのは致し方ないこととご理解いただきたい」と、類似点が出てしまうことを自覚していた。[*38]

古関は昭和四〇年代を迎えると、従来の勇壮で力強いものだけでなく、アップテンポな曲調の社歌や企業ソングを作るようになる。その契機となったのが、森永乳業が創立五〇周年を記念し、「みんなの歌」として企画した「森乳音頭」（歌：三鷹淳）であった。歌詞は社内募集によって一一七編から本吉恭子の作品が選ばれ、審査委員長藤浦洸が補作した。古関は藤浦から作曲を依頼された。

作曲に関しての会社側の要望は、「音頭ではあるが社歌に準ずるものとしたい。しかし一般の社歌のように固いものではなく、また、音頭といっても三味線鳴物入りの所謂音頭でなく明るく一般の人々が直ぐ唱えるもの」であった。この話を会社の担当者から聞いた古関は、「藤浦さんの詩は読んでいるうちに思わず踊りたくなるような明朗な作、藤浦さんと永い間コンビを続けている私は、なんの抵抗もなく書き上げることができた」という。そして「明るく、楽しく、唱い易いから、どなたでも直ぐ覚えられると思う。唱い方がどうの、こうのと言うより朗らかに大きい声で唱っていただきたいと思う」と書いている。[*39]

ライオン油脂株式会社では、昭和四三年に創立五〇周年記念として「ライオン油脂の歌」を制作することとした。社会募集した「歌詞の内容」は、「和の精神を重んじ、全社一致協力して仕事にあたっていること。仕事を通して明るく清潔な暮しをつくることに協力していること。技術の開発に力を入れ、より良い製品をつくるように常に努力していること。相互信頼にもとづき誠実な取引をし、共存共栄をめざしていること。苦難の時代もよく耐えぬき、五〇年という社歴を持つことができた若々しい発展力がある会社であること」の五点であった。[*40]

そして、歌詞を作る際の「参考となる歌」として、「電通の社歌」（作詞サトウハチロー、作曲服部良一）、「四Hクラブの歌」（作詞田邊保作、作曲古関裕而）、「松下電器の歌」（作詞山田博夫、作曲古関裕而）が挙げられていた。[*41]このうち二曲が古関の作曲であることは、「ライオン油脂株式会社社歌」（歌：三鷹淳）の作曲者として選ばれた一つの理由であろう。また電通の用紙に書かれた二一名の作曲候補者のうち古関は筆頭である。[*42]歌詞の募集は昭和四三年一一月三〇日に締め切られた。立花千枝子の作品が選ばれ、サトウハチローが補作した。

古関は「一つの歌詞に二つの曲をとの注文にはいささかとまどったが、一曲を差し上げ一曲が選ばれた次第。儀式でも、グループでお酒の這入った時でも歌えるような曲をとのご注文でしたので、この曲は早く歌えば酒席にも、ゆっくり歌えば儀式にもというように重宝に出来ている」と挨拶している。[*43]

この頃に作曲した社歌で快心の出来と喜んだものに、「バッグの総合メーカー」として知られる「エース株式会社社歌」（歌：三鷹淳）がある。古関は、昭和四三年一二月二日付の西條八十宛ての書翰で「曲は明るく、力強さを盛り、富山の吉田工業社歌と同等、或いはそれ以上の出来かと自負して居ります」と、書いている。[*44]昭和二九年に西條とともに作った「ＹＫＫ」でお馴染みのファスナーメーカーの「吉田工業株式会社社歌」以来の出来栄えだという。昭和四五年八月一二日に西條は死去するため、この作品が彼との最後の社歌となった。

社歌のレコード化にあたっては、裏面に行進曲かカラオケが録音されることが多い。しかし、エースの場合はシートの裏面にムード歌謡のような「エースの歌」（歌：三島敏夫）をカップリングした。これは当時の社長がムード歌謡を好んでおり、そのような感じの歌を作って欲しいとの要望に応えたものである。ここには職業作曲家として依頼されたら断らないという古関の人柄があらわれている。両曲は昭和四四年七月一四日に録音された。もともとエースではビクター所属の立川澄人を希望した。しかし、レコード会社の専属制の壁を越えるので、吹込み料だけで三八万四〇〇〇円かかるため諦めた。

エースには昭和四四年二月四日付でコロムビアが作成した「御見積書」が残っている。それによれば作詞料と作曲料を除いた合計金額が四九万九〇〇〇円である。古関の二曲分の編曲料が一〇万円、シート三〇〇〇枚制作費が一二万円している。*45 違うレコード会社の歌手を使用するとなると、いかに高額な費用を要するかがわかる。

しかし、昭和四一年の「宮田工業株式会社社歌」はビクターでレコード化され、立川澄人が歌唱している。コロムビアの古関が越境したわけだが、同じく高額な費用がかかったに違いない。当時の社歌の制作費を知る上でもう一つ貴重な史料が神奈川中央交通株式会社に現存する。「神奈川中央交通社歌」は、創立五〇周年記念として昭和四六年（一九七一）六月五日に制定された。昭和四五年八月二〇日に承認された「神奈川中央交通株式会社稟議書」には「社歌の制作について」「風格があり明るく歌いやすい歌」という要望が記されている。*46

これよりも前の昭和四五年四月一五日付でコロムビアが作成した「御見積書」では、古関の作曲料が五〇万円、藤浦洸の作詞料が五五万五五五五円、オーケストラ伴奏料二五人分が七万五〇〇〇円、レコード四〇〇〇枚で六四万円など合計一九一万一五五五円（昭和四五年の大卒公務員の初任給が三万四五〇〇円）である。*47 昭和四七年八月八日に録音された「梅村建設株式会社の歌」の作曲料は三〇万円であった。*48

三協アルミニウム工業株式会社は、富山県高岡市に本社を置くアルミ建材の会社として有名である。昭和四五年六月二〇日に発表された「三協アルミニウム工業株式会社社歌」（歌：三鷹淳）と「三協アルミニウム工業株式会社行進曲」は、創立一〇周年を記念して作られた。社内で検討した結果、テレビで活躍している藤浦洸に作詞、古関に作曲を依頼した。両者は四月一七日に会社を見学した。当時の社報には「当社の社歴、特徴をよくつかまれ、飛躍を続ける我が社にふさわしい立派な社歌が発表される日も間近いことでしょう」とある。*49 その予想どおり、堂々として軽快な社歌に仕上がっている。

五條製紙のときは見学ができなかったが、古関の場合は関西電力のときのように可能な限り現地を見学する。それは静岡県島田市に本社を置く製紙会社の「東海パルプ社歌」からも確認できる。昭和四五年一二月に発表された「東海パルプ社歌」（歌：三鷹淳）は、前年三月に社歌制定委員会が発足され、歌詞は社内募集されたものの該当者がなかった。そこで審査を担当した作詞家石本美由起が会社側の要望を入れながら書いた。昭和四五年七月一七日に古関は、石本とともに東海パルプの工場を見学し、次のような感想を述べている。

国立公園南アルプスの井川山林から流れ出た大井川下流のほとり、広大な工場内を詳しく案内して頂き、殊にチップ野積場や風送装置は門外漢の私を驚かせ、各種の公害除去装置に、企業の正しいあり方に敬意を表し、巨大な抄紙機の動きに驚嘆しました。これら最新の設備を備えた御社の社歌を、石本美由起さんは巧みに詩に表現され、私としては大変作りよく、出来た作曲も自分としては充分な出来ばえと思っております。[*50]

東海パルプの広大な工場および公害の出ない最新機材などを見学し、力強く雄大な旋律が湧いてきたようだ。エースの社歌に劣らず、十分な出来栄えだと感じていた。東海パルプの社歌が発表される前には、もう一曲従来とは少し違った格調高くも軽快な旋律の社歌を生み出していた。昭和四五年九月一一日に制定された「山崎製パン社歌」である。制定日に東京大手町の大和証券大ホールで山崎製パン社歌発表会が開催された。この壇上で古関は「明るく希望に燃えたヤマザキの若い人、そして躍進するヤマザキを十分に表わす点に苦労しました。このことをご配慮されて、あくまでも元気でハツラツと歌われるようお勧めします」と述べている。[*51]

社歌を求めたのは東証一部上場の企業とは限らなかったことを見逃してはいけない。レコードが昭和四六年四月三〇日に完成した「金子農機社歌」（歌：三鷹淳）、同年一〇月一〇日に完成した「関彰商事社歌」（歌：三鷹淳）、同四八年九月三〇日に完成した「オリエンタル産業株式会社社歌」（歌：三鷹淳）、同年一一月三〇日に完成した「日本ケミカル・コンデンサー社歌」（歌：三鷹淳）、「日本ケミカル・コンデンサー行進曲」などがそれにあたる。

茨城県筑西市に本社を置く関彰商事株式会社は、石油販売業の会社である。ガソリンスタンドの事業展開は、高度経済成長期のモータリゼーションに呼応したもので成功した。昭和四六年に売上一〇〇億円を突破し、従業員は八〇〇名に達した。これにより「社員の一致団結のために社歌を作ってはどうか」という意見が出た。社長関正夫と作詞家藤浦洸はゴルフ倶楽部の理事で知り合いであったため、藤浦を通して古関が作曲することになった。[*52]

山梨県甲府市に本社を置くオリエンタル産業株式会社には、当時古関と作詞家丘灯至夫の交通費と、南アルプス山麓にある「桃ノ木温泉」での接待費しか出さなかったという話が伝えられている。[*53] しかし、コロムビアが前述のレコード制作費を無料で引き受けたとは考えられない。実際にレコード制作費用が用意できず、楽譜だけを受け取った企業がある。そう考えると、東証一部上場でなくても好景気を背景に約二〇〇万円程度を準備できる利益を得ていたに違いない。

大阪府大阪市に本社を置く利昌工業は電子材料や電子機器の製造販売を行う会社だが、東証一部上場の企業ではなかった。昭和四六年に創業五〇周年を迎えると、「五指のこもごも弾くは捲手の一拳に若かず」の故事にならい、従業員の結束を図るために社歌を制定することにした。ここで作詞家と作曲家を決めた理由が面白い。社長利倉晄一はその理由を書き残している。

その頃、社歌をつくった会社を見てみますと、流行を追って、その時の売れっ子の作詞家や作曲家に頼むケースが多くありました。ところが後に、その作詞家なり作曲家が、不祥事を起こして新聞沙汰になるようなケースも……。その歌を従業員が歌う気になれるだろうか?やはりある程度、名声の確立した人でないと、という思いもあって、作詞家、作曲家の選定にはこの点を留意しました。たまたま私の知人が、作詞家の藤浦洸氏、作曲家の古関裕而氏を知っており、紹介できるということでした。藤浦先生はテレビにもよく出ており、すでに高い評価を得ておられる方であり、古関先生は戦前から知名度の高い作曲家で、数多くの曲をつくっておられます。われわれには、阪神タイガースの「六甲おろし」などが馴染みのあるところです。そこで私は紹介してほしい旨を伝えました。お二人とも立派な方で、引き受ける前に、一度、経営者の方と会いたいと、わざわざ大阪まで来られました。[*54]

ここで面白いのは、昭和四〇年代には人気の若手作家に社歌を依頼することが多くあったこと、そのなかには不祥事を起こす者がいたことがうかがえる。現在では埋もれてしまったそうした社歌が沢山生まれたことがわかる。そのようななかで古関は、社歌づくりの最高峰ともいえる存在となっていた。会社を訪問した二人は社歌の制作を快諾し、藤浦は応接室に掲げられていた「企業理念」をメモした。メモ書きは仕上がった社歌に織り込まれていたという。社歌の演奏と録音は、利倉の母校である関西学院大学のグリークラブが行った。[*55]

昭和三〇年代後半からは、藤山一郎や伊藤久男といった戦前からの歌手に代わって、三鷹淳が歌唱することが多くなる。三鷹は、守屋浩や若山彰とともに古関作曲の「巨人軍の歌」を歌った歌手である。コロムビアの特販部が三鷹に社歌の録音を回したようだ。古関は、昭和五三年（一九七八）の三鷹の結婚式で「本日、コロムビアの方がたくさんお見えになって、本当にようございますけど。コロムビアの数ある芸術家の中で、三鷹君をおいて、先ほどご紹介あった、社歌、校歌、そういう類いの歌を歌える人は一人もいません。コロムビアにとっては、実に大事な人材でございます」とスピーチしている。[*56]古関は自身の社歌や校歌を表現する歌手として三鷹を高く評価していた。ステレオ録音と三鷹の歌唱は、昭和四〇年代の古関の社歌黄金期に欠かせない存在であった。

5　作曲数の減少

古関の昭和五〇年代の社歌数は、一七社二一曲（昭和二〇年代に東証一部上場一社二曲）と、昭和四〇年代に比べて激減する。主な社歌としては、昭和五〇年九月一四日作曲の「日本リクルートセンター社歌「はばたく志気」」、同五二年（一九七七）一二月一〇日完成の埼玉縣信用金庫歌「さいしんの歌」、同五六年（一九八一）五月三〇日完成の「細谷火工株式会社社歌」、八月三一日完成の「第一興商愛唱歌「明日をつくる」」などが挙げられる。

戦後三〇年となる昭和五〇年を迎えると、従来の社歌が古く感じ、新しい社歌へと作り替える会社もあらわれた。新しい社歌に作り替える流れは古関の作品も例外ではなかった。昭和二九年に日本製鋼所の社歌を作曲したことは第二章で述べた。同社は昭和四八年の第一次オイルショックの影響を受け、会社一体となって難局に立ち向かう必要性を痛感した。昭和五三年に「現在の社歌の歌詞が現状に合っていない。全社一丸となるものに代えたいが、メロディーは素晴らしいので、引き続き使わせてもらいたい」ということになった。この方針に古関は同意した。[*57] 歌詞は社内募集で鈴木肇の作品が選ばれた。旧社歌が生まれたときにはテープレコーダーに録音しただけであったが、リニューアルでは広島製作所の友岡幹生の歌唱によりビクターでレコード化された。なぜコロムビアを選ばなかったのかはわからない。ビクターの小沢直与志によってアップテンポに編曲されている。

岡山県の教育出版会社である福武書店は、昭和五三年に社歌と応援歌の作成を企画した。歌詞は社内募集し、社歌は四四編、応援歌は四七編が集まった。応援歌は社長の判断で東京支社勤務の村上正雄の「逍遙歌「福武の道」」（歌：岡本敦郎）に決まったものの、社歌は甲乙がつけがたいため、作曲家の意見を聞くこととなった。両曲の作曲家であるが、「殆ど満場一致で、古関裕而先生に、お願いすることに決定した」という。[*58] 社歌の歌詞は古関の意見も入れて四編のなかから、徳永清の「夢と若さと愛情と」（歌：岡本敦郎）が選ばれた。古関は、九月二六日に作曲を快諾すると、一〇月五日に岡山本社を訪問した。本社を見学した古関は「すぐイメージが湧き、その夜のうちに大部分を書き上げた」と語っている。

一〇月中旬にオーディションが行われたとき、村上は「逍遙歌」をマイナーに変えたいとも思ったが、会社のイメージに合った明るい感じのままでいこうと、古関の原曲のままにした。しかし、社長の意見で「この歌のヤマである「……ところ」は音階を上げて盛り上げるようにできないか、という指示があり、先生にお願いしたところ、快く引き受けて下さり、その場で手直しされて現在の曲が誕生した」という。[*59]

この証言から察するに、村山が「逍遙歌」をマイナーに変更して欲しいと要望すれば、古関はそれに応えただろう。古関は自分の芸術性を相手に押し付けるのではなく、依頼主の注文に応じて書き替えることを嫌がらなかった。そのことは一〇月二五日のレコード録音でもあらわれている。村上によれば、社歌と逍遙歌を歌った岡本敦郎について、「ディレクターがなかなかOKを出さず、また私の方もコーラスのかぶせ方や、歌詞の発音などで細かい注文を出したので、延々四時間ネを上げながらも、期待に応えてくれた」という。指揮者の古関も同様であったため、「小柄な古関先生のタクトをとる姿に、一つの道を極めた人の威厳を感じて敬服した」と述べている。[*60]

古関に社歌の依頼が絶えなかった理由は、関西電力の事例でわかったとおり会社の重役たちが彼の作曲した他社の社歌を評価していたからである。しかし、そもそも会社の重役たちが古関作品に思い入れがあった点を見逃してはならない。その好事例が昭和四七年四月二〇日に「電波新聞社歌」（歌：三鷹淳）とともに完成した「電波新聞躍進の歌」（同上）である。「電波新聞躍進の歌」は、昭和一八年に霧島昇と波平暁男の歌唱で大ヒットした「若鷲の歌」を替歌にしたものである。

古関が作曲した「若鷲の歌」は、土浦航空隊の予科訓練生を題材にした東宝映画「決戦の大空へ」の主題歌となり、太平洋戦争の末期に青少年の間で流行した。売上げは太平洋戦争中に第一位の二三万三〇〇〇枚を誇る。「電波新聞躍進の歌」に「若鷲の歌」を用いていることからすると、戦時中に青春期を過ごした会社の重役たちがそれを選んだと考えるのが自然である。

古関が作曲する社歌は、勇壮で明るいマーチ風のものがほとんどで、「電波新聞社歌」も例外ではない。しかし、

「若鷲の歌」のような短調のメロディーの社歌も存在する。それが昭和五〇年四月二〇日に完成した「北野建設の歌」と「同（マーチ）」である。なぜ戦時歌謡のような社歌が生まれたかといえば、当時の社長北野次登の経歴と関係していた。北野は昭和一八年一二月に舞鶴海兵団に入り、その後は三重海軍航空隊、松島航空隊を転々とした。その間には、多くの戦友を神風特別攻撃隊として見送った。明日は我が身と思っていたところ終戦を迎えた。[*61] このような経歴を知った古関は、かつて自身が作曲した「若鷲の歌」や「嗚呼神風特別攻撃隊」など、特攻隊を髣髴とさせるようなメロディーを取り入れたのだと考えられる。勇壮ながらも哀感が込められた珍しい社歌である。古関なら、そうした作品を書いてくれるのではないかと望んだ結果だろう。

会社の経営陣たちが古関の戦時歌謡を聴いて戦時中を過ごし、彼の作品に魅力を感じていたことは、昭和四七年一一月の山種証券の社歌「ヤマタネの歌」（作詞：藤浦洸、歌：藤山一郎）からもはっきりする。総合企画室長は、社歌の楽譜を取りに世田谷代田の古関邸を訪れた。社史には、そのときの模様を「『とっても歌いやすいと思います。有難うございました』彼は深々と頭を下げた。かつて子供の日の「露営の歌」から「長崎の鐘」まで名人達人として尊敬した古関さんの新曲を、誰よりも早くそれも初見で先生ご自身のピアノで歌わせていただいた。彼の音楽体験のなかでも、まさにかけがえのないひとときであった」と書き残している。[*62]

昭和一二年八月に発売された「露営の歌」は半年間で五六万枚を売り上げるという驚異的な人気を獲得した。昭和二四年七月に発売された「長崎の鐘」は、古関が長崎で被爆した人をはじめ、戦争で亡くなった人たちへの鎮魂歌として作曲したものである。総合企画室長は、そうした古関の曲に尊敬の念を抱いていた。これは彼一人ではなく、古関に作曲を依頼した企業の多くの経営陣に共通している。それは多くの社歌を歌唱した歌手三鷹淳が「その当時の会社の社長とか部長とかいう人たちは、みんな「勝ってくるぞと勇ましく」と兵隊出た人ばっかりだったのよね。だから、いくら市川昭介がいいようと、遠藤実がいいようと、作曲はそんなもの駄目だ。予算が足りなきゃ俺がポケットマネー出すよ。古関先生お願いします。予算ができました」という感じであったと証言している。[63]

こうした言説から考えると、昭和五〇年以降に古関の社歌の作曲数が激減しているのも納得がいく。戦後三〇年が経ち、会社の重役が戦中派から戦後派へと世代交代し、古関に作曲を求めなくなったのである。実際、昭和三五年一月の古関の「パイオニアわれら」は同六三年に服部克久作曲の「かがやきを求めて」、同四〇年一〇月の古関の「ニチバン株式会社社歌」は同六三年に小椋佳作曲の「未来への飛翔」という新社歌に変っている。[64]

古関と一緒に仕事をしてきた作詞家の多くが鬼籍に入り、社歌の担い手は藤浦洸と丘灯至夫くらいしかいなかった。昭和五四年（一九七九）一〇月に発表されたＭＣＣの社歌「青と緑の歌」は、藤浦との最後の作品となる。ＭＣＣは兵庫県神戸市に本社を置く調理缶詰やレトルト食品の会社である。ＭＣＣは創立二五周年を記念して社歌を作るにあたり、昭和五三年に作詞を藤浦に依頼した。藤浦は複数回にわたって神戸の街や港を視察し、社長とも対談している。一年をかけて構想を練ったが、藤浦の体調は悪化し、最後は病床で筆をとった。昭和五四年三月に完成した歌詞は、藤浦の遺作となった。藤浦の遺言で作曲は古関、歌は藤山一郎を指名した。[65]

世代交代という点に加えて、高度経済成長期に多くの企業が社歌を制定したため、新たに作る機会が減ったと見える。日本がバブル経済に入る前年、古関は最後の社歌を作曲する。創業三五周年を記念して制作された「株式会社日立物流社歌」である。昭和五九年（一九八四）六月に社内で歌詞を募集した。募集歌詞の主旨は「私達の行動基準である基本と正道、人の和、積極進取の気性に富む開拓者精神、並びに私達の使命である物流担当者として、サービス精神を発揮して社会に貢献し、内外に大きく雄飛しようとすること等をおりこんだ歌詞で、力強く、明るいもの」というものであった。[66]社歌選考委員会は六点の佳作を選んだが、最終的には甲乙をつけられなかった。そこで社歌選考委員会の要望を入れるかたちで、丘灯至夫に作詞を依頼した。作曲は丘とのコンビでヒット曲があることから、古関に白羽の矢が立った。[67]

「株式会社日立物流社歌」は三鷹淳が歌唱し、昭和六〇年（一九八五）七月に制定された。三鷹は創業三五周年記念式典で社歌の歌唱指導もつとめた。日本コロムビアは昭和四四年に日立製作所と資本提携したため、同五〇年代には日立製作所の各工場歌をはじめ、日立グループの社歌を委託制作している。三鷹の抜擢は、古関が社歌の歌唱者として高評価していたことに加えて、日立の委託盤のほとんどを歌ってきたことから考えれば自然である。

おわりに

古関裕而の社歌と企業ソングを考えると、次のような変化と位置づけができる。古関は戦前に社歌の作曲数が少なかった。その理由としては山田耕筰の存在と、高額なレコード制作費とが考えらえる。コロムビアは流行歌でヒットの出ない古関に、山田よりも安い作曲料で社歌の作曲を回していたと推測できる。戦中に厚生運動として社歌や工場歌の需要が増すと、古関に作曲依頼が出てくる。戦時歌謡がヒットすることで知名度が上がり、国策的な流行歌とともに作曲依頼が増した。

昭和二〇年代は戦後復興のなかで新しい社歌が求められ、同時期に社会人野球の応援歌とともに古関への作曲依頼が増え始める。昭和三〇年代から高度経済成長で好景気を迎え、各企業は周年行事として社歌を設けた。東証一部上場に成長を遂げた企業もあったが、多くは中小企業であった。社歌を求める企業は多く、古関はライバル会社の双方に作曲している。

昭和四〇年代にはステレオ録音により、従来よりも迫力のある演奏が可能となった。レコードの製作費用は戦前より安くなった。製作費用は安価ではないが、東証一部上場でなくても社歌のレコード化を求める企業が増えるようになった。古関は若い社員を意識して、以前に作ったものとは違った斬新な旋律を作り続けた。古関に社歌を求める企業の重役たちは戦前・戦中派であり、古関の戦時歌謡に魅力を感じていた。それゆえ昭和三〇年代から四〇年代に古関の社歌は黄金期を迎えた。昭和五〇年代に古関の作曲数が激減するのは、会社の経営陣の世代交代と、多くの企業で社歌を持つようになったからだと考えられる。

多くの企業が周年行事として社歌を制定したが、それは創業時に比べて従業員が増加して巨大な組織へと成長したことが大きかった。昭和時代に社歌が合唱されていたのは、社内で運動会や団体旅行などが行われていたのと同じような意味を持っている。社歌には、社員の会社への帰属意識を持たせて、団結や結束を図る役割があった。会社の経営陣は、経営のさらなる躍進という目的から社歌を必要とした。

社歌作りの担い手として古関は最高峰に位置するようになった。古関はクラシックの芸術性と、歌謡曲の大衆性とを合わせ持った稀有な作曲家である。山田耕筰のように固くなり過ぎず、古賀政男のように柔らかくなり過ぎない。その古関の旋律に、昭和の企業の経営陣たちは社の理念や団結を求めたのであった。

註

＊1　管見の限り、「納税奉国歌謡曲」（作曲：大村能章）、「納税奉公歌」（作曲：福喜多鉄雄）、「玉川税務署の歌」「納税小唄」（作曲：江口夜詩）がある。

＊2　弓狩匡純『社歌』文藝春秋、二〇〇六年、寺岡寛『社歌の研究—もうひとつの日本企業史—』同文館出版、二〇一七年。

＊3　拙稿「社歌や企業ソングは古関メロディーの真骨頂」、拙稿「楽曲解説」（『古関裕而秘曲集—社歌・企業ソング編—』日本コロムビア、二〇二〇年一二月）は、CD全曲集の解説であり、本論の時系列および全体的な考察は課題として残された。

＊4　前掲『社歌』、『社歌の研究』。

＊5　中野敏男『詩歌と戦争』NHK出版、二〇一二年、一二八〜一三〇頁参照。

＊6　特別製造番号はA—八三〇、一般発売番号は二九一〇一である（「レーベルコピー」日本コロムビア株式会社所蔵）。筆者は「延岡工場歌」についてNHK宮崎の取材出演で解説した（「イブニング宮崎」二〇二〇年一二月一日放送）。

＊7　高岡裕之「十五年戦争期の「国民音楽」」（戸ノ下達也、長木誠司編『総力戦と音楽文化』青弓社、二〇〇八年一〇月）参照。
＊8～＊9　『コロムビア時報』第一〇号、一九四一年五月（日本コロムビア株式会社所蔵）。
＊10　同右、第一一号、一九四一年七月。
＊11　『日蓄時報』第三〇号、一九四四年四月（日本コロムビア株式会社所蔵）。
＊12　内務省警保局は昭和九年八月一日にレコード検閲制度を開始し、流行歌の発売禁止や改訂盤の製作命令を出すようになる。ＪＯＢＫ（大阪中央放送局）では昭和一一年六月一日から流行歌に対抗して健全な歌謡曲を普及させる目的で「国民歌謡」の放送を開始している。
＊13　昭和八年に「ニチロ社歌」、同一〇年に「大コロムビアの歌」、同一一年に「三菱重工業株式会社社歌」「満州電信電話株式会社社歌」「野村社歌」、同一二年に「福助社歌」、同一三年に「大同生命社歌」、同一五年に「日本電機社歌」などがある。
＊14　『小運送十年史』日本通運株式会社、一九五三年、四四一～四四五頁、「小運送の歌」歌詞カード（物流博物館所蔵）。
＊15　古関裕而『鐘よ鳴り響け』日本図書センター、一九九七年、三二頁。
＊16　古関裕而の福島県の社歌については、拙稿「古関裕而と福島との関係性」（『総合文化研究』二八―二・三、二〇二三年三月）を参照されたい。
＊17　『不二家・五十年の歩み』株式会社不二家、一九五九年、二一四～二一五頁、二一八頁。
＊18　『松下電器時報』一九五二年一月一日号（パナソニックミュージアム所蔵）。
＊19　同右、三月一日号、三月一五日号。
＊20　同右、七月一日号。
＊21　『鋼の友』一九五三年六月一五日号（株式会社日本製鋼所所蔵）。
＊22　『にっこう』五五号（創立六〇周年記念号）、一九六七年十一月（同右）。
＊23　『鋼の友』一九五四年三月一〇日号。
＊24　『松風』一九五六年八月（パナソニックミュージアム所蔵）。
＊25　『二十年のあゆみ』九州産業株式会社、一九六三年、九一頁。
＊26　『大同毛織八〇年のあゆみ』大同毛織株式会社、一九六〇年、五四～五六頁。
＊27　『日本生命七十年史』日本生命保険相互会社、一九六三年、二五八頁、三五八頁。

＊28 『安田生命百年史』安田生命保険相互会社、一九八〇年、三二九頁、一一一〇頁。
＊29 『おかげにて（高島屋の百五十年）』株式会社高島屋本社、一九八〇年、五〇頁。
＊30 古関正裕氏と筆者の対談（二〇二〇年七月一五日録音）。
＊31 『関西電力新聞』五三、一九六一年四月一日（関西電力株式会社所蔵）。
＊32～＊33 「五條製紙株式会社三〇周年社史原稿」（五條製紙株式会社所蔵）。
＊34 古関裕而書翰「タツノ製作所横浜工場水島正人宛」昭和三九年一二月二二日付（株式会社タツノ所蔵）。
＊35 『パル』二八、一九六五年四月、四頁（同右）。
＊36 『月刊さがみ』一〇八号、一九六七年九月、九五頁（相模鉄道株式会社所蔵）。
＊37 三鷹淳、刑部芳則「コロムビア専属歌手の三鷹淳に聞く―古関裕而の思い出―」（前掲『古関裕而秘曲集』）。
＊38 丘灯至夫『「スズメのお宿」歳時記―丘灯至夫九二歩の足跡―』私家版、二〇一〇年、一八五頁。
＊39 『もりにゅうエージ』一九六七年八月号（森永乳業株式会社所蔵）。
＊40～＊41 「あなたが作るライオン油脂の歌」創立五〇周年記念行事準備委員会（ライオン株式会社所蔵）。
＊42 電通の用紙に書かれた作曲家名と経歴（同右）。
＊43 『さぼん』一八二、一九六九年五月、三頁（同右）。
＊44 古関裕而書翰「西條八十宛」（昭和四三年）一二月二日（世界のカバン博物館所蔵）。
＊45 「御見積書」一九六九年二月四日（同右）。
＊46 「神奈川中央交通株式会社稟議書」一九七〇年八月二〇日（神奈川中央交通株式会社所蔵）。
＊47 「御見積書」一九七〇年四月一五日（同右）。
＊48 「代金取立手形受入票」一九七二年八月三日（福島市古関裕而記念館蔵）。
＊49 『三協』二八、三協アルミニウム工業株式会社、一九七〇年四月、六頁（三協立山株式会社所蔵）。
＊50 古関裕而「作曲者のことば」（『ねんりん』一五〇、東海パルプ、一九七〇年一二月）（新東海製紙株式会社所蔵）。
＊51 『社報ヤマザキ』一九、一九七〇年、二二一～二二三頁（山崎製パン株式会社所蔵）。
＊52 前田義寛『感謝に生きる―関彰商事株式会社会長関正夫自叙伝―』関彰商事株式会社、二〇一五年、九八～一〇一頁。
＊53 オリエンタル産業株式会社総務部から筆者宛ての文書（二〇二〇年五月二二日）。

＊54〜＊55　利倉晄一『三代でつないだ利昌工業一〇〇年史』利昌工業株式会社、二〇二一年、二〇一〜二〇二頁。
＊56　三鷹淳氏と筆者の対談（二〇二〇年一〇月二一日録音）。
＊57　「当時の人事課長の記憶」株式会社日本製鋼所経営企画室広報グループ提供資料。
＊58〜＊60　『オール福武の躍進と夢―昭和五三年度オール福武祭の記録―』福武書店、一九七八年、二〇二頁。
＊61　『北野建設の三十年』編集委員会編『北野建設の三十年』北野建設株式会社、一九七七年、四六〜五二頁。
＊62　『山種証券五十史話』山種証券株式会社、一九八四年、二七六頁。
＊63　前掲、三鷹淳氏と筆者の対談。
＊64　『パイオニア八〇年の軌跡』パイオニア株式会社、二〇一九年、四五八〜四五九頁、『ニチバン五〇年史』ニチバン株式会社、一九六八年、口絵、『ニチバン八〇年史』ニチバン株式会社、三〇五〜三〇六頁。
＊65　エム・シーシー食品（株）社史資料室編『水垣宏三郎　わが師わが道』エム・シーシー食品株式会社、一九八五年、一九九〜二〇二頁。
＊66　『わだち』一八六、一九八四年六月（株式会社日立物流所蔵）。
＊67　同右、四二八、二〇二〇年四月。

※本稿の執筆にあたっては、多くの企業から貴重な史料の閲覧および提供を受けた。この場をかりて御礼申し上げる。古関裕而の社歌・企業ソングの作品一覧表は、膨大な量におよぶため紙幅の都合で掲載することができなかった。この作品一覧表は別の機会に発表したいと思う。

あとがき

中川壽之

本書は、近代租税史論集2に続いて近代租税史研究会の活動の成果をまとめたものである。それに関わる研究会活動は末尾に掲載した研究例会の一覧でおわかりいただけることだが、二〇一三年から二〇一九年の前半期までは以前と同様に順次会員による研究報告にもとづいて議論を重ねてきていた。この間、論集3の刊行については二〇一六年一一月に会員の中から声があがったのが始まりだった。その後、二〇一八年一二月にいたって二〇二一年一〇月を刊行目途とする計画案がまとまった。

しかしながら、二〇二〇年一月以降、コロナ禍により対面での研究会開催が困難となり、ようやく活動を再開したのは二〇二二年一〇月のことであった。そのような状況であったことから刊行計画も見直しを余儀なくされ、最終的な刊行案がまとまったのは執筆予定者がほぼ確定した二〇二三年二月であった。そうして、その年の四月までに論集のための準備報告を終え、その後六月にこれまでお世話になってきた有志舎の永滝稔氏に論集3の刊行についてお話し、お引き受けいただけることとなった。出版事情の厳しいなか刊行の申し出をお聞き入れくださった永滝氏に改めて深く感謝申し上げたい。

昨今、多様性の時代と言われて久しいが、本書に収録した論文は「近代租税史」という研究会が掲げてきた統一テーマからすれば、時代も内容も幅広くさまざまである。読者諸賢には、その点についてご理解を賜り、お読みいただきたく心からお願い申し上げる次第である。

研究例会一覧（第41回～第69回）

第41回例会（二〇一三年一二月一四日、立正大学）
奥田晴樹「加賀・能登両国地租改正の収穫反米」
第42回例会（二〇一四年四月一二日、立正大学）
牛米　努「日露戦後の納税奨励策」
第43回例会（二〇一四年七月一二日、立正大学）
栗原祐斗「大区小区制下の民費と中借金―千葉県武射郡を事例に―」
第44回例会（二〇一四年一〇月四日、立正大学）
鎮目良文「煙草税則制定・変遷とたばこ業」
第45回例会（二〇一四年一二月二〇日、立正大学）
関根　仁「一九一〇年日英博覧会と織物消費税廃止運動」
第46回例会（二〇一五年三月二八日、立正大学）
宮間純一「直轄県における旗本先納金処理問題について―宮谷県を中心に―」
第47回例会（二〇一五年七月二四日、立正大学）
堀野周平「明治初年における藩の民政再編―上総国松尾藩を中心に―」
第48回例会（二〇一五年一一月一四日、立正大学）

栗原祐斗「税務署雇の採用と養成」
第49回例会（二〇一六年一月二三日、たばこと塩の博物館）
鎮目良文「新たばこと塩の博物館と租税史研究」
第50回例会（二〇一六年五月二一日、立正大学）
牛米　努「改正地券の一考察」
第51回例会（二〇一六年七月二三日、立正大学）
笹川知樹「明治前期の私立小学校の設立と実態―千葉県東葛飾郡私立鏑木学校を事例に―」
第52回例会（二〇一六年一〇月八日、立正大学）
今村千文「租税史における請願の基礎的考察」
第53回例会（二〇一六年一二月一〇日、立正大学）
中西啓太「明治後期における村財政と納税者構成の検討」
第54回例会（二〇一七年四月二二日、立正大学）
牛米　努「地租改正後の地租徴収システムについて」
第55回例会（二〇一七年七月二九日、立正大学）
奥田晴樹「能登国の地租改正と地主的土地集積」
第56回例会（二〇一七年一一月一一日、立正大学）
堀野周平「直轄県の開墾仕法―日光県を事例に―」
第57回例会（二〇一八年三月二四日、立正大学）
中西啓太「書評：牛米努『近代日本の課税と徴収』（有志舎、二〇一七年）」

第58回例会（二〇一八年六月三〇日、立正大学）
今村千文「井上毅の『納税者保護』」
第59回例会（二〇一八年九月二二日、駒澤大学）
牛米　努「地租改正と諸税改革」
第60回例会（二〇一八年一二月二二日、駒澤大学）
林幸太郎「明治初年の禄制改革―旧庄内藩を事例に―」
第61回例会（二〇一九年四月二七日、駒澤大学）
牛米　努「廃藩置県と租税改革」
第62回例会（二〇一九年七月二〇日、駒澤大学）
田口拓海「地方三新法期における戸長役場筆生と合併村運営―長野県下伊那郡神稲村を事例に―」
第63回例会（二〇二〇年一月一一日、駒澤大学）
神谷彩季「新治県の地券調査」
第64回例会（二〇二二年一〇月二二日、駒澤大学）
佐々木優「東京府立第一勧工場をめぐる費用について―明治一二年東京府会での議論を中心に―」
第65回例会（二〇二三年二月一一日、駒澤大学）
宮間純一「直轄県における租税をめぐる課題―房総知県事・宮谷県を事例に―」
林幸太郎「一地方士族の理財論―庄内藩士族松森胤保を事例に―」
第66回例会（二〇二三年二月一八日、駒澤大学）
刑部芳則「作曲家古関裕而の社歌と企業ソング」

第67回例会（二〇二三年三月五日、駒澤大学）
堀野周平「直轄県の貢租改革と財政―日光県を事例に―」
田口拓海「明治前期における合併村と租税―長野県下を事例に―」
牛米　努「東京府（区部）における行財政改革と三新法」
第68回例会（二〇二三年三月二六日、駒澤大学）
小泉雅弘「明治元年の東幸資金調達と三井家」
中川壽之「明治初年の軍資金―内閣書記官局預り金をめぐって―」
第69回例会（二〇二三年四月二二日、駒澤大学）
中西啓太「第一次大戦後における地方税の「社会政策」的模索―秋田県会の雑種税をめぐる議論から―」

〈執筆者紹介〉

小泉雅弘（こいずみまさひろ）　一九六一年生まれ　駒澤大学文学部教授

中川壽之（なかがわとしゆき）　一九五七年生まれ　国士舘大学非常勤講師

宮間純一（みやまじゅんいち）　一九八二年生まれ　中央大学文学部教授

堀野周平（ほりのしゅうへい）　一九八八年生まれ　鹿沼市教育委員会事務局文化課主任主事

林幸太郎（はやしこうたろう）　一九九四年生まれ　松戸市立博物館学芸員

牛米　努（うしごめつとむ）　一九五六年生まれ　明治大学・立正大学非常勤講師

佐々木優（ささきゆう）　一九九〇年生まれ　北区飛鳥山博物館学芸員

中西啓太（なかにしけいた）　一九八七年生まれ　東京大学文書館准教授

刑部芳則（おさかべよしのり）　一九七七年生まれ　日本大学商学部教授

近代租税史論集 3

近代日本の租税と社会

2024年 10月 30日　第 1 刷発行

編　者　近代租税史研究会

発行者　永滝　稔

発行所　有限会社　有　志　舎

〒166-0003　東京都杉並区高円寺南 4-19-2
クラブハウスビル 1 階
電話　03 (5929) 7350　　FAX　03 (5929) 7352
http://yushisha.webnode.jp
振替口座　00110-2-666491

ＤＴＰ　言海書房

装　幀　伊勢功治

印　刷　株式会社　シナノ

製　本　株式会社　シナノ

ISBN978-4-908672-78-1